霊的統合への
スピリチュアル
大全

進化はスピリットとの一体化に始まる!

サアラ　アントワン・シュバリエ
大友ニコラ 翻訳

spiritual integration

大和出版

はじめに
アントワンと私がこの地球に来た理由

サアラ

少し前のことですが、私はこの地球に地球人として生まれることを決意した瞬間を明確に思い出しました。

その瞬間は、地球から見ると未来の宇宙でした。そして、そこは並行宇宙のある宇宙ステーションの中でした。

私の傍らにはSir. Dr. Antoine Chevalier（以下アントワンと表記）がいました。

彼と私は、巨大な宇宙船《シップ》に作られたステーションの窓から、地球の最後を見守っています。

青く輝いていた地球が、輝きを失い、美しい色を失って、灰色の塊に変わっていくのを見ながら、言葉にならない深い悲しみが、心の奥底でとても静かに、しかし強い力となって燃え始めたのを感じています。そして、今にも爆発しそうな強い衝動が、

「この現実は決して選択すべきではない道だ、だからやり直そう」と、固い決意を促しました。

それはアントワンも同じです。

ですから、今この地球で私たちが再会を果たすことができたということは、私たちの作戦が、今まさにスタートしたことを意味しています。

私が地球に生まれてきた理由は、地球人をエイリアンたちの魔の手から解放し、地球と地球人が独立する道を切り開くためです。そのことなくして宇宙の進化はあり得ません。

アントワンも、私に言いました。「**私が地球に来た理由は地球人をエイリアンから解放し、自立させることだ**」と。その言葉はとても明確で強い力を持っていました。

私はこれまで、私と同じ目的を、明確に言葉で表現できる人と出会ったことがありませんでした。

私たちは、この大きな決断をした瞬間の記憶を共有していて、同じ宇宙の同じプロジェクトに属している仲間であることを明確に思い出しました。

この本は、そんな私たちの一つの挑戦です。私は私の立場から、そして、アントワンは地球上における医師として、また、科学者としての立場から、同じことをまったく違ったアプローチで伝えます。

私はこの世界に誕生して、言葉を覚えてから今日に至るまで、一貫して「スピリチュアルとは科学である」と伝えてきました。ですから、私が日常的な事柄を題材にして伝えることを、アントワンは、非常にロジカルに科学として説いています。

この二つのコントラストは、非常に大きな陰影となって、時として皆さんに混乱を与えるかもしれません。しかし、この刺激は、皆さんの脳神経にとっては、非常に重要な刺激を与えることになるはずです。

この二元の世界ですべきこと

地球を支配してきた多くのエイリアンたちは、本当に長い間、地球人を奴隷のように扱い、時にはスナック菓子のように食べたり、苦しみに悶えさせたりしてきました。

私やアントワンにとって、このようなことがこれ以上続くことも、そして、宇宙の宝物と言われて大切にされてきた地球そのものが、貴重な生命を絶たれてしまうことも、耐えがたいことなのです。

しかし、私たちは、そのような残虐な行為をしてきたエイリアンや、彼らによって洗脳されたために、心を失ってしまった人造人間のような人たちを、裁くことも、排除することもできないことは知っています。

なぜなら、それは自然界の摂理に逆らう行為だからです。

皆さんも「愛はすべてを受け入れる」「愛はすべてを許す」という言葉を聞いたことがあるのではないでしょか。

もちろん、それは悲惨な現状を受け入れるという意味ではありません。そうではなく、地球人を奴隷として扱い、理不尽な扱いをしてきた残忍で貪欲なエイリアンたちにとって、私たちの意識や思考や感情が利益をもたらさない状態になる必要がありま す。そのためには、彼らに対して戦いを挑むのではなく、私たちの新しい道を開拓するために、私たち自身が調和し、霊的統合を果たすことによって、私たちが進むべき道を切り開くことが唯一の自由への道となるのです。

この世界に存在するすべては、ただ単に「空《くう》」の可能性の一つとしてあるだけです。

そこには善も悪もありません。もちろん、私たちが生きる二元の世界の概念の中には、「善」というものがあり、その反対に「悪」もあります。

このような二元性がアンバランスな状態になることによって、そこに生きる人間や他の生き物たちは、たくさんの学びのチャンスや、気づきのチャンスを得ることができ、成長しています。

しかし、地球社会では人を評価し合い、裁き、罰を与えることが当然であるかのように行われています。このような状態が、人の成長を妨げ、この世界を成熟した社会へと発展させることも阻害してきました。

その結果、地球滅亡という耐えがたい選択を再びすることになるかもしれません。

特に日本人である皆さんは今、皆さんの祖先がそうであったように、常に自然界の在りようから「調和」の摂理を学び、改めて「和をもって尊ぶ」心をよみがえらせるタイミングが来ていることを感じます。

この世界は二元の世界ですから、悪を排除することも、なくすこともできません。

私たちが目指すのは、悪を撲滅することではなく、調和を目指して、自らを成長させることです。

なぜなら、現実はホログラムに過ぎず、すべての人は、自分自身の内面の投影を現実に映し見ているに過ぎません。すなわち、自身の内面を調和させることによって、地球上は調和に満ち、素晴らしく進化した世界へと変貌を遂げるからです。

水に愛を学ぶ

地球は、水の惑星と言われている通り、地球の表面は約70%を水が占めています。そして、私たち人間の肉体もおよそ70%は水でできています。別の角度から見てみると、すべてのものを構成している99%は水分子であると、神戸大学教授でアクアフォトミクス（Aquaphotomics）という、新しい科学の分野を立ち上げたツェンコヴァ博士は言っています。

その言葉通り、宇宙のほとんどは水だと言っても過言ではありません。私たちの思考や、意識といった目に見えないものでさえ、水なくしては成立しないのです。

最近の研究では、水そのものが圧倒的な知性を持ち、思考しているということがわかってきています。

そうなのです。私が属している宇宙において、水は限りなく「神」という概念に近い存在だと認識されています。なぜなら森羅万象を根底から支え、すべての調和を図ろうとするのは、常に水だということをすでに理解しているからです。

そして、水は、決して何かを裁いたり排除したりすることはありません。もちろん「一期一会」という言葉通り、私たちのように物理世界に肉体を持って生きているものたちにとっては、出会いがあれば、適切なタイミングで別れが来ることも事実です。

しかし、意識のレベルでは、すべてはつながりを持って作用しています。水は、そのつながりを理解するための叡智を持って作用してくれています。

そのことに気づく人が増えれば、社会におけるすべての概念が変化し、裁くのではなく、調和するための、新たな知恵を得ることを目指す方向へとシフトするはずです。そして、すべては「水の如《ごと》く丸く収まる」ということを、経験を通して皆が知ることになるでしょう。

想像してみてください。水を無重力空間に撒くとどうなるでしょう。水はやがて球状になって安定します。そして、水以外の液体を同時に撒くと、水はその液体を包み込んで球状になります。

私たちは、このような水の在り方を通して、愛とは何かを学ぶことができるのではないでしょうか。

地球人による地球人のための地球社会

私が属している世界は、今のこの宇宙から見ると、いわゆる並行宇宙という表現が近いのですが、この宇宙とは違う選択をしたことによって、大きく違う世界となりました。

その選択とは何かを一言で表現するなら、「戦わずして勝利する」という選択です。この場合の「勝利」は、相手を打ち負かすのではなく、目的を達成するという意味です。

かつて私が属する先進宇宙文明は、今皆さんが生きている世界と同じように、ルールを守れない、人に迷惑をかける、残虐で非情な行為をするものたちを、何とか排除しようとしていた時代が長くありました。

その時代は、今皆さんが経験している世界と同じように、大きな戦争をたくさん経験し、平和とはかけ離れた世界でした。しかし、非常に大きなパンデミックを経験したことがきっかけとなって、「戦わずして勝利する」方法を皆が真剣に考え、研究し、開発しました。

そのため、今まで気づくことができなかった、この世界を支える目に見えない秩序、規則性をたくさん見つけることができました。また、そのことについて多くの種族が対話し、分かち合い、よりよい世界に向かうための検討が繰り返されました。その結果、今までとはまったく違った方向に、科学や技術が発展しました。

皆さんが今経験しているこの時代は、過去に先進宇宙文明も経験した、混沌に満ちた端境期です。

さらに皆さんは、今まで地球で起きてきた歴史的な真実を知る術さえ与えられてきませんでした。

そのような中でも、優秀な人々は、支配者であるエイリアンたちのトリックに気づいて、この先のより自由で希望に満ちた地球と人類のために、真実を知ろうと積極的に取り組んでいます。その反対に、自分の信じてきた世界が崩れ去ることを恐れて、新事実を受け入れようとしない人たちもいます。

この二つのグループでさえ、対立が起きてしまうような状況です。しかし、このような状況の中でこそ、対立し、非難し合うのではなく、互いの新しい可能性を見出して、調和しようとする試みが、大きな結果をもたらすことになるでしょう。

アントワンと私は、地球と地球人の勝利のために今、人間として、皆さんの仲間としてここに存在しています。私たちは必ず勝利して、霊的尊厳を奪還し、「地球人による、地球人のための、地球社会」を実現するのです！

第2章 霊的攻撃を正しく理解しよう サアラ

II [科学的]スピリチュアル統合ガイド

第3章 科学が明かすスピリチュアル習慣の力 アントワン・シュバリエ

第4章 スピリチュアルの科学 アントワン・シュバリエ

第5章

霊的防御の手法 アントワン・シュバリエ

Ⅲ　霊的統合へのレッスン

本文デザイン／齋藤知恵子（sacco）
DTP／青木佐和子

I　今、なぜ霊的統合が必要なのか？

第1章　サアラとアントワンの霊的な旅路——サアラ

第2章　霊的攻撃を正しく理解しよう――サアラ

II ［科学的］スピリチュアル統合ガイド

第3章 科学が明かすスピリチュアル習慣の力——アントワン・シュバリエ

スピリチュアルであることの重要性 188

瞑想の効果 193

祈りの効果 202

量子もつれと霊的な教えについての調査研究 262

量子物理学、神経生物学、形而上学における調査研究 270

第5章 霊的防御の手法——アントワン・シュバリエ

III 霊的統合へのレッスン

第6章 霊的探求をするうえで乗り越えるべきこと——サアラ

序章

霊的統合こそが地球に勝利をもたらす

——サアラ

エイリアンによる霊的攻撃の実際

私の前著『宇宙と神様の真実』（大和出版）で、本来の統治者たちからその覇権を奪い取ったダークなエイリアンたちによって、地球がこれまで支配され、地球人たちの霊的な権威を侵害されてきた事実をお伝えしました。

特に今から2300年ほど前には、宇宙の歴史も大きく変化して、長い間地球の所有権を維持してきた巨大帝国のエリートたちは、ついに地球を解放する方針を決めたにもかかわらず、現代に至っても、社会はますます荒廃と混乱と混沌の方向へと向かっています。それは、彼らの残党とも言える下級管理者であったものたちや、それ以外の精神性の低いエイリアンたちが自由に地球に来ることができるようになって、好き勝手にしてきたからです。

彼らは、地球人を奴隷とみなして搾取するために、あらゆる技術を駆使してきたような、残忍で野蛮なタイプのエイリアンです。

例えば、不可聴音（人の耳では聞き取れない音）を使ってマインドをコントロールしたり、夢の世界で虐待をしながら洗脳したり、地球人が死んだ後、本来の霊的な手続きを得て、その魂が他の世界に行くことを阻止して、この世界にまた人間として生まれてくるように幽界を作りました。

幽界では、悪魔や鬼や堕天使たちが人間の魂をリサイクルするために、生前の記憶を消したり、強烈な罪の意識を植え付けることで、霊的な権威を失わせるように仕向けたりしました。

これらの一番大きい目的は、**地球人の人としての人格＝エゴと、霊的な自己である霊格＝スピリットを分離させて本来の力を失い、恐怖と不安、自己肯定の欠如した状態に貶《おとし》めること**です。

こうして長い間地球人は、霊的な尊厳をはく奪されるばかりでなく、個々の魂が地球に生まれてきた本来の動機や目的を思い出すことも、霊的なテーマに対して、人間として物理次元を楽しみながら探求する自由も奪われてきました。

ですから、多くの人の人格形成は、エイリアンたちのこのような仕打ちに影響を受けています。

そして、彼らのこのような攻撃によって、皆さんが受けてきたトラウマやコンプレックスなどの影響で、自分の力を発揮することができない状態にあり、人生が思うようにいかなくなっているのは、今や地球だけではなく、宇宙の中でも非常に大きな問題です。

三大宗教と新しいスピリチュアルムーブメント

さて、地球人類は、長い間エイリアンたちから「霊的な尊厳」を侵害されてきたと伝えましたが、「霊的尊厳」とは何を意味するのでしょうか？

皆さんは、周囲の人たちに霊的な話をすることを躊躇《ちゅうちょ》しなければならないという経験をしてきたのではないでしょうか。

目に見えない世界のことや、精神世界のことは、社会では「ないこと」であるかのように扱うのが当然とされてきました。特に、社会の近代化が進むにつれて、エコノミックなマインドが優先されるようになり、今まで社会に対して大きな影響力を持ってきた三大宗教と呼ばれるような巨大な力も徐々にその実態が露呈するようになってきています。

　このようにして、霊的なことは、非常識なことであるかのように扱われてきました。

　一方、１９８０年代以降は、今までの宗教観のように、絶対的な権威を持つ神にひれ伏すのではなく、自分自身の内面の霊的な部分を探求するような「スピリチュアル」という概念が流行し始めました。

　これは、長い間続いてきた三大宗教によっても、新しく樹立した多くの新興宗教によっても、人は救われることはなかったと気づいた人が多くなったことの表れではないでしょうか。

　社会に押し付けられる画一的な価値観は、人々から人間らしい心の豊かさを奪ったばかりでなく、不必要な劣等感を与えたたり、自分を大切にするという基本的な権利さえも奪いました。

　その結果、多くの人が心の救いを求めるようになるのは必然です。しかし、このようなスピリチュアルな教えを実践しても、なかなか心の充足を得ることはできず、人生も思い通りにいかない感覚があり、次々と興る新しいスピリチュアルムーブメントに手をつけては諦めているうちに、何が真実なのかわからなくなっている人たちが多く存在しているのが実状です。

あなたは自分の「人生の目的」を覚えているか？

このような状態は、邪悪なエイリアンたちの新たな作戦によって、スピリチュアルハラスメントを受けている状態です。

本来人間はどんな場合にも、自分自身の霊格が自分自身にとっての神であり、また、自己の本質でもあります。

人は、何らかのテーマを掲げて、そのテーマを探求するゲームをするために生まれてきました。

かつて仏陀は「人皆戯れに来たりて、戯れに去る」と言いました。つまり、**人は皆、何らかのテーマに即してゴールとなる目的を設定し、まるでゲームのように人生を楽しむために来た**のだと教えているのです。

仏陀の教えた通り、人は自分のスピリットが掲げたテーマを自由に楽しみながら探求する権利を持っています。そして、その権利を守ることが尊厳です。

ですから、**自分が何を探求するために、肉体を持ってこの世界に生まれてきたのかを忘れてしまうのは、霊的な尊厳を著しく侵害されているということ**です。

また、霊的探究こそが第一優先事項であり、現実的な成功や、何らかの社会貢献をすることなどは、単に探求のための一つの方法でしかありません。ですから、必ずしも社会に貢献しなければならないなどということはないはずです。

しかし、社会は自己犠牲を強いてまで、歪《ゆが》んだ経済社会のために貢献することを価値あることだとしてきました。

こうして地球人は、もっとも重要なことを教えられることも、優先されることもなく生きてきたのです。このような社会になっているのは、決して偶然ではありません。これは邪悪なエイリアンたちの思惑によって作られた社会なのです。見方を変えれば、このような社会が、私たちが選んだゲームのステージであるわけです。

地球も、そして天の川銀河も変容の時が来た

さて、私たちにとってこのようなゲームを終わらせるチャンスが来ています。太陽

系のすべての惑星にとっても、この太陽系が属する天の川銀河にとっても、大きなサイクルの終焉と同時に、新しいサイクルの始まりの時が来たからです。

今太陽の活動が非常に活発になっています。そして、今までにないほど頻繁に、大きなフレアを発しています。この影響は、太陽系すべての天体に及んでいます。

地球でも、最近は世界中のあちこちで群発地震や、火山の噴火、海底火山の活発化や海底地震などが起きているので、ただならぬことが起きていることを、皆が感じています。

地球のポールシフト（北と南の磁極が入れ替わる磁極の逆転）が起きているからです。そのために磁力線は大きく変化していて、あちこちにエネルギーのよどみが起きています。また、このような大きなエネルギー溜まりが、エネルギーを抱えきれなくなると、どこかでその力を解放しようとする影響で、地殻が揺らぎます。

かつて、地球に存在していたムー大陸はおよそ28時間で沈みました。アトランティスも同じように短時間で海の底に沈んでいます。

この時のように、このままでは大きな大陸が沈んでしまうような結果となるかもしれません。

もちろん、このような状況は、地球自身の大きな変容の時期に、しかるべきことが起きているので、人間の都合だけで止められるものではありません。しかし、「はじめに」に書いたように、すべてはつながっているのですから、私たち地球人の意識が、スピリチュアルな感覚を取り戻して、高みへと昇ることによって、すべてとは言いませんが、部分的にはそのプロセスをショートカットすることも可能であるはずです。

エイリアンたちの思惑

今この本を読んでいる皆さんは、もちろん、このような現状に対して、真実を知ろうという前向きな気持ちがあり、さらにこの先の地球や、地球上に生きる生き物たちの未来のために、ご自身に潜在する力を発揮したいという大きな意欲と好奇心を持っているはずです。

一方、皆さんの周囲の人たちはどうでしょうか？

必ずしもこのような事実を知ろうという意欲があるわけでもなく、まして積極的に何かに取り組まなければという危機感も欠如している人が多いのではないでしょうか。

なぜこのような差があるのか、しかも、無関心な状態に陥っている人の方が、いまだに圧倒的に多いのはなぜなのか？

この状況は、エイリアンたちがすでに仕掛けた戦争なのです。ですから、第三次世界大戦と言われる戦争は、すでに始まっているのです。もちろん、これまでに起きた世界戦争も地球人たちが起こしたものではありません。戦争というと、ミサイル、爆撃、原子爆弾というイメージが強いと思いますが、サイバー攻撃もあれば、生物兵器もあり、それ以外の人間の思考をコントロールして、人間を先導し、対立させるというやり方もあります。

相手は人間ではありませんから、皆さんが知らないたくさんのテクノロジーを持っています。そのテクノロジーを駆使して、先述してきた通り、皆さんの霊的なモチベーションを奪い、生きる目的のない無気力な人間を作り上げることも、彼らの戦術です。

要するに、地球を支配してきたエイリアンたちは、地球人が自ら知恵を持ち、社会をよりよい方向へと進化させることを阻止するために戦争を起こしてきたわけです。

そうとわかれば、まだ意欲のある皆さんが立ち上がるしかありません。しかし、地球人類の中で未来の可能性を切り開こうとしている少数派の人たちは、まだ、地球を破滅に追い込もうとする勢力を凌駕《りょうが》するテクノロジーを開発していません。したがって真正面から対抗することはできません。そして、彼らが作った政治や経済の仕組みをひっくり返すことも難しいでしょう。

ですから私たちは、この挑まれた戦いに勝つために、一人ひとりが霊的統合を果たして、圧倒的な叡智を手に入れることによって、宇宙最強の人類となる方法しかないのです。

「スピリット」「魂」「霊格」「人格」を定義する

それでは、ここで「霊的統合」という概念について、もう少し詳しく説明しましょう。

そのためにまず、霊的な分野でよく使われる「スピリット」「魂」「霊格」「人格」「エゴ」といった言葉を明確に定義付けることが必要でしょう。

「スピリット」は、日本語では「霊性」と言われます。スピリットそのものは、空気のように分けることができないものです。ですから、すべては一つ、「ワンネス」といった言葉で表現されます。そして、スピリットはエネルギーとも言うことができます。エネルギーは必ず何らかの情報を持っていて、その情報に基づいた振動を行っています。このように宇宙を覆い尽くすエネルギーは、スピリットと呼ぶことができます。

そのスピリットを個々に分けるための、いわば容器のようなものが「魂」です。魂があるために、人は個々に自分に相応しい情報＝スピリットを選択して、独自の性質や考え、価値観を持って、それぞれが決めたテーマを独自のやり方で探求するゲームを行うことができます。

「容器のようなもの」と表現してしまうと、まるで魂が無機質なものであるかのようにイメージしてしまうかもしれません。しかし、決してそうではありません。実際魂は、特殊な構造を持つ水分子の集合体で、非常に知性的な被膜なのです。そのため魂は、それそのものが知性を持って、エゴが認識することができない多次元に及ぶ認識を持ち、それをもとに思考することも、判断することもできます。その判断の結果として、皆さんが偶然と思うような必然を起こしています。

魂によってパッケージされた個別のスピリットは、日本では「霊格」と言われます。また、「インナーゴッド」や「ゴッドセルフ」「内なる神」などとも言われます。

個々の霊格が保有する情報をもとに、人間としての認識を持つ「人格」＝「エゴ」は、正常な状態であれば、自分に潜在しているテーマに基づくポテンシャルを見つけて、その力を修練し、うまく使うことによって、非常に豊かな資源を持つ特別な惑星である地球上で、さらなる可能性に挑戦するゲームを十分に楽しむことができます。

また、そうすることによって、地球人ならではの豊かな感性と情緒、心を育み、より大きな喜びと充足感を得ることができるようになります。

つまり、このような段階的な成長のプロセスは、エゴと霊格が共通するコンセプトを認識するうえで非常に重要であり、健全な形でエゴと霊格が共同作業をしている状態です。

この状態は、すでにエゴと霊格は分断されている状態ではありません。しかし、完全に統合されている状態だとは言えません。

霊的統合とは何か？

さて、間違ったスピリチュアルの学びをすると、まるで「エゴ」が悪であるかのように思われ、感情を持つことが稚拙であるような認識をしてしまうことがあるようです。これも一つのトラップと言えるでしょう。

実際は決してそうではありません。エゴには、エゴの重要な役割があります。肉体を通して受け取る五感や、人間としての心を通して感受する感覚を使って、さまざまなことを感じることや、思うことや、考えることもエゴの大切な役割です。

もちろん、その中には楽しいことや、心地よいこと、嬉しいこともありますが、反対に辛いこと、苦しいこと、心地悪いこと、悲しいこと、恐ろしいことなどたくさんのネガティブなこともあります。

しかし、これらの感覚を経験することによって、私たちは何が自分にとって優先すべきことなのか、自分が探求すべきテーマが何か、目的となるのは何か、といった非常に重要なことに気づくことができます。

そして、重要なことに気づけば気づくほど、身体的な機能はバージョンアップし、感覚はより鋭くなって、さらに深みのある感受性を育てていくことができます。
そうなれば、思考も一層深まり、より高度な気づきや知恵を得ることを可能にします。

こうした経験を通して成長していくことによって、人格が抱えてきたトラウマや、劣等感などを克服し、人格と霊格の間の齟齬《そご》をなくしていきます。人格と霊格の差が縮まると、霊格が持つあらゆる知恵や知識や能力を自在に使いこなすことができるようになります。

また、物事を平面的かつ短絡的に理解するのではなく、あらゆることを多次元的に理解する力を得て、長期的な展望を見通すことができるようになります。つまり、いわゆる「悟り」の境地に近づくことができるわけです。そうなれば、本格的な霊的統合という領域に達することになります。

つまり、「霊的統合」とは、エゴと霊格が、地球という物理世界に肉体を持って生まれてきた動機や目的、つまり、霊的意図を共有し合い、一貫したコンセプトのもとで、地球での多くの経験を、すべて、今地球に人間として存在している自分の中で統合させ、目的をまっとうすることを意味します。

どれほど霊的統合が重要か

霊的統合について理解すると、改めて地球人が霊的尊厳を取り戻すことの重要性を感じるのではないでしょうか。

霊格は、エゴには認識できないことを認識し、エゴには理解できないことも理解していますから、エゴが自分の霊格と一つのコンセプトを共有することによってつながっていれば、霊格によってあらゆる侵害から守られます。

だからこそ、地球人から搾取し、隷属させてきたエイリアンたちは、地球人のエゴと霊格を分離させるために、あらゆる手段を投じてきました。その方法は、後ほど詳しく説明することにします。

ここでは、そのようなエイリアンの攻撃から身を守り、改めて霊的な尊厳を取り戻し、エイリアンの支配下から脱却するために、いかに「霊的統合」が重要であるかということを、改めて強調したいと思います。

実際エゴと霊格を引き離された地球人は、元々霊格が持っていたコンセプトに代わって、他のコンセプトに洗脳されてきました。

例えばそれは、歪《ゆが》んだ社会の常識となっているようなことが挙げられるでしょう。皆さんがこの経済社会で生き延びるために、多くの人が無意識のうちに獲得したエコノミックなマインドは、著しく霊的な意思を阻害しています。この概念を植え付けられると、「所有」という概念のもとに、より多くのものを得ようとする獲得ゲームを余儀なくされます。一番危険なのは、このようなゲームに興じているという自覚を持てなくなっていることです。

この状態は、ネットサーフィンや、スマホで手軽にできるゲームなどについつい夢中になって、大切な人生の大切な時間の多くを費やしてしまっているのに、止めることができない、依存症の状態と何ら変わりがありません。

そして、本来ここに存在する多くのものは誰の所有物でもないことをすっかり忘れて、奴隷の罰ゲームのような、お金のゼロサムゲームに興じています。

例えば、土地は、地球自身のものであって、他のエイリアンや特定の人間のものなどではありません。地球や他の惑星や恒星は、私たちと同じように霊的な意志を持って生きているのです。

しかし、今の地球社会を作ったエイリアンたちは、誰かに所有権を与えて売り買いさせることで、獲得したいという人間の欲求を生み出しました。このようなことが地球の土地以外の動物や植物、そして人間にまで当てはめられて、売り買いされています。

また、獲得するのは、物理的な物や形のある生き物ばかりではなく、人や社会からの評価、名誉、権利、手柄などもあります。

特に評価を得ようとする傾向は、多くの人の人生を無意識のうちに支配するような強力なコンセプトになってきました。しかし、霊格は、人からの評価や、実際には存在しない宗教上の神からの評価などを得るために地球人になったわけではありませんから、エゴとの間に大きな乖離が生じてしまいます。

こうして、エゴは地球を不当に支配してきたエイリアンたちに洗脳され、マインドをコントロールされて、スピリチュアルハラスメントを受けてきました。

エイリアンの計画から逃れるたった一つの方法

このような状態は、もはや戦争です。この戦いに勝利し、地球人類が自由を獲得するためには、どうしても霊的な統合をするしか方法がありません。

私たちが怒りに任せて行動したり、アグレッシブなやり方をしたりすれば、むしろ彼らの思うつぼです。

その意味では政治的な改革も、経済的なアプローチも、今の段階では徒労に終わるでしょう。彼らは、目下のところ、政治的にも経済的にも計画通りにあらゆることを進行させています。

彼らは、日夜努力をしてきたのです。皆さんがネットサーフィンをしたり、ゲームに興じたりしている間にも、彼らは今後、異常なまでの管理社会へとシフトさせるために、彼らはあらゆるテクノロジーを開発してきました。

彼らの計画通りに進行すれば、経済は、今後一気に仮想通貨へとシフトします。紙幣の使用を禁じられるのも近いでしょう。

彼らは、個人のキャリア、健康状態、遺伝子、資産など、あらゆることを政府が管理できる仕組みを導入し始めました。こうして、個人の自由はまったく認められない地獄のような世界にしようとしています。

このような状況からうまく逃れるには、物理的現実的な方法だけでは到底かないません。

だからこそより多くの人が「霊的統合」を目指し、本来の自分を取り戻すことによって、自分の本質にこそ備わっている、圧倒的なパワーと能力を発揮する必要があるのです。

巨大宗教やエセ・スピリチュアルが果たしたこと

このような状態は、もはや戦争だと言いましたが、ウクライナとロシア、イスラエルとパレスチナのような暴力行為による戦争ばかりではなく、地球人類すべてをターゲットとした戦いがすでに表面化しています。

私たちを敵対して攻撃しているのは、もちろんディープステートやシオニストなどと呼ばれている、国というボーダーラインを超えた闇の組織であり、それらの組織を支配してきたエイリアンたちです。

COVID19という生物兵器を使い、さらにワクチンという兵器を乱用した戦争は、人々の肉体的な健康状態を侵すのみならず、長期的に人間の心や精神まで侵す深刻な攻撃です。

そして、非常に頭のよい彼らは、これらの作戦を絶対に失敗することがないように、このような攻撃を開始する前から、次に述べるように、万全の準備をしてきました。

その一つは、私たちが自ら思考し、正しく判断して行動を起こす力を奪うために、存在しない神や、天使や、スピリチュアルガイドと呼ばれるような仮想の存在を作り出す作戦です。

巨大な宗教組織や、宗教を疑う人向けに仕組まれた間違ったスピリチュアル観を洗脳する大きなムーブメントは、そのために十分すぎるくらいに貢献してきたわけです。

宗教やスピリチュアルは、まるで外科手術を受ける前に投与される、精神安定剤や麻酔と同じように、人間本来の鋭い感性や知性に加え、物事を知的に捉えて思考し、行動することを完全に抑圧しました。

そして、もっとも重要な本来の霊的な感覚を、完全に麻痺させる役割を立派に果たしてきたわけです。

もう一つは「お金」です。私は『地球人が知らないお金の話』（大和出版）の中で、詳細を語らせていただきましたので、この話は割愛させていただきます。

要点だけを述べると、「似非《えせ》スピリチュアル」と「お金」という両輪によって、地球人は完全に霊的権威を失い、邪悪なエイリアンたちの餌食にされてきたわけです。

さて、このような行為は、ハラスメントの域を超えた攻撃としか言いようがありません。まさに今、私たちは霊的戦争の真っただ中にいるのに、そのことにほぼすべての人が気づいていないという悲惨な状態です。

このような状況は、実は「上の如く下も然り」の言葉通り、宇宙でも起きています。ただ、宇宙では、なぜか地球とは逆の関係性になっていて、まるで「ねじれ場」（トーションフィールド）のようです。

普段穏やかで善意的な組織がしびれを切らしてしまったようで、攻撃力の高い巨大な勢力と権力を誇る組織に戦いを仕掛けました。

しかし、宇宙戦争において、もはや爆撃したりすることは時代遅れです。戦うチャンスを与えられた巨大な組織は、陰湿な作戦を水面下でじわじわと進行させている様子です。一方、多くの中立な種族は、そのようなことが起きていても、今のところ見て見ぬふりができる状況に甘んじています。しかし、実際にはとんでもなく大きな戦争がすでに始まっているのです。このような現象は、天の川銀河や、それを含む銀河群にも、大きな変化のタイミングが来ていることを示しています。

水瓶座時代への変容は太陽系で起きている

地球には、歳差運動があります。その周期である約25860年を12サイン（占星術における星座）に分けて、その一つずつに当たる約2155年を一つの時代とします。

今はちょうど「うお座時代」を終えて、「水瓶座時代」へと突入した端境期に当たり、何もかも古い時代のものが崩壊していく、もっとも過酷な過程にあります。

特に今の地球は、新しい時代に相応しいものが、まったくと言ってよいほどありませんから、私たちは、見事に何もかも失うことになるでしょう。その中には、私たち自身である地球人類も含まれてしまうかもしれないという瀬戸際です。


さて、このような状況にある理由として、新しい時代へと推移していくタイミングにあるということ以外に、もう一つ大切な理由となる事柄があります。それは、地球だけではなく、地球を含む太陽系全体に起きていることです。

太陽系の惑星たちが、太陽の後を追いかけるようにして、太陽の周囲を、らせんを描きながら回っているように、太陽系全体も、天の川銀河の中心にあるセントラルサンの周囲をおよそ3億1800万年かけて一周します。太陽の軌道上に、占星術で用いられる12宮というシンボルで表される、異質なエネルギー領域があるように、セントラルサンにも、その軌道上に異質なエネルギーのグラデーションのような帯が存在しています。

その中で、もっとも大きな変化をもたらし、もっとも飛躍的な進化を促進してくれる領域は、放射線を帯びた非常に高い次元の領域です。

そして今、地球を含むこの太陽系は、まさにその領域の外側の境界線から侵入しようとしているところです。ですから、その影響は非常に強く、大きな変化を起こすことは必然です。しかし、それは、先述したように、そこに生きる人類にとっても、その他の生き物にとっても、嬉しいこともある一方で、非常に大きな打撃を受けることにもなる厳しい意味での変化でもあります。

嬉しいことと表現した内容に当てはまるのは、すべての生き物が進化するチャンスを得るという点が挙げられます。それは、もちろん生き物としての進化であり、DNAにダイレクトに影響を与えて、私たちの身体的、精神的、霊的な機能が高まることを意味しています。

反対に、厳しい意味での変化の方は、太陽系の恒星や惑星たちも私たちと同じように、意識を持って、それぞれに意志を持って生きています。ですから、これらの星たちも大きな変化と変容を促されます。

その結果、太陽は頻繁に大きなフレアバーストを起こし、地球でも今まさに大きな地殻変動が起きていて、世界中のあちこちで群発地震や、火山の噴火が起きています。もちろんこのような変化は、地上ばかりではなく、海底でも起きています。

ですから、せっかく人類にも変化変容のチャンスが来ているにもかかわらず、死を選択する人たちが多くなるのも事実です。

必要な霊的な備えを急ごう！

さて、世界中に存在するたくさんの予言の中で、この重大な時代の移り変わりのプロセスに関する言及はたくさんあります。その中で、今いる人たちの約1／3の人たちしか生き残ることができないとよく言われています。

確かに、それはそうでしょう。でも、正直なところ、それは今ここに生きている私たちが最大限の備えをした場合です。もし、このまま何もしないでいたら、生存率は1／10、ともすると絶滅の危険さえある状態です。その反面、先述の通り、非常に大きなチャンスに直面しているとも言えます。

長い間地球人類が経験してきた、エイリアンによる霊的虐待や、人権を無視した支配から逃れて、自立する道を歩むことは、決して簡単ではありません。それでも、本来の皆さんは勇敢な霊格を持って生まれてきたのですから、勇気も知恵も強い力も持っているはずです。その力を持って、地球人類に相応しい楽園のような社会を地球上に創造する絶好のチャンスです。

この戦いには、負けるわけにはいきません！　そのための霊的な備えを早急にしなければなりません。

政治や経済など、今から社会の在り方を改革するのは現実的ではありません。そうこうしている間に、世界中のあちこちで天変地異が起き、経済は崩壊する可能性も高いでしょう。

何事も緊急を要する状態です。今から準備することは、個人の在り方を早急に変えるための作戦です。

私たちにとってもっとも大切なことは、先述してきた通り、私たちのエゴが、個々に備わっている霊格と共通の認識を持って、地球に来た目的を達成するために、自由に取り組むことです。

そして、非常に高い能力や才能や力は、エゴではなく、霊格に備わっていますから、エゴは霊格と統合することによって、再び高い知恵を獲得し、内面の安定と迅速な行動力も、優れた感性も取り戻して、圧倒的に強くなることができます。

このように霊的な力を得ることが、今は何を差し置いても第一に優先しなければならない緊急条項です。

そのための一つのコツとして、「過去に捕らわれない生き方をする」ということを伝えておきましょう。

皆さんは、常に無意識に過去の延長線上の今を選択しています。それは、過去は変えることができないと教えられたからです。しかし、実際には過去から未来へと自動的に流れる時間というものは存在していません。存在しているのは、私たちのマインドが次々に選択する今をつなぎ合わせた、タイムラインと呼ばれるものだけなのです。

しかし、多くの場合、今や未来を選択する時、無意識に過去のデータに基づいて行っています。これは、エイリアンたちが作ったトラップに、率先して捕まり続けるようなものです。

このようなトラップから抜け出るためにも、心と身体を研ぎ澄ませて、真に望む「今」を選択するように心がけることも、大切な備えとなっていくでしょう。

I　今、なぜ霊的統合が必要なのか？

第1章

サアラとアントワンの霊的な旅路

——サアラ

どのように霊的探求の旅をしていくのか？

カルマとは？

個々の魂は、ただ漠然と生まれてくるわけではありません。常に何らかのテーマを持ち、それに対して霊的な理解を得ようとしています。

この「テーマ」は課題であり、「カルマ」と呼ばれているものです。ですから、カルマとは、かつての人生で犯した罪や過ちという意味ではありません。その魂が探求しようとしている疑問や問題であって、必ずしも善悪などで評価できるものではありません。

かつて、ダライ・ラマ法王はカルマについて語っていました。

「人は知っていることを悩むことも迷うこともない」「知らないからこそ、迷い、悩み、苦悩する」「したがって、疑問に思うことはカルマであり、人は葛藤や迷いによって、自分自身の魂のカルマに気づくことができる」

その言葉の通りです。

人生の中でうまくいかないこと、思い通りにいかないことは、誰にでもあるものです。なぜこんなことが起きるのか？　どうしてこんなにもうまくいかないのか？　と考えてみても、なかなかしっくりくる答えは見つけられません。

そして、人生を振り返ってみると、何度も同じようなパターンの出来事を経験して、同じようなことに悩み、同じような疑問を持ち、同じような苦しみを味わっていることに気づくでしょう。そのような事柄を深く考察していくと、特定の経験のパターンを通して、常に同じ課題が浮き彫りになってくるはずです。それがその人にとっての「カルマ」であり、人生を通して探求すべき、とても重要な深いテーマです。

つまり、**人生で起きる困難な出来事は、その人のカルマを探求するきっかけとなる出来事ですから、困難を避けたり、危険を回避したりするようにリスクヘッジばかりしていると、カルマを見つけることができずに、その人生は何も手つかずの状態で、**

次の人生に同じカルマが継承されます。

すべてカルマの探求に必要な体験

もちろん、カルマは早く清算しなければならないなどというルールはありません。非常に大きな課題について、いくつもの人生を通して、まったく違った状況の中で、さまざまな側面から経験することによって、より立体的に理解する必要のある課題もあるでしょう。

そのために、霊格はいくつもの人生を通して、あらゆる角度からカルマに関わる経験を与えようとします。

この世界に生きていると、とかく善悪、正否、優劣といった概念に縛られて、自分に対して無意識に非難したり、批判したりしています。その結果、多くの人が潜在的に自責の念を抱え、鏡である他者からも責められるような経験をしています。

しかし、今地球に生きている人々の魂は、非常に長い間、物理的な現実世界で、多くの経験をしてきました。それはもちろん、カルマと言われる課題に関して、さまざまな角度から経験をすることによって、理解を深めるためです。

したがって、加害者も被害者も経験し、善意に満ちた人柄も、悪意に満ちた人柄も経験し、穏やかな人柄ゆえに騙されたり奪われたりした人生も、反対にアグレッシブで強欲な人柄ゆえに多くを得ることができた人生も経験したかもしれません。

それらの経験そのものに対しては、どんな評価も必要ありません。ただ、それらの経験は、その人の魂にとっても、その人にとっても、カルマを探求するうえで必要な経験だったわけです。

この先、霊的統合に向かうためには、まず、これらの相克する経験を通して中立なポイントを捉えることが必要です。なぜなら、その中立な意識のみが、唯一霊格と統合できる意識だからです。


先述した仏陀の「人皆戯れに来たりて、戯れに去る」という言葉通り、カルマについて深く探求していく旅は、まるでゲームのような遊びだということです。ゲームの世界には、困難な要素が随所にあり、また、敵が現れて、行く手を阻みます。

このように、魂の道のりも多くの困難と敵が現れることによって、自分自身に潜在する能力や力、知恵などに気づき、自己信頼を築き、より多くの知恵を獲得しながら、善でも悪でもない、「ただ今に在る己」に気づき、自身の霊格へと近づいていきます。

これこそが霊的統合への道なのです。

攻撃から自分で自分を守るヒント

長い間地球では、貪欲で邪悪なエイリアンや、その手先となってしまった人間によって、あらゆる方法でこのような霊的探究の道を侵害され、霊的統合を果たすことを阻害されてきました。

それは、地球上のゲームにおいて、私たちが負け続けてきたことを示しています。そろそろ私たちも目を覚まして、本気でゲームに取り組むべきではないでしょうか。

この章では、アントワンと私が歩んできた、それぞれの霊的な旅に関してお伝えすることで、どのように人が霊的な旅をしていくのかについて、より具体的に理解していただくとともに、それらの探求を阻害しようとする攻撃についてもお伝えします。

このような攻撃は、アントワンや私のような風変わりな生まれ方や、生き方をしている人にだけ起きていると思われやすいのですが、決してそうではありません。例えばダライ・ラマや、サイババや、私が出会ってきたそれ以外のマスターたちのような存在でさえも、細心の注意を払っているのです。

そして、彼らの教えの中には、露骨な表現はされていませんが、エイリアンの攻撃にどう対応したらよいかを説く教えもあるくらいです。つまり、残念なことに、すべての人たちがエイリアンからの攻撃に対して何らかの影響を受けているということです。

このような霊的攻撃の状況は、長い間、ごく一部の人にしか気づかれないように行われ続けてきました。今こそ皆さんが真実を知って、攻撃にさらされ続けることを回避し、それぞれが自分の霊的尊厳を奪還するとともに、自分自身で守護する方法を身に着ける時です。

この本では、これらの方法もお伝えしていきましょう。

ここに挙げていくアントワンと私の旅は、決して特別なものではありません。皆さん自身の魂にも、それぞれに壮大なストーリーが刻まれているはずです。そして、皆さんはこの世界を大きく飛躍的に進化させるために、魂に刻まれたそれらの経験を叡智に変え、いよいよ力を発揮する時が来ています。

そのことに一人でも多くの人に気づいてもらいたいというのがアントワンと私の切なる願いです。

そのための参考として、私たちの例が、皆さんの今後の霊的探究の旅に役に立つことを願って、次ページからは、自己の旅路をそれぞれ自らがつづります。

無私の行為には力がある
――アントワン・シュバリエ博士の人生

フランス、ロッシュでの幼少期が私にもたらしたもの

私、サー・アントワン・シュバリエ博士（Sir Dr. Antoine Chevalier）は、フランスのアンドル＝エ＝ロワール県に位置する美しい町、ロシュで生まれ育ちました。この町が持つ中世の魅力と静かな風景は、私が育った嵐のような生活環境とはまったくの対照をなすものです。私の人生は最初から、驚くほどの試練に満ちていました。悪意的な性質を持つ両親のもとに生まれ、誕生の瞬間から霊的な攻撃にさらされ続けたのです。こうした幼少期の経験が私の人生を深く形作り、根強いレジリエンス（回復力）、そして霊的な防御と啓蒙へと向かう確固とした探究心を植え付けたのだと思います。

哲学者のフリードリヒ・ニーチェはかつて「我々を死に至らしめないものは、我々を強くする」と語りました。この格言は私にとって、特に真実味のあるものです。初期の逆境が、未来における私の試みを支える強さと意志を鍛えました。悪意のある力に囲まれていたにもかかわらず、私は幼い頃から物覚えが早く、世界に対する好奇心に溢れていました

ソルボンヌ大博士課程へ

私にとっての学問の旅は、フランスのトゥールにあるCentre d'Études Supérieures d'Aménagement（「高等都市計画研究所」の意。略称CESA）で始まります。元々知識を深めることが得意なうえに、猛勉強をしましたので、卒業時の成績はクラスのトップでした。CESAでの優れた成果は、後に続く学術的業績の前触れであり、サステナブル（持続可能）な開発や生態系保護活動における、私のこの後における貢献の基盤を築くものでした。

「教育の根は苦いが、その果実は甘い」とアリストテレスは語っています。私は自ら

の人生の旅を通じて、この言葉が真実であることを知りました。ＣＥＳＡの厳しい教育環境が私の分析スキルを磨き、サステナブルな開発に対する理解を深め、後に待ち受ける挑戦への準備を整えてくれたのです。

尽きることがない知識欲に駆り立てられるようにして、私はパリの名門ソルボンヌ大学の博士課程に入学しました。専攻は国際サステナブル開発で、副専攻は人類学です。学術的な評価の高さで知られるソルボンヌ大学で、私は同じ専門分野における最高レベルの頭脳を持つ人々と交流し、革新的なアイデアをさらに発展させるための基礎固めをすることができました。

「中ザンベジ渓谷における生物多様性プロジェクトとサステナブルな開発：地理情報システム（GIS）とマルチエージェントシステム（MAS）の連携」という題名の画期的な論文で、私は生物多様性とサステナブルな開発の複雑な関係を探求しています。

私の研究は、環境保全のための包括的な枠組みを作成するために、地理情報システム（GIS）やマルチエージェントシステム（MAS）などの先進技術を用いたという点で、先駆的なものでした。

「周囲に広がる宇宙の驚異や現実に、私たちの注意をしっかりと向けることができればできるほど、破壊への欲望は薄れていくでしょう」と、レイチェル・カーソンは言葉巧みに表現しましたが、私は自分の仕事でこの哲学を具現化し、人間の開発と自然の生態系保護のバランスをとるよう努めました。私の研究は、中ザンベジ渓谷の生物多様性の大切さを強調するだけでなく、これら尊い生態系を保護し、持続させるための、革新的な解決策を提案するものでした。

ジンバブエ、そしてモザンビークの生態系持続のために

博士過程の研究のため、私はジンバブエに行くことになりました。理論上の知識を、実地的な現場プロジェクトに適用する機会です。豊かな生物多様性と複雑な環境問題を抱える中ザンベジ渓谷は、私のフィールドワークの背景として完璧でした。地理情報システム（GIS）とマルチエージェントシステム（MAS）を統合することで、私は自然資源を全体的に見て管理する方法を開発し、生物多様性ホットスポットのマッピングや、さまざまな生態系の構成要素による相互作用のモデル化を行いました。

私の研究は学術的に厳密であるだけでなく、実際の環境においても非常に大きな意味を持つものでした。地域の生物多様性を詳細に分析し、サステナブルな開発戦略を提案することで、私の研究は中ザンベジ渓谷の保全活動に貢献しました。私の発見はいくつかの査読付きジャーナルに掲載され、国際的な認知を受け、結果的に私をこの分野の第一人者として確立することになりました。

ジンバブエでの成功に続き、私は自分の専門知識をモザンビークに広げ、サステナブルな開発への貢献を続けました。さまざまな生態学的および地域密着型のプロジェクトに取り組み、サステナブルな開発の原則を応用し、私は現地の環境や社会経済が抱える問題に対応しました。

ジョージ・バーナード・ショーは「進歩は変化なしには不可能であり、自分の心を変えられない者は何も変えることができない」と述べています。私はこの言葉を胸に、効果的でありながら土着の文化に馴染むサステナブルな解決策を開発するため、地元のコミュニティと共同で働きました。そして伝統的な知識と現代の科学的アプローチを統合することで、地域住民の当事者意識と自信を育み、プロジェクトの長期的な成功を確実にしたのです。

一人の貢献が世界を変える

私の学術的な成果と画期的な研究が、世間に見逃されることはありませんでした。私の業績は広く称賛され、数々の賞を獲得し、国際会議での講演依頼が相次ぐようになります。サステナブルな開発と環境保全における私の貢献は、世界中の主要な学術機関や組織に認知されることになりました。

「知識ではなく想像力こそが真の知性の証《あかし》である」と、アルバート・アインシュタインは語っています。私は自身のサステナブルな開発への革新的なアプローチが、この言葉の典型例ではないかと感じています。この取り組みで私は先進技術と、人間と環境の相互作用に関する幅広い知識を、一つにまとめました。そして複雑な環境問題における斬新な解決策を考案し、実施する能力がある未来を見据えたリーダーとして、私はこの分野で一目置かれる存在となりました。

学術的な卓越性と初期のキャリアの成果は、後々私がホリスティック健康科学と霊的なヒーリングを追求するうえでの土台となりました。サステナブルな開発における私の独創的な研究と、自然環境を守るというコミットメントは、世界中の学者、実務者、そして政策立案者たちにひらめきと影響を与えたのです。

マーガレット・ミードは、こう言っています。

「少数の思慮深く献身的な市民の集団が、世界を変えられるということに疑いの余地はありません。実際、これまでに世界を変えてきたのは、常にそうした人々なのです」

CESAやソルボンヌ大学の教室から、ジンバブエやモザンビークの原野まで広がった私の旅は、サステナブルで公正な世界を創造するために、個人の献身がどれほど深い影響を与えられるかを示していると思います。私は自らの経験を通じ、現代の差し迫った環境問題に対処するうえで教育、革新、そして他者への思いやりが持つ力を証明しました。

私のスピリチュアルな探求

職業上の成功にもかかわらず、私の人生には常に霊的な苦労が影を落としていました。慰めと霊的な強さを求めた私は、パリでの博士課程の間、禅仏教の学習と実践に没頭します。自らの霊性に導かれるようにして、私は北タイのチェンマイにある仏教僧院で5か月間、仏教僧としての生活を送りました。そしてこの修道生活の間に、霊性とマインドフルネスに関する理解を深め、幼少期から絶えず悩みの種であった霊的問題を乗り越える手段を学びました。

霊性とホリスティックな知識への私の探求心は、学術研究機関の制限をはるかに越えて、広がっていました。飽くことのない好奇心と、人間を理解したいという根強い願望に駆られた私は、世界中を旅して回ることに決めます。

ブラジル、日本、コスタリカ、オーストラリア。これらの国々で私は、土着の文化が持つ知恵やヒーリングの実践に没頭しました。この探求と学びの旅が、ホリスティック医療と霊的防御に関する私の理解を深め、最終的には私独特のアプローチによる自然療法医学を形作ることになったのです。

ブラジル、日本、コスタリカ、オーストラリアの叡智に学ぶ

ブラジルのアマゾンで、私はシャーマニズムが持つ豊かな伝統に身を投じました。シャーマン、別名「クランデロ」と呼ばれる人々は、古代から伝わる植物療法と霊的なヒーリングの知識を、私に伝授してくれました。人間の健康と、自然との間にある複雑なつながりを知ったこの経験は、私にとって人生を変えるほどの影響力を持ちます。

ラルフ・ワルド・エマーソンの「千の森の創造は、一つのドングリの中にある」という言葉通り、生物多様性の宝庫であるアマゾンの熱帯雨林が無数の癒しと再生の秘密を持ち、各植物がさまざまな病気を治療する可能性を秘めていることを、私はここで学びました。

私の次の旅先は、日本です。私はここで禅仏教と、伝統的な日本の医学の原則を学びました。禅修行のマインドフルネスと瞑想は、私が内なる平和とレジリエンスを得る手段となりました。老子は「千里の道も一歩から」という言葉を残していますが、私は日本で数えきれないほどの一歩を重ね、マインドフルネスの技を習得することになります。

日本の「生きがい」、つまり存在の理由という概念は私の心に深く響き、目標を持ち人々に尽くす生き方へのコミットメントを強固なものにしました。

コスタリカでは、「純粋な生活」を意味する「プラ・ビダ」という哲学を、私は受け入れました。ホリスティックなこの健康法は、心、身体、そして精神の、調和とバランスを重要視するものです。コスタリカ先住民のヒーラー、別名「クランデロ」は、自然と調和して生きることの重要さを、私に教えてくれました。

「身体を健康に保つことは義務なのです。さもなくば、心を強く明晰に保つことはできません」と仏陀は語っています。コスタリカで過ごした時間は、自然界と深く結びついたバランスよいライフスタイルの大切さを、私に強く意識させるものでした。

知識欲に駆られた私は、次にオーストラリアへと向かいました。アボリジニのコミュニティで、しばらくの間過ごすためです。アボリジニの「ドリームタイム」という概念は、人間と大地の霊的なつながりについて深く考える機会を私に与えてくれました。古代のブッシュ医学と、何千年も続くアボリジニの文化を支えた奥深い霊的伝統を、私はここで学びます。

「私たちは皆、この時間、この場所への訪問者です」というアボリジニのことわざがあります。「私たちはただ、通り過ぎているだけなのです。ここでの私たちの目的は、観察し、学び、成長し、愛すること……。そして目的を終えたら、私たちは故郷に帰ります」この洞察はすべての生命のつながり合いを見事に表現しており、私のヒーリングへの取り組みに、非常に大きな影響を与えています。

古代の叡智と現代科学の架け橋

世界をまたいだ私の旅の目的は、単なる知識の獲得ではなく、それらを統合し、一貫性のあるホリスティック医療の手法を生み出すことでした。経験を通じて、真の癒しは物理的なものを超え、精神的、感情的、そして霊的な状態の、すべてを網羅することを私は学びました。「どの病気を持っているかではなく、どの人がその病気を持っているかを知ることが重要である」という、医学の父ヒポクラテスの叡智の言葉があります。私の自然療法における全体的なアプローチはこの原則を体現し、各人の個性と彼らの人生経験、環境、そして健康状態による独特の絡み合いを認めたものになっています。

地球規模での私のヒーリング集中訓練は、単なる逸話ではありません。私は自分がめぐり合った数々の手法の、科学的な検証を求めました。

多くの伝統的なヒーリングの効能は、研究により証明されています。例えばアマゾンの植物療法に関する研究では、シャーマンが使用する特定のハーブに、抗炎症および抗菌効果のある強力な薬効成分が含まれていることが確認されました（スミスら、「アマゾンにおける薬用植物のエスノボタニーおよびエスノファーマコロジー」、Journal of Ethnopharmacology, 2010）。同様に、禅仏教の中心であるマインドフルネスと瞑想の効果は、科学的な資料に幅広く記録されています（カバットジン、「文脈におけるマインドフルネスベースの介入：過去、現在、そして未来」、Clinical Psychology: Science and Practice, 2003）。

私だからこそできる貢献、それは古代の叡知と現代科学の架け橋を築く能力にあるのだと、自分では考えています。

私が実践するホリスティック医療は、伝統的な知識への深い敬意に基づいており、現代の科学研究により検証され、さらに発展しています。中世のユダヤ哲学者であり医師でもあるマイモニデスは「医師は病気を治療するのではなく、その病気に苦しむ患者を治療するべきである」と語りました。私はこのホリスティックな哲学そのままに、多様なヒーリングの伝統を統合し、包括的かつ個別化されたケアを提供しています。

第2のキャリアはホリスティック医療

2001年の初め、私、サー・アントワン・シュバリエ博士は変革の旅に乗り出しました。ホリスティック健康科学における第2のキャリアをスタートするため、アメリカに移住したのです。私はアメリカ合衆国大統領府の新執行部にある、ホワイトハウス・アスレチックセンターに加わりました。

以前のサステナブルな開発の研究からは大きく方向を転換し、私の目的は今や、心、身体、精神の複雑に絡み合った関係に焦点を当て、理想的な健康状態を実現することです。揺らぐことのない知識欲と、自然療法の力に対する根強い信念が、私を変化へと駆り立てたのでした。

ホワイトハウス・アスレチックセンターでの私は、ホリスティック医療の知識を研鑽することに専念します。自然療法医学で、二つ目の博士号も取得しました。これは科学的厳密さと古代のヒーリングを統合するという、私のコミットメントの象徴です。私の学術的な貢献は、数多くの査読付きジャーナルに掲載された画期的な科学記事により証明されました。私の研究は、実験的な証拠と伝統的な叡知が織りなす色彩豊かな融合物であり、ホリスティックな治療の有効性に関する貴重な洞察をもたらしたのです。

「食事を薬とし、薬を食事とせよ」とヒポクラテスが語った原則を、誠心誠意、私は実践してきました。私のホリスティックな手法では、健康を維持し病気を予防するために、栄養、ライフスタイル、霊的な幸福などのすべてを重要視しています。

真の癒しをもたらす独創的な方法

私の人生は常に、霊的問題との戦いでした。これが原動力となり、私は独自の治療法を極める決意をしたのだと思います。

ホリスティック医療における私の専門知識は著しい進歩を遂げ、幅広い層の人々を治療することが可能になりました。その中には、ホームレスの退役軍人、自殺願望があるPTSD患者、薬物依存者、人身売買の生存者、ギャングのメンバー、そして統合失調症など重度の精神障害を持つ人や、犯罪者とみなされるほど精神に異常を抱えた人たちが含まれます。できる限り多くの生命に、希望と回復を届けたいという願いから、私は自分のアプローチが斬新なだけでなく思いやり深いものになるよう、ヒーリングをするうえで常に心がけています。

私の手法は、真の癒しを実現するには病気の症状だけでなく、全体的な人間性を扱う必要があるという信念に深く根ざしています。「最大の富は健康である」という叡智の言葉を、ローマの詩人ウェルギリウスは残しました。私の治療ではこの哲学を信条に、患者たちの物理的、感情的、霊的な側面すべてを育む、包括的なケアを提供しています。

私がもっとも高い評価を得ている業績の一つは、従来の医学では治療が難しいとされる人々の支援に成功したことです。特にホームレスの退役軍人との私の仕事は、革新的とされてきました。これらの人々は複雑な物理的かつ心理的なトラウマに苦しんでいましたが、私のホリスティックな処置を通じて、癒しと慰めを見つけることができたのです。伝統的な療法と現代の技術を組み合わせ、各患者のために特別仕立ての治療計画を作成する。これが、私のアプローチです。

「世界のトップ100医師」ほか国際的な称賛いろいろ

私の仕事は、否が応にも世間の注目を集めました。日本、ヨーロッパ、ドバイ、カナダでの活動が増え、国境を越えて癒しの手を広げています。私の支援は格別であるとの多くの誉め言葉をいただき、The World Civility Award by the United Nations（国連の世界礼節賞）、2017年にガンジーの孫から授与されたグローバルチェンジメーカー賞、2020年の「アメリカ革命の息子たち（The Sons of the American Revolution）」によるメダルの授与など多くの賞を獲得しました。さらに2023年には「世界のトップ100医師」の一人として表彰され、ナイト爵位の称号を授かり、アメリカ大統領の生涯功績賞（The US Presidential Lifetime Achievement Award）を受賞しています。また、無償でホームレスの退役軍人のヒーリングに献身したことから、名誉あるアメリカ海兵隊員（Honorary US Marine Corps Officer）の称号も受け取りました。

「他者への奉仕は、この地球に暮らすあなたが支払う家賃です」というムハンマド・アリの言葉が持つ趣を、私は自分の人生で大切にしています。私の仕事は、数えきれないほど多くの個人やコミュニティに影響を与え、ホリスティック医療の効果の大きさを実証してきたと信じています。

国際的な活動を通じて、ホリスティックな癒しの原理を世界に広めることが、現在の私の目標です。日本、ヨーロッパ、ドバイ、カナダにおける施術者たちとの協力関係は、知識やよりよい治療についての情報交換を容易にし、自然療法に関する世界的な論議の質を高めています。私の活動は著名な組織や指導者たちに認められ、ホリスティック医療の分野における先駆者としての評判が確固としたものになりました。

私の使命はこれからも続く

2024年、私の仕事はエポックタイムズ（Epoch Times）の記事で特集され、自国と世界の両方に尽くす献身的な医師として、脚光を浴びることになりました。フランス、ロシュの静かな風景に始まり、ホワイトハウスの権力の回廊にめぐり着いたこの旅は、私のレジリエンス、一人でも多くの人の役に立ちたいという思い、そしてホリスティックな癒しへの揺るぎないコミットメントに導かれたものです。

「自分を見つける最良の方法は、他者への奉仕に没頭することです」と、マハトマ・ガンジーは言いました。必要としている人々を癒し、励ます。こうした努力を続けることが、自他の人生をよりよいものに変えるのです。

私の人生の物語が、誰かに希望やインスピレーションを届けることができれば嬉しく思います。学業、霊的な深み、そして癒しとウェルネスに向けた地球規模の視点の組み合わせが、私の人生を大きく動かしました。私の旅はホリスティック健康科学が持つ革新的な力を明らかにし、身体的、感情的、霊的な幸福が密に結びついた世界への、魅力的な扉を開けることでしょう。

「私たちは一人では大したことができませんが、皆で力を合わせれば多くのことができます」という、ヘレン・ケラーの言葉があります。私は協力的、そして統合的なアプローチが健康とヒーリングにもたらす可能性を実証し、すべての人にとり明るく、健全な未来への道を切り開きます。思いやり、革新、そして人類の幸福に向けた揺るぎない努力は、次世代のヒーラーやケアギバーたちに必ずや引き継がれるはずです。

私、サー・アントワン・シュバリエ博士の旅は、ジョン・バニヤンの「今日という日を生きたと言えるのは、決して見返りが期待できない誰かに何かをしてあげた時だけです」という有名な言葉に凝縮される、深い叡知の具現化を求め続けたものです。

知識欲と他者への思いが私を奉仕へと駆り立て、結果的に大きな変革を引き起こしました。無私の行為には、力があるのです。癒しの活動やいたわりの表現を通して、時代を超えたこの真実を、私は生きたい。

スピリットが持つ限りない寛大さと、自らの仕事が持つ計り知れない影響力を信じ、私は全力で人生の旅を続けます。

必要な「覚悟」は生まれる前に決めている
――霊的攻撃とサアラの人生

今回の人生は、私の「魂のゲーム」のゴール

地球が進化の道へとシフトできるか否かの大きな運命の分かれ道に立っている、今というタイミングで、一人の人間として生まれてくることは、私、サアラの魂にとって、非常に興味深いことであり、また、勇気を必要とすることでもありますが、奮い立つような情熱を与えてくれる挑戦でもありました。

「はじめに」でもお伝えした通り、私にはどうしても地球に来なければならない理由がありました。繰り返しになりますが、その理由は、**地球の進化と地球人の自立のた**

めの解放です。この目的だけを聞くと、私は、まるで地球人のためにやって来たヒーローのように聞こえてしまいますね。

残念ながら、私はヒーローではありません。そして、私がここに存在しているのは地球人のためではありません。私は、私自身の探求とその成果のためにこの目的を掲げました。これは、非常に長い間続いた私の魂のゲームのゴールなのです。

搾取され続けている状況から脱け出したい

私の魂は途方もなく古い魂なので、今まであらゆる世界で、あらゆる文明を経験してきました。その中には、この地球の２０２４年から見て、過去の世界も、未来の世界もあります。地球ばかりでなく、他の宇宙文明での経験もたくさんあります。

宇宙には非常に発達した文明がたくさんあります。その世界は、調和していて、戦争も、大きな対立もありません。そこに暮らす人類や他の多種多様な生き物たちは、それぞれを尊重し合い、協力し合って、すべての生き物たちのために有効なテクノロジーが開発されています。

そのため、地球社会のようにお金というものは存在しません。経済格差も、教育や生活レベルの格差もなく、もちろん、生きるために苦労することもありません。そして、一部の富裕層だけが得をするなどということはありません。ですから、同じ社会に属する者同士、基本的に互いを信頼し合えない理由はほとんどありません。

実際に今私が所属している先進宇宙社会では、そこに属するすべての種族は、それぞれの個性を活かし合って、協力関係を作り、さまざまな分野で共同研究を行っています。こうして生み出された高度なテクノロジーを基にして、調和のとれた豊かな社会を実現しています。

そこに存在している私は、常に新しい可能性を実現化するための、新しい社会秩序と仕組みを作り出す最高責任者としての仕事をしています。地球においてもっとも近い仕事は、政治ですが、あまりにもやっていることが違いすぎて、同じ分野だとは言いがたいのが事実です。

そんな立場にある私は、今後、地球が大きく飛躍して進化の方向へと向かう可能性に対して、非常に大きな好奇心があり、ぜひその可能性を実現したいと願っています。なぜなら、地球の進化が宇宙社会に与える影響は非常に大きいからです。

一方、人間として今ここに、皆さんと同じ地球人として生きている私にとって、いまだに同じ地球人同士が、殺し合ったり、憎しみ合ったりしているという状況は、耐えがたいほどに苦しみを感じます。なぜなら、私自身の魂が人を憎んだり、殺し合ったりした経験があるからです。ですから、好奇心などというような余裕のある状態ではありません。

私の苦しみの一番の原因は、宇宙の中でもっともポテンシャルが高いとされている地球人類であるにもかかわらず、私たちは、いまだに隷属種として扱われ、一切の権利を与えられずに、労働も、財も、命さえも搾取され続けていることです。

そして、多くの人が、自分たちが置かれている状況に気づいてさえいないという事実や、気づいていても、そこから抜け出す道が見つからないままに、もがき苦しんでいる状況にあることです。このままでは、せっかく気づいた人たちも、やがて疲弊して諦めてしまうかもしれません。

それは何としても食い止めたいのです。

今回の人生は、私が抱えている「好奇心」を満たし、私自身を「苦痛」から解放するための最後のチャンスだと知っています。

だからこそ、このゲームのゴールを達成するため、また壮大なカルマに見事な叡智を掲げるために、自らを地球に送り込む以外に道はないと知っていました。ですから、今回は、私自身も諦めるわけにはいかないのです。

なぜ私はこの原稿を書くのか？

さて、霊的探究のゲームには、それぞれゴールとなる目的があります。そのゴールと対になるのが、ゴールを目指す動機となるカルマです。

でも今の地球における、個々のゲームの厳しさとなっているのは、自分にとってのゴールが何なのか？　どこを目指せばよいのか？　生きていくうえで、もっとも重要なことがわからないうえに、このゲームの力強い動機となっているカルマにも気づくことができないままに、暗中模索するような状態からスタートすることではないでしょうか。

実際今まで私が接してきた多くの人は、自分が何のために生まれてきたのか、自分の苦痛の原因がどこにあるのか、漠然としていてわからないと言います。

しかし、私たちが自分自身の霊格に近づくことができれば、このゲームの道のりはおのずと見えてくるので、安心してください。

私は、長い長い魂の旅路の動機となるカルマが、非常に根深く、壮大なものであることを知っていました。それは、私が最初に魂をもらい受けた時に始まりました。ですから、今回の人生に至るまでに、多くの人生を通して、私は成長して霊格に近づいていきました。その結果として、魂が保有している、地球上で生きたいくつもの人生の記憶や、他の宇宙文明に生きている記憶を認識することができる状態で生まれてきました。

それでも、今ここに生きている人間として、より具体的に実感を伴った状態で、このカルマを改めて認識したのは、最近のことです。しかし、カルマが明確になることで、これまで私の魂が経験してきたたくさんの人生が一つに融合し、そこに培われてきた知恵が、再び私自身の力となりました。

この原稿を書くことは、もちろん、地球上のかけがえのない私の家族である皆さんの癒しと霊的統合のためです。しかし、同時に、私が多くの人生の経験の中で受けてきたたくさんの傷を癒して、知恵と力に変容させることによって、皆さんの気づきと癒しを促進するためでもあります。

11歳までの私が見ていた世界

それでは、私の魂が今回の人生で体験した霊的探究のストーリーを、お伝えしていきましょう。

先述の通り、私は生まれてきた時、地球人として、今回の人生で目指すべきゴールを理解していました。でも、そこに到達するための具体的な方法はまったくわかっていませんでした。そのため、この道のりは途方もなく困難に満ちた長い道のりだと感じていました。

私は、ベビーベッドで寝ている自分の小さな肉体を、天井からぼんやりと眺めては、焦燥感にかられました。

その肉体は、立つことも歩くこともできずに手足をばたつかせているだけで、まるでひっくり返った昆虫のように、一人では何もできないのですから。

これから私が、この肉体を人並みのサイズにして自由に扱い、大人と言われている人たちと、対等に語り合うことができるようになるまで、いったいどのくらい時間がかかるのだろうと考えると、気が遠くなるような思いでした。

おまけに、私は11歳になるまで、物質や人をはっきりと見ることがとても難しい状態でした。多くの場合、物質は光の粒が集まったり飛び散ったりしているように見えています。私には、人間の肉体よりも周囲のエネルギーフィールドの動きの方が鮮明に見えました。ですから、人や物を見るために、自分を小さい箱に押し込めたうえで、のぞき穴からのぞくようにしなければ、見ることができないような感覚を持っていました。

そのかわり、通常人には見えないような存在たちは、リアルに見ることができました。例えばそれは、如来や観音と言われる非常に高い次元の慈悲深い存在たちや、私の魂と同じテーマを共有する地球人以外の仲間たちや、宇宙の中で教師と呼ばれているようなマスターたちです。

幼少期の私にとって、彼らは家族のような存在でした。彼らは、地球社会で起きている奇妙なことについて教えてくれました。また、ここにいる人々はみな孤独で、ほとんどの人が誰とも信頼関係を築くことができないでいることや、その原因についても丁寧に教えてくれました。

しかし、11歳の夏、私にとって大異変が起きました。ある朝目覚めると、世界が逆転していたのです。

今までクリアに見えていた存在が、まるで煙か湯気のようにぼんやりとしか見えなくなり、反対に、今まで懸命に見ようとしなければ見えなかった、人々や物質が鮮明に見えるようになったのです。

「こんな世界で私は生きていたのか!」と、強い衝撃を受けました。それと同時に、突然家族に取り残されて独りぼっちになったような孤独に襲われました。

宇宙船に連れていかれた私

しかし、その後にそれ以上に大きな異変が起きました。

ようやく、逆転した世界に慣れてきた1975年の夏の夜のことです。

すでに深夜だったので、近隣の家々の電気も消えていて、人々はぐっすり眠っています。突然空全体が、まぶしいオレンジ色に強烈に発光し、私は眠っていたにもかかわらず、あまりのまぶしさに覚醒したものの、目を開けられませんでした。それでも、目の中に、恐ろしいほど強いオレンジの光が、刺さるように入ってきます。

それなのに、人々はぐっすり眠っているせいか、誰も騒いでいる人はいません。

何か電気的なものが近づいてくるような、ジー、バリバリという轟音とともに、視界に入りきらないくらい巨大な宇宙船が、近づいてきたのを感じました。

すると突然、私の脊椎に電気が通るような痺れを感じました。その痺れが全身に広がると、自分では体を動かすことができない状態になり、手足が大の字に広がりました。そのままベッドから体が浮き上がり、おそらく1メートルほどのところでぴたりと止まりました。

私は、まな板の上の鯉の状態で、何も抵抗することができませんでした。それでも、不思議なくらい冷静で、恐怖というほどの感覚もなく、そのまま宇宙船に連れていかれることを覚悟しました。しかし、ややしばらくすると、元通りに体は静かにベッドの上に戻されました。

後で思えば、ただベッドから浮き上がって、そのまま降ろされたわけではなく、あの巨大な宇宙船に連れていかれて、何かされたはずですが、その部分の記憶は消されているので、潜在意識を探らなければ出てきません。

これは、私の今回の人生で起きた、自覚できる最初の攻撃だと言えるでしょう。

翌日の朝、なぜ世間は大騒ぎにならなかったのか、とても不思議に思っていましたが、やはり、誰も気づいていないようで、家族はいつもと変わらない様子でした。

私自身は、自分に何が起きたのか釈然としない中で、なんとなく自分だけが違う世界の、違う時間の中にいるような、奇妙な感覚がありました。そして、その日の夕方くらいから、突然ひどい悪臭がし始めて、幽霊が隙間なくたくさん存在しているのが見えるようになってしまいました。そればかりではなく、同時に、とてもよい香りもして、崇高な存在も見えます。そして、古い時代の様子と、今の状態と、未来が重なって見えるようになってしまいました。

そのうえ、夜になると、早送り再生しているような高速で話す話し声が、ずっと聞こえ続けるようになり、発狂しそうになりました。

この状態が、1週間も続き、夜は一睡もできず、食事もまったく喉を通らず、1週間足らずで8キロも体重が落ちました。

そのタイミングで、私は幸運にも、魔法使いのように奇跡を起こすことができる、人間として肉体を持ったマスターに出会うことになります。

初対面の第一声、「スイッチを切りなさい」と彼女に言われると、なぜかわかりませんが、私はすぐに、自分のある部分にスイッチがあることに気づきました。そのスイッチを切ると、その後私は、二度とそのような異常な感覚を経験しなくなりました。

そのマスターのもとで、私は14歳から22歳まで、トレーニングしながら、エネルギーを扱うことを学びました。また、自分の特異な能力に気づき、その力を制御することも学習しました。

「人生の目的」と「社会の期待」のジレンマ

その後、22歳で結婚してから、38歳で離婚するまでの人生は、今振り返ってみると、歪んだ地球社会で起きていることや、そこに生きる人々との人間関係について学ぶためのものでした。そのために私は、社会に適応するための努力をしただけでなく、社会の中で自分をうまく活かすための方法を学習し、それはかなりうまく習得して、結果を出すこともできていました。

しかし、その反面、私自身の本質とはまったく違った方向へと自分が歩き始めていることに気づくと、自分の中で自分が引き裂かれる思いで、苦しみもがいていました。そのことは、うまくいかない夫との関係性にも投影していたように思います。一番近くにいてほしい夫とは、心通わせることができずに、手の届かない遠くにいる感覚に悩みました。おそらく、彼も同じような悩みを抱えていたことでしょう。

改めて自分が両親から受けた「正しく生きなさい」という、教育という名の洗脳にも気づきました。

私は、両親や、夫や、嫁ぎ先の両親や、社会の期待に応えようとすればするほど、私自身の霊的な目的や、その目的を達成するために、現実的にやらなければならないことに関する記憶が薄れていくのを感じながら、自分ではどうすることもできないジレンマを感じていました。

ある時、「もうこれ以上ここでは生きられない!」という魂の悲痛な叫びを強く感じた瞬間があります。その瞬間の感覚を今でも忘れることはありません。

その頃、夫との関係は、破局寸前でした。結婚してすぐに3人の子供に恵まれましたが、夫は、私が子供にばかり意識を向けるようになったので、孤独だったのでしょう。元々経済的に非常に豊かだったので、派手に遊ぶ人で、常に他に女性がいました。

しかし、私は、どんな事情があっても、夫婦関係がうまくいかないのは、どちらか片方のせいであるはずがなく、両者に原因があることを理解していました。なぜなら、夫婦は必ず鏡の関係になるからです。ですから、夫を責めたい気持ちはあっても、責めたところで、何も解決できないことを、悲しいほど理解していました。

夫が私に対してしたことや見せた姿は、どんなに歪んだことであっても、私にとっては、私が私自身の霊的な意志に基づく本当の気持ちに気づき、この先、私が歩むべき道を考えさせるきっかけでしかありませんでした。

そのことを頭では理解していましたが、人としての心はとても傷ついていて、孤独でしたから、このまま一緒にいれば、私は一生彼を恨み続けることになるだろうと思いました。それでは自分自身があまりにもみじめで情けないです。未来にはもっと素晴らしい可能性がいくつもあるのに、そこに挑戦せずにこの人生を終わらせることなどあり得ないと思いました。

しかし、3人も子供がいる私にとって、もちろん、離婚は簡単ではありません。不安が頭をもたげて、決意が鈍りました。

臨死体験で何が起こったのか

そうこうしている間に、夫は離婚せずにはいられないような、事件さえ起こすようになっていきました。

私はますます恐怖を感じ、行動を起こせずにいると、「今すぐに離婚を決意しないなら、すぐに死んでくれ、そうでなければ間に合わなくなる」という声が聞こえました。すると急に心臓が締め付けられるように苦しくなって、魂が勢いよく肉体から抜けてしまいました。

いわゆる臨死体験です。実はこの時の臨死体験は、今回の人生で3度目の臨死体験でした。ですから、その状況からして、私は死んだ状態にあることは、すぐわかりました。

肉体から出た私の意識は、3つのパートに分かれました。一つは、思考して感情を持つマインドのパート、もう一つは肉体を管理し、機能させているパート、3つ目は、霊的意識のパートです。

私はこの時、今回の人生で何をしなければならなかったのかを再び明確に思い出しました。そして、自分であきれてしまうくらい、まだ何もやっていないことに驚きました。

そこで、私のマインドは、まだ何もやっていないから、ぜひ本来の目的を達成するために生きたいと主張します。

しかし、肉体を管理する意識は、こんなに苦しい人生を続けることは嫌だと主張します。その間、霊的意識は何も言わずに、ただ両者の意見をじっと聞いて見守っていました。

最終的には肉体を管理するパートが折れて、再び肉体に戻るのですが、その間、私の肉体は救急車で病院に運ばれています。病院で、死亡を確認されたのにもかかわらず、肉体に戻った私は、周囲の医師や看護師たちに衝撃を与えてしまいましたが、どこも悪いところはないので、家に帰されます。

その後現実の世界に戻った私は、これから先の人生に何一つ確証できるものがないという状況に押しつぶされそうになります。どうやって子供3人を抱えて生きていけばよいか、まったくわからないという不安が再び押し寄せ、さっき起きたことを、なかったことにさえしようとしました。

そのとたん、再び心臓が苦しくなり、すぐに魂が抜け出ます。その時には、さっきの臨死状態とは違って、私は私の霊格により近い意識を経験しました。そこには何も不安はなく、すべてが必然であり、何も恐れることはありませんでした。

そのことを理解すると、再び肉体に戻りました。私は、現実的な意識に戻ると、「これから先の人生は、すべて霊格に捧げます」と、強く自分自身に誓っていました。

そして、私が私らしく尊厳を持って生きるために、離婚を決心しました。

自身のカルマを見つけやすい人・見つけにくい人

さて、ここで改めてお伝えしておきたいのは、人間が歪んだ現代社会にうまく適用しようとすればするほど、この世界に生まれてきた本当の目的も、動機も思い出すことができなくなり、日々の暮らしの安全を獲得することや、人間関係で問題を起こさないために、差しさわりのない人間を演じることに疲弊して、もっとも大切な霊的探究や、そのために現実的に取り組まなければならないことも、忘れてしまうということです。

ですから、この社会の随所に、私たちの霊的な尊厳を侵害するようなトラップ（罠）が仕掛けられているわけです。

もしも、あなたが、自分は社会にうまく適応できていないと思うのであれば、劣等感というトラップから抜け出さなければならないでしょう。

そのためには、うわべの処世術などを学ぶより、適応できない真の理由を見つけ、自分自身の真実を知ろうとすること、また、自分の深いところにある多くの問題に丁寧に取り組むことです。

その取り組みはまるで宝探しのように、あなたのポテンシャルがたくさん見つけられるに違いないからです。なぜなら、社会でよいとされること以外に、たくさんの素晴らしい能力や才能があるからです。

一方、社会にうまく適応することができ、社会の中でそれなりによいポジションを獲得している人たちの方が、霊的探究の道へと人生をシフトさせるために、少し難しい挑戦をしなければならないかもしれません。

問題を抱えていると自覚できる状態の方が、取り組むべき問題の糸口が見つかりやすいのは言うまでもありません。

ただし、今の生活に何の不服もないばかりでなく、心の底から充足していて、毎日が楽しいのであれば、それはそれでよいのです。社会に適応することは決して悪くありません。むしろ、社会に適応しなければ達成することができない霊的な目的はたくさんあります。

このような場合には、「私は必ず霊的な動機を見つけて、霊格の目的をともに達成します」と、心の中で強く自分自身に約束してみてください。突然、思いもよらない出来事が起きて、大きく人生が変化するかもしれません。

社会の中で、それなりに活躍していて、現実的な意味では大きな問題はなくても、自分自身の思い描く理想とは違うために、ストレスを感じる点があるのであれば、そこを見逃さずに、自分の本当の気持ちや望みを深く掘り下げていくことで、「カルマ」

の片鱗が見えてくるかもしれません。それがきっかけで、周囲の状況や、あなたをめぐる環境そのものが大きく変化するかもしれません。

どんな時にも、自分の意志を明確に持つことが大切です。そして、自分自身と約束、つまり自分に誓言することで自分のエネルギーは大きく変化します。その結果として、現実的な状況は必ず変化します。

これはおまじないなどではありません。科学的な根拠のあることですから、不信感を持つ必要などありません。純粋な気持ちで明確に誓言できればできるほど、現実は驚くほどに確実に、そして、スピーディーに変化のために必要な出来事が起きるのです。

エイリアンが仕組んだこと

さて、私が離婚を決意し、誓言してからは、私の人格ではなくて、霊格が必要なすべての現実を起こしてくれました。毎日が奇跡の連続です。

まず、当時仲がよかった友人から突然電話がかかってきました。「家の前に来てるから、ちょっと寄ってもいいかしら？」電話ではそれだけ言われたので、私が玄関に行くと、友人が私の手を引いて、強引に車に乗せました。その時、夫は家の電話すべてに盗聴器をつけていました。ですから、私は、そのことに気づいて以来、誰にも何も相談することができない状態でした。

友人は、私に何かよくないことが起きていることを感じ取っていて、そのまま彼女は私を、国を相手に勝訴したような一流の弁護士のところに連れていきました。

私がその弁護士に、ことの全貌を伝えると、「刑事事件として扱いますか？」と聞かれるほど、私と夫の状況は悪化していました。

霊的視点で見ると、夫の霊格は、ぐずぐずしている私の決意を促すために、そこまで私を追い込んでくれたわけです。そして、離婚を反対する周囲の家族たちにとっての納得材料にもなるはずでした。

確かに夫の両親は、自分の息子をかばいはしたものの、離婚を引き留めるようなことはしませんでした。しかし、私の実母は、私や子供たちが危険な状況にあるというのに、「あなたが我慢すればいいことでしょ」と言ったのです。私は耳を疑いました。後になって、これは私を敵対視しているエイリアンの仕業だと理解しました。

このように、私の魂の計画を阻害したいエイリアン組織は、私が誰も信じることができなくなるような状況を作り、私を孤立させて、仲間を作ることができないよう仕組んできました。

エイリアンは、遠隔で人々のマインドをコントロールする技術も、行動や言動をコントロールする技術も持っています。その技術を駆使して、私が信頼している人や、信頼しようとする人たちは、彼らにマインドをコントロールされてしまうので、関係性が壊される経験をたくさんしてきました。

ですから、私はそのような経験を避けたいとも思ってきました。しかし、これもまた、霊的視点で見れば、誰にとっても必要な経験しか起きていないのです。それがどんなに不条理なことであっても、どんなに納得のいかないことであっても同じです。

人間関係の問題で深刻にならない

私も今は、すべてが必然の中で生きていることを、頭で理解するのではなく、心で理解しているので、人に対して申し訳ないと思うこともなくなりました。むしろ、すべての経験をいかに今後の可能性のために活かすかを考えた方が理にかなっているからです。

私を敵視するエイリアンたちは、特に、私の過去生において、お互いに恨み合ったり、誤解し合ったり、裏切ったり、反対に裏切られたりした経験を共有している、非常に根深いカルマを持つ関係の人たちを、私のもとに送り込んできます。もちろん、霊的な視点から俯瞰して見ると、これらの関係性を通して、繰り越してきたカルマに答えを出すチャンスを与えられているとも言えます。

しかし、このような関係性を通して、カルマに気づき、高い知恵を得ることができなければ、逆に彼らの思惑に絡め取られて、私は目的に向かうことができなくなってしまいます。

先述してきた通り、カルマは今回再び地球に生まれてきた動機となる部分です。したがって、動機となる深い問題を解決することは、今回の人生の霊的目的を達成するために必要な、知恵や力を与えてくれます。

そして、ゴールとなる現実を創造することが、大きな成長と、次に生まれた世界での飛躍的な可能性へとつながります。

どんな時にも、どんなことも、深刻に考えすぎれば、俯瞰して見る目がなくなり、感情的になってしまいます。それは彼らの思惑通り、エイリアンに美味しいご馳走を与えるようなものです。カルマの関係において、お互いに非常に深い傷を負っている関係ですから、つい感情的になりがちです。そして、何とか解決しようとすることから、力が入ってしまいがちでもあります、

このような時には、少し互いの距離をとって、自分自身のsecure zone、安心できる領域を確保することが必要であり、また、それぞれがそのエリアにおいて、ゆっくりと休息期間をとる必要があります。それは、趣味に没頭する時間でもよいかもしれません。また、旅行が好きなら旅に出るのもよいかもしれないし、一人でリトリートするのもよいかもしれません。

そうすることによって、今その人との関係性で起きていることをもとに、より深い課題に気づき、自己を癒し、新たな可能性の扉が開かれる助けとなるでしょう。

二度目の夫が遺してくれたもの

私の最初の夫は、長い間宇宙において、私に敵対心を持ってきたエイリアンの化身とも言える人でした。ですから、一緒にいれば、当然深手を負うことになります。そして、お互いのカルマが解消されることなく、より多くなっていたことでしょう。

幸い離婚して離れたことによって、私は彼を非常に冷静な目で見直すチャンスを得ることができました。その結果、たくさんの気づきを得ました。それらの気づきは、間違いなくその後の人生を支える大きな知恵や力となってくれたので、私は彼に対して深く感謝し、心から彼の心の平穏と幸福を願うことができるようになりました。

二度目の夫は、亡くなる前に、彼自身に非常に大きな変化が起きていました。

すでに心臓を患っていた彼は、ある時、私の目の奥をのぞき込むようにして、「サアラ、僕はあなたを知っている」と言いました。彼は、遠い昔、私が宇宙にある「第8世界」と言われている世界で宇宙戦士だった時の仲間でありライバルでもありました。彼は、今世でも同じように、私に対してライバル意識を持ちながら、常に私を超えることができないというコンプレックスを持っていたようです。

そのコンプレックスをエイリアンたちに利用されて、断続的に私の仕事の邪魔をしたりしていました。

それまで、私が彼との宇宙での関係性について、自分の記憶していることを語るたびに、彼は不快そうに、「そんなこと言われたって僕は覚えていないんだから知らないよ」「それはあなたにとっての真実で、僕は知らないのだから関係ない」と言っていたのに、彼自らその時のことを語り始めたので、私は驚きと同時に動揺したことを覚えています。

そして、亡くなる2か月ほど前から、話をすることができなくなるまでの間、毎日彼は私に謝りました。

「僕のライバル心からあなたを傷つけてごめんなさい」「僕はあなたに対するコンプレックスから、嫉妬していた」「そのために、あなたの人生の大切な仕事を邪魔していたかもしれない。心から謝ります」「あなたは、本当に素晴らしい」「これからは、もっと自分に自信を持って生きてほしい」

このように言われ続けました。

私はその時、彼を失いたくない気持ちでいっぱいだったので、そんなことを言い出した彼は、もう助からないのではないかと思うと、苦しくて、恐ろしくて、その言葉を受け止める心の余裕がまったくありませんでした。だから彼は、何度も何度も繰り返し言い続けてくれたのかもしれません。

亡くなった後、今でも「あなたは、本当に素晴らしい」「もっと自信を持って生きてほしい」と言われたこの言葉について深く考えます。半分地球人でありながら、半分は宇宙人である自分を、私は常に半分は認めることができても、半分否定しているのです。そんな自分をすぐに疑ってしまうパターンに関して、深く考察したおかげで、さらに深いカルマに到達できました。

これは、彼が私に残していってくれた遺産だと思っています。このようにして、彼と私のカルマは清算し、より高い叡智を得ることができました。彼は、このために今回の一生をかけたのかもしれません。

亡くなる前に主治医や担当してくださった看護師の方々が、「ご主人はいったい何をしていらした方なのですか?」「この期に及んでは何もかもが苦しいことばかりで、その人の人となりが露骨に出ます」「こうなってのご主人はいつも温かく私たちのすることに感謝してくださいます」と言われました。その言葉通り、夫の最後の姿は、まるで修行僧が念願叶えて成道されたような、神々しい様でした。

過去生での関係性の「繰り返し」

過去生で私は、生き別れになっていた弟に、すべての希望と可能性をかけてしまった結果、大きな失望を経験することになりました。

この時の私の立場は、一国の運命がかかっているような重要な立場だっただけに、私は個人的に傷ついているという感覚よりも、責任を果たすことができなかったことや、多くの民を失望させたことに対する自責の念にかられていました。そのために、自分自身の素直な気持ちや思いに気づくことも、それを受け入れることもできませんでした。

当時の私たち姉弟の関係性と選択は、地球の歴史を変えるほど重要なものだと私は信じていました。だからこそ、地球の自立と地球人が自由を獲得することを阻止したい宇宙組織にとって、もっとも重要な標的でした。

その時代には、通信機器などありませんから、遠く離れたところに生きる姉弟は、互いに関する情報を入手する方法が、人づての噂話くらいしかありませんでした。ですから、この二人の信頼関係を築くことができないようにすることなど簡単です。

私たちは、互いに関する嘘の情報を聞かされ続けました。そして、お互い自分のコンプレックスとなる弱点を利用され、悪魔に支配された、エイリアン組織が描く、陰謀ドラマに、すっかり飲み込まれてしまいました。

弟の魂をもらい受けた人は、幸い今世で非常に身近なところにいます。ですから、当然今回の人生の関係性にも、当時の関係性が投影されているので、難しいことがたくさんありました。それでも、お互い忍耐強く取り組んできました。

私には、当時の記憶がある分、その記憶を引きずってしまうところがあります。そして、それを相手にも押し付けようとしてしまう傾向があるのは、亡くなった夫との関係と同じです。

しかし、このような「繰り返し」という経験は、私ばかりでなく、必ず誰もが通る道です。それは、かつての自分のパターンを改めて認識し直し、そこから、新しい可能性のために、どのように改善するべきかを探求するために必要なプロセスだからです。

私は、今やっと新たな境地をつかみ、私は私の道を見据えたうえで、相手に押し付けることなく、自分自身の新しい可能性へとつながる道を歩み始めました。

この本が出版される頃には、私は大きく変化していることでしょう。そうなれば、当然私の生き方も、私をめぐる環境も大きく変化しているはずです。

ポイントは自由で創造的な遊び心

今地球に生きるすべての人たちは、長い魂の旅の中でカルマを抱えて、たくさんの苦しみを経験してきました。それでも霊格は、常に私たちに成長と進化を促そうとしているだけで、苦しませることが目的ではありません。

しかし、今のように自分自身の霊格と人格に隔たりがある状態では、本来の自分自身を生きることも、表現することもできません。まして、人間を奴隷化しておきたいエイリアンたちがいるわけですから、私たちの霊格と人格の隙間に入り込んだ、彼らの悪魔のささやきによってコントロールされ、無意識のうちに自分ではない人を演じてしまいます。

それでも、霊格は、何度でも諦めることなく、人格が霊格に気づいてカルマを解決し、本来の目的に向かう道にシフトするためのチャンスを、果敢に与え続けてくれます。

チャンスの回数を重ねるたびに、人格にとっては、逃げ場のない辛さを感じることが増えるでしょう。私自身も今回の人生は、まさに逃げ場を与えられていない人生です。

だからこそ、ダライ・ラマは私におっしゃいました。「霊的高みに昇れば昇るほど、人生は困難を極め、過酷なものとなります」。その時、私は次々とやってくるサイキックアタックや、それが起きていることそのものを、受け入れてはくれない夫にも悩まされ、非常に苦しんでいました。

彼は、ダライ・ラマが彼にではなく、私にだけメッセージをくださることにも、腹を立てていましたから、私が受けた助言を伝えても、信用してくれませんでした。

私は、このようなことをまったく望んだわけではありませんが、「人に嫉妬させてはならない」と、仏陀は教えたということも、随分以前にダライ・ラマから教えられました。それなのに、このように嫉妬させてしまうのは、自分自身も嫉妬してきたからでしょう。

今になって思うことは、自分に必要な「覚悟」は、すでに生まれる前にしてきているのだということです。ですから、人格は、ただ苦しみに耐えるのではなく、常に創造的な遊び心を持って、探求し続けることが重要だということです。

誰でも、自分が好奇心を持っていることに対しては、多少困難があったとしても、知りたいという欲求を満たす方を求めます。なぜなら、私たちは空《くう》の化身として、空の可能性の一部を与えられ、それを実現化して「知る」という使命を果たすようにできているからです。案ずるより産むがやすし、深刻にならなくても、人は必ず、新しい自分のポテンシャルを知りたいという欲求を満たそうとするはずです。

霊的探究の道は、通常の社会概念における善悪や、良識などというものが通用しません、自分自身の奥深いところから来る感覚だけが頼りになります。ですから、自由な遊び心がなければ、知らぬ間に、真の霊的探究の道から逸脱してしまうこともあるでしょう。

このことは、皆さん自身より私たちを敵視しているものたちの方が知っています。ですから、多くの人の本質的な感覚が機能しないようにしてきたことも事実です。それでも、このような感覚を取り戻すことは可能です。諦める必要などまったくありませんから、ぜひ希望を持って前進していきましょう。

憂うつな家、そして不気味な出来事

さて、ここまでは主だった霊的攻撃と関わる私自身の旅について語ってきましたが、細かいことを挙げていけば、一冊の本に書ききれないほどあります。

最後にもう一つ私にとって、大きな覚悟とつながる経験について述べておきます。

それは、2009年5月に引っ越しをしたことから始まり、先ほど述べたダライ・ラマからのメッセージを受け取るに至る、非常に大きな気づきをもたらす出来事です。

私は、引っ越した先の地域の地中深くに、何か異様な装置が3つ埋まっているのを感じました。その装置は、明らかに地球製のものではありませんでした。人体とマインドに微生物がどんな影響を与えられるかについて、実験するものだったと思います。

その家は、なんとなくしめっぽくて、家の中に靄《もや》がかかっているように思えるほど、重くてうっとうしい空気を感じました。しかし、どうしても他に引っ越し先が見つからず、そこしか決められませんでした。

仕方なく、2年間だけでも住むことにしたのですが、気分は滅入るし、体調も悪くなるし、夫は、仕事上の人間関係もうまくいっていませんでした。

そんな中で、2010年9月にダライ・ラマの使者から突然連絡が入りました。今ちょうど12名の使徒たちがインドに集まっている、すぐにあなたの家族全員の写真を送るようにと言われました。その後、またすぐに連絡があり、あなたの家の周囲の写真を送るようにと言われました。

結果的に、私がリモートビューイングした時に見つけた3つの装置とまったく同じものをその方たちは見つけたようです。そして、すぐに最小限の荷物だけを持って国外に脱出しなさい。日付変更線をまたいで、できれば赤道もまたいだ方が確実だとも言われました。

しかし、その頃私は、翌年の2月に刊行される本の原稿書きに追われていました。それに、社会的な責任に捕らわれてもいたので、なかなか日本を離れる勇気が出ませんでした。

すると、状況はどんどん悪化します。そして、不可解で不気味な出来事が次々と起きるようになりました。

ある時、電柱から家に引き込んでいる電話線が突然切断されるということが、立て続けに二度も起きました。工事に来てくれた人は、一度なら、カラスのいたずらかもしれないと、無理やり思うこともできますが、二度ともなると、不可解すぎて何が原因なのかさっぱりわからないと言いました。

関西に車で行った帰りのこと、多摩川を渡って東京都に入った瞬間に、当時まだ携帯電話を使っていた時代ですが、ショートメッセージが鳴り「おかえり」と、一言だけ送信元不明のメッセージが来たこともありました。

また、朝起きると大きなあざが体中にできていたり、家族にまで、朝起きた時に、首を絞められたような跡がついていたり、夫の寝言の声が明らかに女性の声だったこともあります。

サイババが私を守ってくれた

ダライ・ラマのグループのマスターたちは、私の様子を24時間見守って、必要なことをしてくださっていました。私の中に地球のものではないチップが200個以上も挿入されていて、彼らがそれを完全に除去しても、2時間後にはまた元の通りに挿入されていると言うのです。

そして、極めつけは、2010年11月16日に巨大なドラコニアンが、私のヒューマンエネルギーフィールドのシールドを破るようにして入ってきたことです。そのエイリアンは、私のみぞおちのあたりを鷲づかみにして、私を持ち上げます。私があまりの痛みに失神すると、体中に高圧電流を流されるような激しい刺激でまた意識が戻ります。するとまた、同じようにみぞおちをつかまれます。このような状態を2時間ほども続けていると、サティア・サイババが突然現れて、ドラコニアンを追い払ってくれました。

その時サイババは、「あなたは、自分自身が何者なのか、もっと自覚を持ちなさい」

と一言おっしゃって、去っていかれました。

すでに時刻は深夜の2時頃だったと思います。夫は書斎でまだ仕事をしていて、私に起きていることにはまったく気づいていませんでした。この時、私は孤独を引き受けるということについて、改めて考えるきっかけになりました。

また、それまでダライ・ラマのグループの先生方に言われてきたことを、より真剣に受け止め、ここでは多くのエイリアンが地球人に対してあらゆる手段で苦しみを与え、霊的尊厳さえもむしり取ってきたことを改めて実感しました。

結局、赤道をまたぐことはできませんでしたが、2011年5月に、アメリカのワシントン州の田舎町にしばらく滞在することになりました。

アメリカ滞在中、私は改めてじっくりと自分自身と向き合う時間を持ち、自分自身の霊的統合について考え、また、取り組む時間を持つことができました。その間もずっとマスターたちは、私をよく観察して、非常によく指導してくださいました。

彼らは、とてつもないレベルのサイキックな力を持ち、慈悲深い方たちです。私が生まれた時から経験してきたすべてのことを知っていました。また、アメリカにいる間にいつ何をしたのか、私からは報告する術がないので、何も報告していませんが、彼らは何でも知っていました。

彼らからは、メールが届きますが、送信元のアドレスの記載はありません。私を担当してくださっている、二人のマスターは、アフリカのどこかにお住まいのようで、インフラは何もなく、パソコンもお持ちでなかったのです。

今やっと伝えるべき時が来た！

さて、このような経験を通して、私は、大きな気づきを受けました。それは、たとえ私がどんな攻撃を受けたとしても、一人でも多くの人に、地球で起きていることを知ってもらうとともに、いずれ霊的統合を促進することをやらなければならない。そのための覚悟は、すでに持ち合わせているという気づきです。

しかし、その頃は時期尚早で、人に伝えるのはおろか、自分にとってもっとも身近な夫でさえ伝えることができませんでした。また、ほんの4年前にも、エイリアンによる執拗な嫌がらせをされ始めた時に、周囲の人たちには伝わらないことを再確認しました。

そして、今、やっとその時が来たと感じています。より多くの人が自分自身の本質とつながり、自分らしさと強さと知恵を取り戻そうとし始めています。アントワンと私は、地球でこのタイミングで、しかも地球人として再会しました。

皆さんと私たちは一つになって、地球人の力によって、再び地球を楽園に戻す時が来ました。そう思うと、私の奥深いところから、底知れぬ力が湧いてくるのを感じます。

第2章

霊的攻撃を正しく理解しよう

——サアラ

世界がポジティブだけになることはない

――二元の世界を理解する

エイリアンの手口を知る意味

さて、ここからは、具体的にエイリアンや魔物たちが、どのように私たちの世界と関わっているのか、また、彼らはどんな技術を持っているのか、などについて説明していきます。

もちろん、その目的は、彼らの手口を知ることによって、私たちが対策する術を持つためであって、決して恐怖を煽るためではありません。

ただし、人によっては、聞きたくない話であることも十分承知のうえです。どうぞ、ご自身の心の準備を確認してから、無理をせずに読み進めていただくよう、お願いしておきます。

宇宙も含めて、この世界には、大きく分けて二つのタイプの生き物が存在します。一つは、ポジティブ型、もう片方は、ネガティブ型と言うことができます。

ポジティブ型の生き物は、ポジティブなエネルギーが自分にとってよい機能を果たしてくれるので、ポジティブなエネルギーに触れていると心地よいと感じます。ですから、当然ポジティブなエネルギーを好み、より建設的で創造的な事柄に惹かれる傾向を持ちます。

そして、ネガティブなエネルギーに対して、不快感を持ちます。しかし、その反面ネガティブなエネルギーに興味を持っています。

反対に、ネガティブ型の生き物は、ネガティブなエネルギーが自分にとってよい機能を果たしてくれます。ですから、ネガティブなエネルギーを心地よいと感じ、ネガティブなエネルギーを好みます。彼らは、破壊的で陰惨なことに惹かれます。そこには、ネガティブなエネルギーが大量に発生するからです。そして、彼らもまたポジティブなエネルギーに興味を持つのです。

なぜポジティブ型もネガティブ型も、自分が好まないエネルギーに興味を持つのかというと、それは、物事が反転する時に大きなエネルギーを発生するからです。

わかりやすく言うと、ポジティブなものは、それ以上にポジティブになることは非常に難しいと感じます。例えば、芥川賞を受賞した小説家が、それ以上の作品を書くことは、初めて書くよりもずっと難しく感じるでしょう。

しかし、もし下手な作品しか書くことができなかった作家が、反転して芥川賞を受賞するような作品が書けたとすれば、それは非常に大きくエネルギーが反対に振れるわけです。その時に発生するエネルギーはとても大きいのです。

もう一つ例を挙げてみましょう。昔公園によくあったブランコを思い出してくださぃ。極限まで漕いで、反対に振れる時、一瞬止まったような感覚があり、そこから勢いを増して反対側に揺れます。

この反転する時の「留」のエネルギーは非常に強く逆方向へと向かわせます。

ですから、自分が持っている潜在的な可能性を示唆させる逆転のエネルギーに、無意識に興味を持ちます。

ポジティブとネガティブに分かれて戦うゲーム

さて、私たち地球人は、基本的にはポジティブ型の生き物ではありますが、今の状態を見ると、一概にそうとは言えない人たちもかなりいます。そのことについては後ほど詳しくお伝えすることにして、一応ここでは、地球人はポジティブ型ということにしてください。

それに対して、ネガティブ型の生き物たちを代表するのは、ドラコニアンや、レプティリアンに代表されるようなエイリアンたち、そして、一般的に堕天使と呼ばれている存在や、悪魔たちです。

彼らは、私たちポジティブ型の人間が、大きな恐怖や苦痛を感じる時に生じる負のエネルギーが大好物です。ですから、彼らは常に戦争を起こし、一度に大量の人々が苦しみ、痛みを感じ、そして恐怖するようにしてきました。

戦争ばかりではなく、経済のコントロールや、疫病なども、一度に大量の人々にこうした感情を抱かせて、負のエネルギーを大量発生させるための仕掛けに過ぎません。

こうして、宇宙全体を大きなステージとして、ポジティブ型とネガティブ型の生き物が敵味方に分かれてゲームを行っているという見方をすることができます。もちろん、地球も宇宙の一部ですから、ここでも同じようにネガティブとポジティブに分かれて戦うゲームをしています。

私たちサイドから見れば、自分たちがポジティブだと認識していますが、彼らの視点で見ると、彼らは自分たちがポジティブだと認識しているかもしれません。

イナンナの冥界下り――一つの時代の終焉と新しい時代の始まり

シュメール神話の中に、「愛の女神」アプロディーテやヴィーナスの原型と言われているイナンナという女神と、イナンナのもう一つの側面であるとも、双子の姉妹であるとも言われるエレシュキガルという女神が登場します。

非常に興味深いことに、神話には、この二人の女神の行いを通して、今まさに私たちが経験している、一つの時代の終焉と始まりのプロセスをシンボリックに語られている、「イナンナの冥界下り」という物語が書かれています。

まずこの物語をお伝えしましょう。イナンナは、愛と創造と豊穣の女神です。つまり、ポジティブサイドの顔を持つ女神です。一方、エレシュキガルは、生みの苦しみの部分を引き受け、疫病の苦しみ、災いの苦しみを引き受けるネガティブサイドの顔を持つ女神です。

ある時、イナンナは、彼女が治める天と地の世界には、これ以上新しい可能性を見出すことができないと感じて、冥界に下り、エレシュキガルに会う決意をします。

彼女は、家臣であるニンシュブルに、「もし私が三日三晩たっても戻らなければ、神々に助けを求めるように」と伝えました。

そして、これまでの天と地の女神としての地位を捨て、7つの特別な神通力だけを携えて冥界へと降りていきました。

イナンナは、冥界の入り口に立つ門番ネティに、敬愛するエレシュキガルに会いたいと伝えます。ネティがエレシュキガルにイナンナの来訪を伝えると、エレシュキガルは、7つの門をすべて閉じ、それぞれの門に裁判官を配置します。そして、イナンナが自力で門を一つ通過するたびに、一つずつ神通力を使い果たすようにしました。

すべての門を通過してエレシュキガルのもとに到着したイナンナは、女神としての力をすべて失い、身に着ける衣さえも剥ぎ取られていました。

冥界は、暗くて、じめじめしていて、汚物の匂いがします。真っ暗な闇の奥の方でうめき声がします。それは、常に苦しみと痛みに悶えるエレシュキガルのうめき声です。

イナンナは、エレシュキガルの声を聴き、確かにそこにエレシュキガルがいることを確認すると、その前に進み出て、手足を投げ出して突っ伏します。

その姿を見たエレシュキガルは、イナンナの皮膚を剥ぎ、爪を剥いで、命尽きたその肉体を高い棒に吊るしました。

三日たってもイナンナが帰還しないので、ニンシュブルは、神々を訪ねて助けを請います。

しかし、神々は、独断で行動を起こしたイナンナに対して、冷酷な態度でした。誰もイナンナを助けにいこうとはしません。最後にイナンナの兄であり、夫でもあるエンキが、自分の爪からクルガラとガラトゥルという精霊を作り、それぞれに「命の草」と「命の水」を与えて冥界へと送り込みます。

イナンナの命を奪ったエレシュキガルは、自分の片側の命を奪ったことによって、同じように命が尽きるところでした。

しかし、「命の草」と「命の水」を得たことによって、イナンナもエレシュキガルも、ともによみがえることができました。

この物語は、世界中の神話や聖書、聖典の中に登場する、「死と再生」というもっとも大きなイニシエーションの原型となる物語です。同時にこれは、一つの時代の流れが終わりを遂げる時に起きる、**陰陽統合＝死＝この世界の終焉と、新たに開闢《かいびゃく》する世界＝新しい時代の始まりのプロセス**を描いた物語です。

ただ、そうとしか生きられない

この物語の中で、エレシュキガルは、非常に残忍なやり方でイナンナを殺害します。

しかし、これはエレシュキガルにとっての愛の表現なのです。ですから、互いに反対側にいるものに対しては、理解が及ばないかもしれませんが、そうあるしかしようがないわけです。

動物の世界を見ればよくわかるでしょう。シマウマを射止めて食べるライオンと、そのおこぼれにあずかるハイエナ、食べられてしまうシマウマは、どの動物もありのままの自分らしく生きるしか、生きようがありません。

エイリアンたちも同じです。彼らの中にはエレシュキガルのように、残忍で非情な側面を表現するものたちもたくさんいます。しかし、彼らが常に悪意に満ちているわけではなく、ただ、そうするしか生きられないことを、私たちは理解しなければなりません。

二元の調和なくして真の進化はない

二元性の世界には、常に対極する要素が存在し、またすべてのものは、フラクタル構造（図形の全体をいくつかの部分に分解していった時に、全体と同じ形が再現されていく構造）を持っています。

個人の中にも光と闇、ポジティブとネガティブが共存しています。そして、社会にも同様に、善と悪、ポジティブとネガティブが存在します。どちらかがなくなることは決してありません。

地球上の人が存在しない自然界でも、動物や植物や昆虫にもその二つの要素があって、それらが調和することで、自然界は長い間、進化と繁栄を続けてきました。

これに対して人間社会は、ビルド&スクラップが繰り返されても、一向に進化の兆しは見えず、むしろ人々の苦しみという点において何も変わっていません。

確かに一見してみると、テクノロジーの発達があり、便利な世の中になったので、進化しているかのようですが、一方で、私たちに絶大なる恩恵を与え、命そのものを支えてくれている地球を破壊しています。

このような状況は、決して進化とは言えないはずです。そして、あらゆる面において格差が広がり、真の意味で幸福な人は、ほとんどいないのではないでしょうか。

本来、社会の成熟度合は、知識、教養、経済、健康、霊的探究の自由と、霊的知性といったあらゆる面で格差がないこと、また、そこに暮らすすべての生き物が、豊かに調和し合い、知的かつ霊的な好奇心を満たすことで、成長と満足を得ることができるかどうかによって示されます。

その意味においては、今の地球社会は何一つ実現できていないわけです。

その理由は、これまで地球で起こったすべての社会文明は、地球人によって作られたのではなく、地球人を隷属種としてきたエイリアンや、家畜のように認識しているエイリアンによって作られた社会だからです。

特に現代社会は、地球人に対して友好的とは言いがたいネガティブタイプのエイリアンによって作られた社会ですから、何もかもが人間を苦しませるための仕組みばかりです。

私たちが、このようなエイリアンの魔の手から逃れて、自立の道を切り開くうえで、まずこの世界から二元のどちらかがなくなることはないということを改めて認識しなければなりません。そのうえで、悪を撲滅することを考えるのではなく、「**ネガティブとポジティブが調和することによって、互いに傷つけ合うことをなくすことを目指す**」のが大前提であることを理解する必要があります。

「イナンナの冥界下り」が教えている通り、一つの時代が終焉して、次の進化した世界へと新たな扉を開くためには、「統合」というプロセスが必要だからです。このことを東洋思想では「陰陽統合」と言われてきました。

サイキック攻撃の方法

恐怖や怒りのエルネギーが社会への攻撃になる

ネガティブ型の生き物たちにとって、私たちが不快に感じるネガティブなエネルギーが大好物だと伝えましたが、具体的に一番好むのは、恐怖や怒りなどの私たちのネガティブな感情のエネルギーです。

彼らは、この世界に常に恐怖や怒りのエネルギーが蔓延するように、人々が、生活や未来に不安を抱き、何かことが起きるたびに恐怖を感じるように、仕掛けています。

マスコミの情報操作も、エンターテインメントもその一端を担ってきました。また、衣食住に関わる安全性の欠如は、人々の健康ばかりでなく、地球環境をも破壊してきました。さらに医療に関わる産業は、病気のループを作り出すために、副作用が強い薬を作ってきました。

このような状況は、人間が永遠に不安と恐怖を持ち続けるようにするための仕組みです。

それればかりでなく、生物兵器を使って感染力の強い病原を作り出し、人々を恐怖と不安に陥れ、さらに、人体にとって破壊的なワクチンを投与するという、念入りな措置を投じるのも、彼らが常に人間の負の感情を必要としているからです。

もちろん、戦争は言うまでもありませんが、時代とともに戦争も様変わりしています。爆撃したり、銃で撃ち合ったりするような戦争ばかりではなく、情報戦争や、先に挙げた生物兵器を使用する戦争もあります。そして、人々に認知されないような不可聴音を使って、人々のマインドをコントロールしたり、洗脳したりすることも戦争なのです。

このように社会には常に、負のエネルギーが蔓延するように仕向けられています。このことに気づいて、抵抗しようとしたり、社会を健全な方向へと向かわせようとしたりすれば、その組織や、個人は、多くの妨害や攻撃を受けることになります。最終的に殺害された人たちもたくさんいます。

この社会は人間を苦しめるための仕組みや、戦略でできていると気づいても、それを多くの人に訴えようとすれば、できる限り自分が安全であると信じ、ことを荒立てずに平穏にいたいと願う大衆から、この世界の管理者たるエイリアンに加担するように「それは陰謀論であり、世の中に対する偏見だ」と言われるのが落ちでした。

しかし、2024年5月31日、東京の日比谷野音で、パンデミック条約に対する異議を訴える、非常に大規模な集会が行われました。通常なら温和でおとなしい性質の日本人が、このような行動を起こすに至ったことは、たいへん意義深いことです。

日本人は、物事を楽観的、もしくはポジティブに捉えようとする国民性があると思います。そのため、物事を短絡的に捉えてすぐに怒り出すようなところが、比較的少ないのだと思います。

しかし、長い間黙っていた日本人が、これは大きな人権侵害であることに気づき、私たちの人としての権利を主張し始めたことは、新しい時代の到来を示す出来事だと言えるでしょう。

個人に対する攻撃方法

さて、このような人権を無視した社会の仕組みばかりでなく、私たち一人ひとりの人間に対しても、あらゆる手段を投じて、ネガティブ型のものたちから攻撃を加えられているという事実も知っておく必要があります。

なぜなら、新しい時代は、公平を重んじる時代であり、新しい調和と秩序を作り出すことを私たちに要求しているからです。

つまりそれは、私たちが彼らから、自分自身の尊厳を奪還するチャンスが到来したことを意味しています。このチャンスを無駄にすることなく、一人ひとりが自分自身に責任を持ち、迷いや葛藤の原因となる二元性のアンバランスに気づいて、調和させることは、今もっとも優先すべきことだと言えるでしょう。

悪魔に憑依された時

日本では憑依《ひょうい》現象という言葉がある通り、昔から、人間の肉体に他の霊が憑りつくということが起きていました。実は、憑《と》りつくのは幽霊や生霊《いきりょう》などの人間か、もしくは亡くなった人間ばかりではありません。

悪魔祓いという職業があるように、確かに悪魔が憑りついている人もいます。しかも、それは決して遠くかけ離れた世界の話ではないのです。皆さんが思っているよりもずっと身近な話です。

もちろん、あの恐ろしい「エクソシスト」という映画に出てくる主人公のような奇怪な現象が起きるのはごく稀なことです。多くの場合、このような憑依現象が起きていても、人格障害や精神障害などの病気だと思われています。

悪魔が憑依すると、憑依された人の意志とは関係なく、悪魔のコントロール下に置かれます。憑りついた悪魔は、周囲に影響力を持とうとするので、目立った行動をしたり、大胆な行動をしたりします。また、支配的で、自分の思い通りにならないことに対して、非常に攻撃的になって人に当たったり、自分に従わない人には、ヒステリックに怒鳴りだしたり、破壊的な行為をしたりします。そして、誰にでもすぐに見抜かれるような嘘を公然とつき、それが明るみに出ても平気です。

その反面、ターゲットとなるお気に入りの人に近づく時には、忠誠心をあからさまに表現したり、熱心にその人の期待に応えようとしたりする部分もあります。このように、媚《こ》びることと、攻撃的になることを繰り返して、人間関係を構築できないように憑依したものにコントロールされています。

私は、ある非常に有名なハリウッド俳優と女優の何年にもわたる離婚裁判の様子を見ていて、女優さんは典型的な憑依の例だと感じました。彼女もまた解離性人格障害とされていました。

このような憑依状態が長く続くと、本人の魂を肉体から追放して、完全に乗っ取られてしまうケースもあります。

実際私は、エイリアンに肉体を奪われたカナダ人を二人知っています。

一人は、まだ12歳か13歳の少女でした。彼女は交通事故にあって、魂が肉体を離れた瞬間に、その肉体にエイリアンが入り込みました。これは、断定することはできませんが、おそらくこの少女には、事故が起きるずっと前からエイリアン、もしくは悪魔が憑依していたのでしょう。ですから、憑依したものによって交通事故に遭遇させられたと考えられます。彼らはこのようなサイキック能力を使ってさまざまな攻撃をしてきました。

私が受けた衝突事故という攻撃

実は、私も幼少期からこれまでの間に、大きな交通事故を5回も経験しています。私は、彼らにとって意にそぐわない敵ですから、常に殺害される危険と向き合ってきました。この経験から、彼らは遠隔でも事故を起こさせるサイキックな能力を持っていることは明らかだと明言できます。

具体的な例を一つ挙げてみましょう。

私は静かな住宅街の道を車で走っていました。すると、ある交差点で、左側から80キロのスピードで走ってきた車に衝突されました。私の車は左側にハンドルがついていたので、通常なら即死であったはずだと、到着した警察官に言われました。

事故検証に当たっていた警察官から、後で聞かされた話では、ノンブレーキの状態だったということです。通常の意識状態の人間にそんなことができるでしょうか？何かの薬物でも服用していなければ無理でしょう。しかも相手は自動車屋で、お客さんに納車する新車を運転していました。大切なお客さんの車ですから、事故を起こしたり、ぶつけたりしないように、慎重な運転をしているはずです。

相手の運転者は、その時の記憶がないと言っていたと、後から警察に聞きました。これは明らかにエイリアンか悪魔か堕天使の仕業だと、直感的に確信しました。

私の場合は、憑依するために殺害しようとされたわけではありませんが、このようなサイキックアタックを実際に経験することによって、他者の経験をより深く理解することができるようになりました。

肉体が奪い取られると…

さて、もう一人のカナダ人のケースも、状況こそ違いますが、同じように最終的に肉体をはく奪されてしまいました。

その人は、長い間両親から人格障害だと思われていたので、精神科のカウンセリングなどを受けていました。しかし、改善されるどころか、かえって悪化していきました。そこで、両親は以前から紹介されてはいたもののあまり乗り気にはなれずにいた、霊媒師を訪ねてみることにしました。すると、息子さんは人格障害ではなく、たくさんの魔物に憑依されていると言われました。その霊媒師に言われた通りに、魔物を追い出すためにさまざまなことを試みたのですが、彼についていたのは、かなり悪意のあるエイリアンでした。

そのため、一時的には効果が出るものの、またしばらくすると元の通りの状態に戻ってしまいます。そして、ある真冬の日に、とうとうエイリアンに憑依された息子さんは、自宅の庭のプールに飛び込んでしまいます。心臓麻痺を起こして死亡した彼の魂が肉体から離れると、エイリアンは完全にその肉体を奪いました。それ以来、その息子さんは行方不明になり、肉体を得たエイリアンが何をしているのかまったくわかりません。

人格障害、うつ病、統合失調症の原因か？

このように人に憑依したり、その人の肉体を奪い取ったりするエイリアンや悪魔などは、さらに他の人間をターゲットにして、近づき、同様に悪魔や邪悪な存在を呼び込んで憑依させようとします。このようなことをするものたちは、行く場所を失ったエイリアンや、悪魔、堕天使などと呼ばれている、邪悪で欺瞞に満ちた存在です。人間に憑依する、エイリアンたちの多くは、レプティリアンやドラコニアンの中でも、先述の通り、仲間を失い、帰属する場を失ったような下等なものたちです。このようなものたちに入り込まれて、他者を激しく攻撃したり、自虐的な思考や行為を繰り返したりしてしまう状態に陥っている人は実にたくさんいます。

そのような人たちは、本来ならポテンシャルが高く、地球でやるべきことも明確にあったのに、彼らによって、意識を乗っ取られてしまい、自分が何者で何をするために地球に生まれてきたのか、思い出すことを強力に阻止されている状態です。そのために自己のアイデンティティーを確立して、それを維持することができずに、自己不信に陥り、自分ばかりでなく、イライラして人に対しても攻撃的になったり、すぐに他者のせいにしたりして、自暴自棄になり、誠実に物事に取り組み続けることが難しくなります。

このように、ネガティブなものの影響は人間の精神を破壊しますから、人格障害はもちろん、うつ病や、統合失調症になる原因の多くは、このようなエイリアンたちの影響です。

そのような人たちとは逆に、精神力が強く、明確な意志を持っている場合でも憑依されないわけではありません。ネガティブなものたちにとって、何らかの利用価値があれば、憑依されるケースもありますし、また、彼らが敵とみなした場合にも、憑依しようと狙われることはたくさんあります。

しかし、自分が憑依されているとは気づかなくても、明確な意志や目的を持っているので、憑依しようとしているものや、憑依したものに対して自然と抵抗したり、逆らったりしています。そうなると、その人は精神ではなく、物理的な肉体をむしばまれていくケースがあります。

どこも悪くはないのに、原因不明の痛みに襲われて歩けなくなったり、立ち上がることができなくなったりすることもあります。このようなケースは敵とみなされている場合が多いでしょう。そして、行動を制限されるような状態に陥《おとしい》れられます。

また、自己免疫疾患や、他の難病奇病と言われる病気の原因が、実は憑依現象に起因することも多くあります。

人間関係を損なうウイルス・微生物戦法

次に挙げるのは、ウイルスや細菌など、目に見えない微生物を使うケースです。

ネガティブ型エイリアンたちは、ウイルスや細菌を作り出して、コントロール下におさめ、人間や、他の動物や、昆虫などのマインドをコントロールしてきました。このやり方は、決して先進的な技術とは言えませんが、今でもかなり使われています。

このような微生物たちは、より広範囲に広がる性質を持ちますから、一人に対してというよりも、特定のグループや、特定の関係性に対して、問題が生じ、互いを信頼し合えないような関係を作ることによって、常にその人間関係の中でネガティブな感情や思考がめぐらされることを促すやり方です。

その微生物に与えられた性質にもよりますが、多くの場合、感染した者同士はつながりを強く持つようになり、引き離されることに対して強い抵抗感や、疎外感を持つようになります。一方、非感染者に対して敵意をむき出しにしたり、攻撃的になったりする傾向が見られます。いずれにしても共依存の関係を作りやすい傾向が見られま

154

す。

エイリアンは、このような作用を利用して、人間関係を混乱させ、さまざまなネガティブな感情を引き起こすこと、また、発展的で創造的な関係を築くことを妨げることを目的として、微生物を利用しています。

実は、私自身、彼らがどのようにしてウイルスを利用しているのかよく理解していませんでした。しかし、2010年にダライ・ラマの使者からの連絡で「宅配便で届いた荷物を開けてはいけない、そこにはウイルスが仕込まれている」「当分家族と会ってはいけない」と言われたことがきっかけで、エイリアンたちが使ってきたウイルス戦法を知ることになりました。ダライ・ラマからの助言がなければ、危うく私も彼らにやられてしまって、家族関係に大きなダメージを受けることになっていたでしょう。

2020年から始まったCOVID19も、その先に続くワクチンとセットで開発されましたが、実は、今まで地球で猛威を振るってきた、伝染病の多くは、エイリアン、もしくはエイリアンの指導の下で人間が作ってきた生物兵器です。そして、その兵器と抱き合わせのようにして、最近はワクチンも一緒に開発されることが多くなりました。こうしてセットにすることによって、感染しなかった人にも、ダメージを与える機会が得られます。

しかし、先述した日比谷野音での大規模な集会は、エイリアンという発想はないまでも、これらの事実に気づいている人たちが、急速に増えていることの表れです。今後は、さらにさまざまな真実に気づいて、実際に解決に向かうために立ち上がる人たちが増えるのも、新しい時代が引き起こす必然です。

私が攻撃を防げるようになったワケ

さて、最後にもう一つの方法を挙げておきます。これはエイリアンや悪魔などによる、サイキックパワーを使った直接的な攻撃です。

先に挙げた交通事故を起こしたりする力を使うケースで、このような攻撃を受ける人は、社会を先導しようとしたり、ネガティブ型のエイリアンたちが嫌がる「人間の幸福」に貢献できる科学技術を開発したり、真実を多くの人に知らせるだけの影響力を持っている人たちなどがターゲットになります。

多くの優秀な科学者たち、また、社会を正しい方向へとけん引するに相応しいリーダーたちが、突然がんになって亡くなったり、事故で亡くなったりしてきました。これらは、明らかにサイキックアタックを受けたために亡くなった例です。

しかし、最近は、今までのように、あらゆる病気が治癒する機械を開発したり、YouTubeや他の媒体で、今までなら命を狙われてきたような発言をしている人も、そのようなターゲットにはなっていないケースが多くなっています。

これは、時代のせいばかりではありません。今、宇宙では、今までにない大きな戦争が起きているからです。そのために、行き場を失っていた、ならず者のエイリアンたちは、この戦争の状況次第で、今後の身の振り方を模索しなければならない状況に置かれているからです。

今の宇宙は、この戦争と、戦争を取り巻く周囲の先進的な文明社会の状況によって、刻々と変化しています。今まで戦闘的な種族たちが営む社会や、その犠牲になってきた種族に対して、干渉していなかった文化圏が救いの手を求められることも多くなり、さまざまな角度から検討を繰り返して、干渉する場面も出てきています。

このような状況の中で、行き場を失っていたエイリアンたちは、地球以外の新しい可能性を見出すことができるチャンスと捉えているのです。

しかし、残念ながら、このような状況下でさえ、アントワンも私も、常に地球の進化を望まないエイリアンたちから意識されています。それでも、以前のように簡単に攻撃を仕掛けてくることはありません。私たちが彼らについて多くのことを知ったからです。

実際、私たちは、これまでさんざん彼らのサイキック攻撃を受けてきました。そのため私たちは、これらの経験からたくさんのことを学んできました。彼らの攻撃方法や、それによってどんなダメージを受けるかなどの情報は、アントワンや私を通して、宇宙の仲間たちにも共有されてきました。

これらの経験を得て、宇宙における地球の自立と進化に関わるプロジェクト全体も、地球側にいるアントワンも私も一層強くなり、的確なタイミングを計ることもできるようになりました。そのため、これらの攻撃を防ぐことが可能となっています。

私たちは、さまざまな意味で、地球の自立と進化のために、今後、より多くの仕事をこなすことになるでしょう。

攻撃されやすい条件とは何か？

憑依を引き寄せる人のタイプ

さて、これまでここに挙げた、憑依や微生物を使った攻撃は、特にどのような状態の時に、どのような人に影響を与えるのか、また、どのような部分が憑依を引き起こすポイントなのかということについて、理解することで、このような攻撃から身を守るように心がけることができます。

「類は友を呼ぶ」という言葉通り、ネガティブな存在たちは、同種引き寄せ合い、同じようにネガティブな要素に引き寄せられます。

人間の内面に深い傷となる劣等感や、自責の念や、自己不信、恐怖心や強い不安感などを抱えていると、それは彼らにとっての大好物ですから、当然狙われる要素になります。

もちろん、すべての人は、現実世界に肉体を持って存在している以上、必ずネガティブな要素を持っています。普段は非常に前向きな思考ができたとしても、何か不安を誘発するような出来事が起きれば、不安になるのは当然です。

逆にその不安感があるからこそ、問題を解決しようとするモチベーションとなります。恐怖心がなければ、自分の身に危険が迫っていても気づくことができません。ですから、すべてのネガティブな感情や思いが悪いわけでは決してありません。

このように自分自身の負の感情をモチベーションに変えて、ポジティブ変換できるのであれば、まったく問題ありません。そのような人は、常に前向きな強い意志を持っていますから、基本的にはネガティブなエイリアンや悪魔たちには嫌われるタイプです。

ネガティブな思考や感情を過去生の傷が引き起こす

しかし、今ここに生きている人たちは、地球にすでに数百回も生まれてきた経験を持っています。そして、この世界は古い時代からずっとエイリアンに支配されてきた世界です。したがって、多くの魂は理不尽な扱いをされて、苦しみに耐え、失望し、深い傷を負ったまま癒されていません。

このことについて、私はこれまでの本の中で何度もお伝えしてきましたが、簡単には受け入れることができない人もいるでしょう。実際キリスト教では、人が生まれ変わるという概念を否定しています。

今現在、過去の人生を克明に記憶している子供たちもかなり生まれてきています。その記憶は同じ地球で、しかもつい数年前、あるいは十数年前に生きていた記憶であることも非常に多いのです。

もちろん、こうした事実があるからと言って、私はあえて皆さんの概念を覆そうとしているわけではありません。しかし、こうしたことを踏まえなければ説明がつかない事実があることも見逃せないのではないでしょうか。

例えば、今回の人生で溺れた経験があるわけでもないのに、どうしても水が怖くて、プールにさえ入ることができない。

特定の人に対して、どうしても恐怖してしまう。実際のその人はとても明るく親切であるにもかかわらず、理由もなく恐ろしいと感じて、つい距離を置いてしまう。

このようなことは、過去の人生における経験が原因となっていると考えられます。

もちろん、ネガティブなことばかりでなく、知るはずがないことを知っていたり、幼少期からすでに大人顔負けの技術を持っていたりするのも、過去の人生の影響である可能性は非常に高いでしょう。

しかし、ごく少数を除いて、ほぼすべての人たちは、過去の人生の記憶を認識することができない状態です。それでも、すべての人たちの意識の根底には、こうした記憶が維持されているので、辛い経験が、深い傷となって残っています。

問題なのは、無意識のうちにその傷が、あらゆる思考や感情、そして行動や言動や選択に影響を与えていることです。それが多くの人たちの可能性を抑圧して、不幸へと貶めてきた大きな原因となっています。

例えば、自分の才能を認めてチャンスを与えてくれる人がいても、過去の人生で、そのような人に騙され、最終的に裏切られたような経験があれば、今回の人生で、同じようにチャンスをくれる人を、理由もなく疑ったり、あえて否定的になったり、大切なチャンスを台なしにするような態度を、相手にしてしまったりすることもあるかもしれません。

このように、自分の魂の根底に、深い傷となる何かがあることに無自覚であるために、同じ失敗を何度も繰り返してしまいます。そして、可能性が開かれることを自分自身で阻止してしまいます。

そんな自分に対して、否定的になったり、嫌悪したりすることによって、さらにネガティブなエネルギーを生み出して、エイリアンや悪魔たちを、積極的に引き寄せていることになります。

私が強くお伝えしたいのは、これらのことを知って受け入れることによって、解決への道が開かれるということです。その具体的な方法は、後の章でアントワンから科学的な根拠に基づいて、きちんと提案してもらうことにしましょう。

ここでは、エイリアンが好むのは、皆さんのネガティブな思考や感情であることを覚えておいてください。そして、皆さん自身がそのような思考や感情のパターンを客観的に自覚して、できるだけポジティブな方向へとセルフマネジメントするように心がけることをお伝えするにとどめておきます。

ウイルスを引き寄せ、愛憎劇に至る人

次に、ウイルスを引き寄せるケースについてです。先述の通り、ウイルスは関係性に作用を起こすので、より思いの強い関係において効力を発揮します。そのため、恋愛感情や、親子の情愛、深い友情や、また過去の人生から引き継ぐ根深いカルマの関係などを利用して使われることが非常に多いものです。

なぜなら、愛情は執着心につながり、簡単に憎しみへと変化するからです。気にもならない人を憎むということは、相当な出来事が起きなければあり得ないことです。でも、大好きな人、愛してやまない人は、ちょっとした言葉や態度がいちいち気になるので、ささやかなことがきっかけで、非常にネガティブな思いを抱いたり、ネガティブな感情に押しつぶされそうになったりします。彼らは、このような人間の習性

を熟知しているわけです。

人間にとって、相手に関心を持って、深く関わることは非常に重要です。一方で、相手からの愛情を期待しすぎたり、相手に自分の理想を押し付けようとしたりしてしまうと、ウイルスの出番となりますから要注意です。

特に思い入れの深い相手に対しては、自分の思い通りになってくれることを望んで、相手をコントロールしたり、そのために駆け引きをしたりして、誠実とは言いがたい関係になっていきます。結果、互いに信頼を失い、裏切られたような気持ちになって、ついには愛憎劇へと発展します。

こうなってしまうと、エイリアンたちにとって入れ食い状態なので、ウイルスは執拗に互いの関係をねじ曲げ続けます。

ウイルスが引き起こす問題は何世代も続く

また、ウイルスキャリアは、次世代へと受け継がれる傾向があるということも特徴として挙げられます。つまり、親がキャリアであれば、子供にも受け継がれることが多くあるということです。そして、このような親子は共依存の関係になりやすく、難しい問題を抱えることになります。

例えば、親が子供の自立を阻害したり、逆に、社会で成功することを過剰に期待したりするケース、子供が、親に何もかもやってもらって当然のような態度であったり、逆に、幼少期から親の面倒を背負ってしまったりするケース、これらは典型的な共依存の例です。このような親子関係にはウイルスが関与していることも多くあります。

また、いくつになっても自分の人生が思い通りでないのは、親の影響、親のせいだという考えに執着して、被害者意識を持ってしまうのも、ウイルスの影響であることが非常に多くあります。

ここに挙げた共依存の例以外にも、その家に受け継がれる問題というものがあります。親子3代にわたって自殺している家系、何代にもわたって男女のトラブルで家庭不和の問題を抱えている家系、金銭トラブルで家族が消息不明になるということが何世代も続いている家系、代々一つの宗教を信仰し続けるケースなど、症例はさまざまです。

一度キャリアとなって子供に受け継がれると、3世代から、場合によっては5世代受け継がれるとも言われています。このような問題が先祖から続いているケースが多く見られるのは、原因がウイルスにあるかもしれません。しかし、この問題も、解決する方法は十分にありますが、より深いアプローチが必要ですので、霊的な深い理解が必要となります。この点に関しても、アントワンからの提案が役に立つでしょう。

一方、COVID19のように、全世界を巻き込むような規模になれば、少し用途は違います。このような場合、政治的な部分に影響を与えるために使われます。

ですから、多くの人たちの恐怖を煽って、著しく理不尽な条項を可決させたりしようとします。もちろん今回のケースもそれに当てはまります。

「幽界」によって続いてきた霊的侵害

なぜ「輪廻」が作られたのか？

先にも「輪廻」という概念については触れましたが、ここで改めて詳しくお伝えすることによって、私たち地球人がいかに不当な扱いにさらされてきたのか、そして、このようなことが二度と起こらないために、今後私たちがどうすべきかについて、皆さんが個々に考える機会となることを切に願っています。

地球をめぐる死後の世界には、幽界というトラップがあったことは序章ですでに伝えましたが、幽界が作られたそもそもの理由は、かつて、地球をめぐる太陽系が、宇宙の巨大帝国の植民地であった時、その帝国の中で既得権益を握る、一部の特権階級にとって、都合の悪い活動をしたものたちや、実際に極悪な犯罪者を送り込む流刑地として、地球が使われていたこともあります。

地球に送り込まれたものたちの魂は、当然、死後には解放されます。通常、死んでも前世の記憶は維持されます。

そのため、流刑者となった記憶を持った魂が、再び帝国に生まれてきて、今度は秘密裏に同様な活動をするので、取り締まることが徐々に難しくなっていきました。そこで、死んだ後も流刑地から出ることができなくなるように、さまざまな研究がなされ、魂の自由を奪うためのテクノロジーを開発しました。

その結果、地球に送り込まれた人たちは、死後に本来帰還すべきアストラル世界に帰ることができずに、仏陀が説いたように「輪廻の輪」という、生まれては死に、死んではまた同じ世界に生まれてくるというスパイラルから抜け出ることできなくなりました。

そのうえ、帝国社会で手に負えないような極悪非道な行為をするものたちも、地球に送り込まれてくるようになりました。そのようなものたちはそもそも情などというものを微塵《みじん》も持たないような性質を持っています。ですから、現代社会においても、殺人鬼のように不可解な事件を起こすものが存在するのは、そのような魂を持っているものが何度も輪廻して生まれてきていることを示しています。

長い間の支配と幽界の完全撤去

しかし、およそ2300年前に、太陽系は、その巨大帝国の植民地ではなくなっています。ですから、帝国側の管理者たちは地球から撤退しています。

そうであるにもかかわらず当時と変わらない社会の状況が続いているのは、その後も居残っていた残党たちや、他に居場所をなくしたネガティブなエイリアンたちが、地球人たちを奴隷のように扱い続けているということと、もう一つ非常に大きな理由として、人間そのものを売り物として、巨万の富を築き上げることができ、強大な力を持つことができるほど、宇宙社会の中で地球人類は価値あるものだから手放すわけにはいかないということが挙げられます。

最近になって、地球上でも、人身売買に関する事実が少しずつ明るみに出てきています。これは紛れもない事実で。皆さんが思っているよりも、ずっと大掛かりな組織が存在し、また、驚愕に値するほど多くの子供や女性が売り買いされています。

このように、長い間地球人類は搾取され続け、霊的尊厳までも侵害されてきたにもかかわらず、多くの人たちは、まったくそのことに気づくことができませんでした。つまり、地球人にとっては、相手が誰であれ、すでに当然のこととして受け入れるしかないほど、長い間支配され続けてきたことを意味しています。そして、支配者であるエイリアンたちは、常にあらゆる面で地球人をはるかに超える科学技術と知性を持っているということです。

２０１４年、幽界の問題がやっと解決の方向へと向かいました。宇宙の中立な議会は、すでに帝国の植民地ではなくなった太陽系に対して、不当な扱いを続けることを見過ごすわけにはいかない事実だと判断しました。

特に地球に対して行われてきたことは、死後の自由まで奪い、霊的権利を侵害し続けることであり、非常に大きな問題であるとし、解決のために具体的な活動を開始しました。

そして2017年、地球で死んだ人たちが収容されてきた幽界はついに完全に撤去されました。

なぜ、今地球に生きているのか？

このことを知ると、なぜ自分は地球に生まれてきたのか？　という強い疑問が湧いてくるのではないでしょうか。

もちろん、その答えはさまざまです。確かにここで取り上げたように、帝国社会に生きていた時、歪んだ社会に疑問を呈し、公平で健全な社会へと改革しようとしていたために、地球に送り込まれたのかもしれません。

また、地球に送り込まれた優秀な科学者や革命家などの魂を救い上げる目的で、地球人として生まれてきた人もいるでしょう。また、地球に追われてしまった科学者などの、家族や、親友、あるいは同志だったのかもしれません。

その反対に、地球という流刑地に囚人を連れてきた側かもしれません。また、地球人を家畜化しようとしてきたのかもしれません。

おそらく今地球人としてここに生きている魂の中で、一番多いのは、暗黒組織の側であったとしても、反対に地球の自由と解放を目指す側だったとしても、過去のすべてを調和させて、自分自身を進化させるために、地球という惑星が持っている真の可能性に惹かれて、この惑星と、ここに暮らす生き物が調和した楽園を創造する一助を担いたいという、強い希望と好奇心を持ってきた魂たちです。


理由はどうあれ、400回~800回と、実に長い間、輪廻を繰り返してきた地球人たちの魂は、非常に傷ついています。

今日まで地球で展開されてきた多くの文明において、歴史的に振り返ってみても、すべての地球人がネガティブなエイリアンたちによって、不当な扱いを受けてきた経験を持っています。したがって、皆さんの魂の経験は非常に過酷なものでした。

今、幽界はすでに消滅しています。それでも幽霊はいまだにたくさん残っています。それは、エイリアンたちの洗脳によって、善悪という概念を植え付けられ、死んだら地獄に落ちると教え込まれてきた魂や、この世界にやり残していることがあることへの罪悪感などによって、多くの未練を残した魂が、自分の描く妄想の世界から出られなくなっているからです。

こうした自分の妄想に捕らわれている魂たちを、死んだ後に本来帰るべき世界である、アストラル界の奉仕者たちや、宇宙議会から選出された奉仕者たちが救いにきているのですが、それでも目を覚ませずにいる人たちがたくさんいます。

このような問題を解決するためにも、今現実世界に肉体を持って生きている人たちが、霊的統合を果たして、意識レベルを上げていくことができれば、その先祖や家族たちであった幽霊たちにも大きく影響を与えることができます。

宇宙が大きな変化にある今、地球でも変化が始まる

私たちは、常に周囲の環境に影響を受けています。例えば、金魚を小さな水槽で飼うと、小さいまま可愛らしい姿を維持しますが、大きい水槽に移し替えると、とたんに巨大化することがあります。

もちろん、人間の周囲の環境はそんなに単純ではありませんから、もっと複雑な影

響を受けています。しかし、古来東洋でも西洋でも占星学という学問が存在したのは、私たちをめぐる環境として、宇宙の様相があり、その影響を確実に受けていることを、古い文明を作ってきた人たちが知っていたからです。

そして地球をめぐる宇宙のすべてが、大きな変化の真っただ中にある今、地球に生きる多くの人が、霊的にも、精神的にも、肉体的にも非常に強い影響を受けています。

その影響は、一言で言えば、「癒しと統合」と言うことができます。

今後は自分のカルマに気づき、なぜ今地球に生きているのかを思い出すチャンスが増えていきます。

カルマに気づくことは、霊的統合の第一歩です。自分の霊格に気づいて、自分の道を探求し始めると、新しい感覚や概念を手に入れることになるでしょう。

そうなることで、死者たちの世界も変化します。なぜなら、常に世界はつながっているからです。すなわち、「上の如く下も然り」です。

私たち地球人は、生きていても、死んでいても、どんなに苦しい人生でも、地球に生きたことを誇りに思う気持ちを共有し合い、「死」の概念が塗り替えられる時が必ず来ます。

死生観に関しては、宗教の違いや、人生経験から来る、価値観や概念によっても異なりますが、依然として明確な理解を促されるチャンスがないために、多くの人が、いまだに死に対する恐怖を払拭できずにいます。

新しい時代へと推移する力が増している今、多くの人が真実に気づき始めて、価値観やものの見方が大きく変化し始めています。今生きている人たちは、正しい死生観に気づくようになるでしょう。そして、すべての人たちが、死後も迷うことなく、帰るべきアストラル世界に帰り、そこでの素晴らしい経験を得ることで、魂は完全に癒され、次の新しい可能性に向けての挑戦に期待を膨らませることができるようになります。

エイリアンの攻撃がもたらした地球社会の今

地下に潜伏、地球を支配している堕天使たち

そもそもこれまで私たちが生きてきた社会は、いったい誰が作ってきたのでしょうか。ロスチャイルドやディープステート、イルミナティ——などさまざまな意見があるでしょう。それらは間違いとは言えません。しかし、この社会のモデルとなっているのは、かつての巨大帝国社会です。その帝国は一部のドラコニアン種たちが作り上げました。

その社会にはお金が存在しました。そして、お金をコントロールしているごく一部の人たちが、社会をコントロールしていました。そのために、現代社会と同様に、あ

らゆる分野で格差が存在し、常に苦しむ不幸で貧困な人たちが存在しました。さらに、特権階級の人たちは、貧しい人たちから搾取を続けて、気に入らなければ、流刑地である地球に送り込みました。

このようなモデルをもとに作られた地球社会ですから、地球人が望む社会であるはずがありません。それなのに、多くの人は社会に疑問を持つことさえもなくなってしまいました。

しかし、帝国が手を引いた今、彼らに変わって社会を運営してきた組織があります。その頂点に立っているのは、ドラコニアンでもレプティリアンでもありません。なんと驚くことに、それは悪魔でさえ下手に出るほど、したたかで、非常に知的ではありますが、陰湿で悪意に満ちた堕天使たちなのです。

彼らは、善悪の概念に当てはめれば、完全に悪でしかありません。しかし、彼らは非常に意識レベルの高い高次元の存在でありながら、自らその道を選択して、地球の地下深くに潜伏しながら、悪魔やネガティブなエイリアンたちを支配してきました。

なぜこのような組織ができたのか、なぜよりにもよって堕天使がその頂点に立っているのか。疑問は尽きないところでしょう。

今現在、大雑把なところでは、4種類のエイリアンたちに加えて、悪魔と堕天使たちが、この世界を支配し、私たちからすべての権利を奪い、搾取し続けています。彼らがどんなふうに私たちに対して攻撃を加えてきたのか、何を搾取してきたのかについては、耳を疑うような内容かもしれません。そして、にわかには信じることができないかもしれませんが、このことについて皆さんに伝えるのは、今、私たち自身が私たち自身の可能性について知り、彼らの支配下から抜け出して、自立できるチャンスが来ているからです。

地球人種を作ったレプティリアン

4種類のエイリアンの筆頭に挙げられるのは、ドラコニアンたちの傘下で働くレプティリアンたちですが、それも大きく二つに分かれます。

一つは、今の地球人類であるホモ・サピエンス・サピエンスを完成させたアヌンナキの中でも地球人を好んでいないレプティリアン種が挙げられます。このことは前著『宇宙と神様の真実』で詳しく書いています。

アヌンナキは、二人の王子が対立していました。私たちを作り、私たちに教育を与え、自分たちと同様の権利を与えようとしてきた兄エアと、地球人を憎み、すべての権利を奪ってきた弟のエンリルです。エンリルの母親は、父であるアヌ王の正妻であり、その血統はアヌンナキの王妃に相応しいレプティリアン種です。それに対して、エアの母は、アヌ王の愛人であり、シリウス系の高貴な血統を持っています。

いずれにしても、アヌンナキの技術によって私たちが作られたので、私たち以上に私たちのことを熟知しています。残念ながら、弟は、地球人類を大切にしている兄を追放して、地球のすべての権限を独占していました。

弟は、まず私たちの優れた機能をすべて封印する技術を開発して、私たちが本来持っている能力を使うことができないように封じ込めました。

残忍極まりないレプティリアンとグレイ

エンリル統治時代の後に、エイリアンの中でも非常に長い歴史を持つ、もっとも古い種族であるドラコニアンたちが作った巨大な帝国が太陽系を所有していました。その時代に帝国から派遣されてきた管理者たちはレプティリアンでした。彼らは、会社組織の中で言えば、課長や部長といったところです。

元々レプティリアン種はドラコニアンが隷属種として優れたバイオテクノロジーによって作り出しました。今は必ずしもドラコニアンに隷属しているわけではありませんが、ドラコニアンたちはレプティリアン種のことをよく知っていますから、レプティリアンと共同体を作り、互いに利益を得るようなやり方をしているケースが多くあります。

地球においても、ドラコニアンは特別なターゲットとしている人にしか直接的な攻撃をすることはありませんが、常にレプティリアンの背後にいます。

ドラコニアンとレプティリアンの主な違いは、ドラコニアンは、非常に古い種族ですから、経験も豊富で非常に頭のよい種族です。しかし、もちろん個体差はあります。彼らは、人間が発するネガティブな周波数を好むので、常に人間を恐怖させ、怒らせておきたいわけです。

対してレプティリアンは、あらゆる組織に潜入することができるように、姿を変えることができます。人間の姿に成りすまして、人間社会の上層部にたくさん入り込んでいます。

彼らは、人間が極限状態の恐怖を経験している時に分泌されるホルモンを自分たちの活力増強剤として使い、また、人肉を好んで食べます。今まで多くの赤ん坊や子供が拉致されてきたのは、彼らの食材とされてきたためです。

そして、子供たちや女性たちを人身売買している暗黒組織が存在するのは、女性たちを性的に搾取しているだけではなく、家畜のように出産させるためです。

また、グレイと言われるエイリアンたちも、地球人のＤＮＡを採取して、彼らにとって都合のよい人類に作り替えるための研究をしたりしています。そして、彼らは地球人の闇の組織と取引をして、地球人を家畜化しようとしてきました。

多くの人がアブダクション（誘拐）されて人体実験を受け、記憶を消されて戻されるという経験をしていますが、これはグレイたちによる地球人に対する侵害です。

魂の記憶は奪われ、空虚な人生を生きる

最後に堕天使のことについても少し触れておきます。彼らは、元々次元の高い世界

から、自分自身の意志で、地球社会という低次元の世界に来ました。その目的は、人類が精神的に成長して、自らの力で立ち上がり、進化の道へとシフトさせていくことを阻害するためです。

地球人がいつまでも霊的な世界に目覚めることなく、相変わらず政治や経済などからなる現実的な世界に閉じ込められて、翻弄され続けるのは、堕天使たちが社会的な規範となるような概念を地球人に洗脳し続けてきたからです。

このようなことをお伝えしなければならないのは、本当に悲しいことです。しかし、潔く真実を受け入れることによって初めて、大きな改革に向けての最初の一歩を踏み出すことができるのではないでしょうか。

私たち地球人類は、長い間一度も自由であったことはありません。彼らによって、魂が経験してきた人生や、その経験を通して培ってきた大切な知恵に関わる記憶を奪われ、深い心の傷や、劣等感だけを維持させられてきました。

そのために、ほとんどの人は、生きる目的も動機となる大きなテーマも思い出すことができないままに、空虚な人生をただ生きながらえるために過ごしている状態です。

そして、ここには「お金」が存在し、一方的でパワーハラスメント的な規則に縛られ、評価社会の中で自由な選択ができないままに、他に生きる道がないかのように、互いに思わせ合うような人間関係を作ってきました。

長い間、地球人が気づかないところでこのような攻撃を受けてきたのですから、この社会はそもそも、地球人を虐待して搾取するための施設のようなところと化しています。

Ⅱ

［科学的］スピリチュアル統合ガイド

本パートの本文中にある〔▼1〕〔▼2〕等の番号は、巻末の参考文献を示します。

第3章

科学が明かすスピリチュアル習慣の力

——アントワン・シュバリエ

スピリチュアルであることの重要性

現代社会では誰もがストレスの多い生活を送っているため、内なる平和やバランスの探求が、日に日に当たり前になっています。そしてその答えの中心は、霊性――超自然的な存在や宇宙、人類の集合意識といった、自分よりも偉大な何かとつながることを含む多角的な概念――にあります。こうした霊的なつながりは、心身全般の健康に必要不可欠である生きる目的や意義、帰属意識などを感じるうえでの基礎となります。

霊的信念を持つ人は、不安やうつになりにくい

霊性がメンタルヘルスに及ぼす影響の大きさに関しては、いかなる研究も結果は同じです。霊的訓練を実践することで、内省したり、世界の中の自分の立ち位置をより深く理解したりすることができるようになるため、レジリエンス（回復力）や人生を前向きに捉える能力などが育まれます。ピアース（Pearce）らの調査により、強い霊的信念を持つ人々は、持たない人たちに比べて不安やうつになる傾向が低いということがわかりました。この精神的な回復力は、霊性がもたらす抑制力や希望などに起因することが多く、その結果として効果的に人生の困難に対処できるようになります。

［心の健康1］自分の人生が有意義であるという感覚が生まれる

霊性は、人生の意義や目的を感じる力を育むため、心理的な健康状態全般を強化します。シュテーガー（Steger）らは、自分の人生を有意義なものとみなしている人々は満たされ、心理的に健康である傾向が強いことを発見しました。この有意義な感覚は多くの場合、崇高な目的を信じることや、自分自身をより偉大な何かの一部であると感じることにより得ることができます。

［心の健康2］不安や抑うつを軽減する

霊性は不安や抑うつ症状を、著しく軽減することが証明されています。例えばケーニッヒ（Koenig）らの系統的レビューやメタ分析は、祈りや瞑想といった霊的習慣のある人々は、抑うつ症状を見せる割合が低いことを立証しました。こうした人々の背景にあるポジティブな状態の感情、心の支えとなるような仲間、各々に応じた対処方法などのメカニズムも、効果をあげるうえで一役買っています。

〔心の健康3〕ストレスとの付き合い方がうまくなる

霊性は、ストレス対処のツールとしても効果的です。パーガメント（Pargament）らの調査により、祈りや瞑想といった霊的実践は平和と受容の感覚をもたらすため、ストレスとの付き合いを楽にすることがわかりました。この対処メカニズムは危機的状況に陥った時、とりわけ重要になります。霊性が安堵と力の源になるのです。

〔心の健康4〕レジリエンスを高める

レジリエンスとは、逆境から回復する能力のことです。霊性はレジリエンスを高めることが、証明されています。ボナンノ（Bonanno）らによると、霊的信念は人生の試練を理解し、受け入れるための骨組みを作り、結果的に心的外傷を負うような出来事から立ち直る能力を強めるとのことです。超自然的な存在や、崇高な目的を信じることで生まれる心の安定、希望などが、レジリエンスに直結するのです。

〔心の健康5〕心的外傷後成長が起きる

心的外傷後成長とは、非常に苦しい経験をきっかけとして、精神的に好ましい変化を遂げることです。テデスキ（Tedeschi）とカルフーン（Calhoun）の調査により、霊的実践をする人々は心的外傷後成長を可能にする傾向が強いことがわかりました。人としての力が増し、周囲との関係が良好になり、生きることに対する認識が深まるのが、心的外傷後成長の特徴です。

〔いい人間関係1〕仲間意識や帰属意識は心の健康に必要不可欠

霊性は多くの場合、仲間意識や帰属意識を育みます。これらは心の健康を保つうえで、必要不可欠な感覚です。ヴァンダーウィール（VanderWeele）は、霊性が人とのつながりや支え合いを感じられるような、社会的ネットワーク作りの助けになると強調しています。孤独感や分離感を軽減し、充足感を高められることが、霊性の持つ社会的側面です。

〔いい人間関係2〕 生まれる助け合いの精神

霊性は多くの場合、思いやり、許し、博愛などを重要視するので、人との関係を深めます。パーガメント（Pargament）らの研究は、霊的訓練を実践している人たちは、人助けやボランティアといった、社会性のある行動をとる傾向が強いことを明らかにしました。それにより社会との結びつきが強まり、自分には仲間がいて、助け合っているという感覚が強まります。

瞑想の効果

瞑想は多くの霊的な伝統における基本であり、そのメンタルヘルス面での効果は言うまでもありません。瞑想時の意識的な呼吸、視覚化、マントラの繰り返しなどの技法を通じ、深くリラックスして、高い意識状態に達することができます。

科学調査による瞑想の効果

瞑想は、古代からの霊的な伝統に根ざした訓練法です。その心身に及ぼす影響力の深さは、日に日に認められるようになっています。瞑想時の意識的な呼吸、視覚化、マントラの繰り返しなどの技法を通じて深くリラックスし、高い意識状態に達することができます。ここでは科学調査による多彩な裏付けをもとに、瞑想の効果を細かく見ていきます。

［心の健康1］不安・抑うつを軽くする

瞑想がもたらすメンタルヘルス上の効果は、詳細に記録されています。ゴヤル（Goyal）ら［▼1］が、瞑想プログラムについての包括的な調査を行ったところ、日常的に瞑想をすることにより、不安や抑うつ症状が大幅に軽減されることがわかりました。この調査結果はゼードゥルマイアー（Sedlmeier）ら［▼2］の、瞑想はマインドフルネスを促進し、ネガティブな思考パターンを軽減し、心の健康状態を全般的に高めるという記録により、さらに強められました。

また、ホフマン（Hofmann）ら［▼3］のメタ分析により、マインドフルネスを用いた瞑想が、不安や抑うつ症状を大幅に軽減することがわかりました。マインドフルネス瞑想を実践することで、自分の思考や感情を一切のジャッジなしに認められるようになるため、ストレスとの付き合いが容易になるからです。さらに、ゼイダーン（Zeidan）ら［▼4］、ブラウン（Brown）とライアン（Ryan）［▼5］の調査は、マインドフルネス瞑想は認知機能を高め、精神的な苦痛を和らげるだけでなく、身体的な痛みも軽減することを証明しました。

【心の健康2】感情のコントロールが上手にできる

瞑想は、情動調整に役立つことも証明されています。ルッツ（Lutz）ら［▼6］の調査は、長期にわたって瞑想を実践している人々は、そうでない人たちに比べて心が安定し、感情的になりにくいことを立証しました。脳の構造の変化により情動調整が容易になることが、神経画像検査で立証されています。

またデビッドソン（Davidson）ら［▼7］は、瞑想が情動調整や実行機能をつかさどる前頭前皮質の活動を促進することを発見しました。これにより感情のコントロールが容易になり、健全なやり方でストレスに対応できるようになるものと考えられています。

【心の健康3】自己肯定感を高める

瞑想は内なる平和や満足感を育むため、心理的な健康を促します。フレデリックソン（Fredrickson）ら［▼8］の調査により、愛と思いやりの感覚を目的とする「慈悲の瞑想」をすることで、ポジティブな感情や人生全般の喜びが増すことがわかりました。

この瞑想は自分自身を思いやり、受け入れることに重きを置いているため、幸福感が増すことがその原因とされています。

さらにマインドフルネス瞑想は、自己認識と自己受容を強化することも証明されています。シャピロ（Shapiro）ら［▼9］は、日常的にマインドフルネス瞑想をする人々は、自分自身を思いやることができ、逆に自分を責める傾向が低いということを明らかにしました。感情的な回復力や、メンタルヘルス面全般が強くなることにより、自分自身に対する思いやりが増すのです。

［身体の健康1］血圧を下げる

瞑想は血圧の抑制など大きな身体的効果をもたらします。ブラック（Black）ら［▼10］は、瞑想の習慣がある、とりわけ高齢の人々に、血圧の低下と睡眠の質の向上がみられることを報告しています。瞑想により交感神経系の活動が抑えられ、血管が拡張し、そこから誘発される弛緩反応によるものとされています。

またベンソン（Benson）ら［▼11］の調査により瞑想は、心拍数の低下、血圧の抑制、そしてストレスホルモンのレベル減少を特徴とする心理状態である、リラクゼーション反応を引き起こすことがわかりました。この反応は、高血圧や心血管系疾患を引き起こす慢性的なストレスを中和する効果があります。

［身体の健康2］ 免疫機能を高め、病気になりにくくする

瞑想が免疫機能を強化することも証明されています。カールソン（Carlson）ら［▼12］の調査では、瞑想により免疫機能が高まり、病気に感染しにくくなることが指摘されました。瞑想には慢性ストレスの生理学的影響を和らげ、ストレスを軽減する効果があることが理由と考えられています。

またデビッドソン（Davidson）ら［▼13］は、マインドフルネス瞑想を実践する人々は、ポジティブな状態の感情をつかさどる脳領域が活動的であることを発見しました。この脳領域は免疫機能の強化にも関わっています。さらに、アイアンソン（Ironson）ら［▼14］とクレスウェル（Creswell）ら［▼15］の調査は、瞑想が抗体やその他の免疫マーカーを生み出す助けとなることを示し、免疫系の健康に有効であるという証拠をいくつも提供しました。

［身体の健康3］慢性疾患を防ぐ

炎症は、多くの慢性疾患の主な要因です。そして瞑想は、炎症反応を軽減することが証明されています。ローゼンクランツ（Rosenkranz）ら［▼16］の調査は、マインドフルネス瞑想が、身体の炎症反応に関わる分子である炎症性サイトカインのレベルを下げることを明らかにしました。炎症の緩和により、関節リウマチや炎症性大腸炎といった、慢性炎症の病状が落ち着くことがあります。

さらに、キーコルト・グレイザー（Kiecolt-Glaser）ら［▼17］とバウアー（Bower）ら［▼18］の調査は、瞑想がC反応性蛋白（CRP）やインターロイキン－6（IL-6）などの、炎症マーカーを減少させることを証明しました。これらの発見は、炎症により引き起こされる慢性疾患に対し、瞑想が防護作用を持つことを示唆しています。

［身体の健康4］循環器系の健康増進

瞑想は心臓疾患の危険因子を減らすため、心血管系の健康にも貢献します。アンダーソン（Anderson）ら［▼19］のメタ分析により、瞑想が血圧やコレステロールを下げ、その他の心血管系の疾患に関わる危険因子を減少させることがわかりました。これは瞑想によるストレスの軽減、情動調整、そしてライフスタイルの全般的な変化といった複合的な影響によるものと思われます。

シュナイダー（Schneider）ら［▼20］の調査は、超越瞑想を実践する人々には、血圧とコレステロールの大幅な低下がみられることを明らかにしました。同様にこれらの人々は、心臓麻痺や心臓発作の発生率も低いということがわかっています。こうした発見は、瞑想が心血管系の健康における補完療法として役立つ可能性を示唆しています。

［生活の質1］社会とのつながりを育む

瞑想は多くの場合、仲間意識や帰属意識を育みます。これらは心の健康を保つうえで、必要不可欠な感覚です。クラウゼ（Krause）［▼21］の調査では、瞑想グループの参加者は自分が社会的に支えられていると感じる傾向が強く、孤立感を持つことは少ないと指摘されました。こうした支援ネットワークは危機的状況に陥った時、とりわけ重要になります。感情面と現実面の両方で、助けになるからです。

［生活の質2］思いやりや博愛の情に満ちた行動につながる

瞑想、とりわけ慈悲や思いやりに焦点を当てた瞑想の実践は、社会性のある行動を促します。ハッチャーソン（Hutcherson）ら［▼22］の研究は、「慈悲の瞑想」を実践する人々は、思いやりや博愛の情を大きく示すことを発見しました。それにより社会との結びつきが強まり、自分には仲間がいて、助け合っているという感覚が深まります。ウォン（Weng）ら［▼23］の調査は、思いやりの瞑想が、共感や感情処理をつかさどる脳領域の活動を高めることを立証しました。これは人助けやボランティアといった、社会性のある行動につながります。

［結論］瞑想を続ける人の人間的な成長と満たされた人生

瞑想は古代からの伝統に根ざしており、精神的、身体的、そして社会的な充足を感じるうえで、数えきれないほどの効果があります。

瞑想の実践は、不安や抑うつ症状の軽減、情動調整、血圧の低下、免疫機能の強化、炎症の緩和、そして心血管系の健康増進などをもたらすことが、科学調査により裏付けられています。

さらに、瞑想は支え合うことができる仲間たちとの関係を育み、思いやりと博愛を促します。自身の生活に瞑想を取り入れた人々は大きな人間的成長、心の安定、そしてより満たされ調和のとれた人生に向けて、可能性の扉を開くことになるのです。

祈りの効果

祈りは、宗教上のものであるか否かを問わず、超自然的な存在や内なる自分とのつながりを呼び起こします。祈りは多くの場合、感謝の念を示したり、導きを求めたり、もしくは自分の思考や感覚を省みたりする手段として使われており、その心理的効果は著しいものがあります。レアード（Laird）らの調査は、祈りの習慣がストレスを軽減し、穏やかな感覚を促し、一体感を強めることを示しました。多くの人にとり祈りは、反省と内観の規律正しい時間をもたらし、自分の内面や目的に対する理解を深めます。

内なる自分とつながる

祈りは宗教的であるか否かを問わず、超自然的な存在や内なる自分とのつながりを呼び起こします。祈りは多くの場合、感謝の念を示したり、導きを求めたり、もしくは自分の思考や感覚を省みたりする手段として使われており、その著しい心理的効果に関しては多くの証拠が残されています。本項では包括的な科学調査の裏付けをもとに、祈りの効果を細かく見ていきます。

〔心の健康1〕ストレスを軽減する

もっともよくいわれる祈りの効果の一つが、ストレスの軽減です。レアード（Laird）ら［▼1］の調査では、祈りの習慣がストレスの度合いを著しく軽減することが指摘されました。これは祈りの瞑想的な側面による効果で、心を静め、リラックスした状態を促進するためだと考えられています。加えて祈るという行為は抑制力と安心感をもたらし、ストレスの多い状況の中でも平和を感じる助けとなります。

祈りはまた感情を解放し、優しく守られた感覚に包まれながら、悩みや心配事をさらけ出す儀式としても役立ちます。このカタルシス効果は不安の感覚を軽減し、心の安定を促進する助けとなります［▼2］。

〔心の健康2〕 気持ちが穏やかになる

祈りは静かで落ち着いた感覚を促すことが証明されています。ケーニッヒ（Koenig）ら〔▼3〕の調査により、祈りの習慣がある人々は和やかで、心が安定している傾向が強いことがわかりました。この穏やかな感覚は多くの場合、祈りの体系的かつ反復的な性質が持つ、心身を鎮静する効果によりもたらされます。

さらに祈りは多くの場合、ポジティブで意気を高めるような考えを呼び起こすため、ネガティブで苦しい思いから気持ちを逸らすことができます。結果的に気分がよくなり、内なる平和が感じられます〔▼4〕。

〔心の健康3〕 他人や自分とのつながりを深める

祈りは他者と超自然的な力の両方に対する、一体感を強めます。クラウゼ（Krause）〔▼5〕の調査により、祈りの習慣がある人々は、社会的な支えやつながりを感じる傾向が強いことがわかりました。こうした効果はとりわけ集団で祈ることにより、顕著になります。自分がその集団に属し、お互いに助け合っていると感じることができるからです。

加えて祈りは、自分自身とのつながりを深め、自己認識や自分への優しさを促します。祈りのこうした内省的な側面は、自分の思考や感情を理解する助けとなります。その結果として、感情的な回復力や心理的な健康が得られます［▼6］。

［心の健康4］人生の目的が見つかる

多くの人にとって祈りは、反省と内観、そして自分自身や自分の目的についての理解を深める、規律正しい時間をもたらします。シュテーガー（Steger）ら［▼7］の調査により、祈りの習慣がある人々は、人生に意義や目的を見出す傾向が強いことがわかりました。目的意識があることで方向性や動機がはっきりし、自信とレジリエンスを持って困難を切り抜けられるようになります。

祈りはまた、価値観や信念を強固にし、行動や意思決定の拠り所となるような道徳観をもたらします。この倫理的に地に足がついた状態こそが、誠実さや自尊心、さらには心理的な健康状態を高めるのです［▼8］。

［心の健康5］深い悲しみや喪失感に耐えられる

祈りは深い悲しみや喪失感に耐えるための、強力なツールにもなります。ウォルトマン（Wortmann）とパーク（Park）［▼9］の調査により、祈りは死別を経験したばかりの人に、安らぎと慰めをもたらすことがわかりました。これは死後の世界や超自然的な力が故人を迎え入れるという信念によるものであることが多く、遺された側に希望と安心をもたらします。

さらに、祈りは悲しみの表現や、感情の処理を容易にし、喪失感を受け入れ、心の整理をする助けとなります。その結果として癒され、立ち直り、複雑性悲嘆や精神的苦痛の長期化といったリスクを減らすことができるのです［▼10］。

［身体の健康1］血圧を下げる

祈りの習慣は、血圧の低下に関わりがあります。ケーニッヒ（Koenig）ら［▼11］の調査により、祈りの習慣がある人々はそうでない人たちに比べ、著しく血圧が抑制されていることがわかりました。これは祈りにより交感神経系の活動が抑えられ、血管が拡張し、そこから誘発される弛緩反応によるもののようです。

祈りによるストレス軽減効果も、血圧を下げる助けとなっています。慢性ストレスは高血圧の危険因子として知られていますが、リラクゼーションと心の安定を促進することにより、祈りはストレスからの生理学的影響を和らげます［▼12］。

［身体の健康2］免疫機能を高める

祈りが免疫機能を強化することも、証明済みです。アイアンソン（Ironson）ら［▼13］の調査は、祈りの習慣がある人々はそうでない人たちに比べ、$CD4^{+}$T細胞などの免疫機能マーカーが高いことを指摘しました。このような免疫強化反応は、祈りがもたらすストレス軽減効果により生じると考えられています。そしてその結果として、免疫システムのバランスや機能が保たれます。

加えて祈りに起因する感謝や希望といったポジティブな心の状態が、免疫機能を強化することも証明されています。フレデリックソン（Frederickson）ら［▼14］の調査により、ポジティブな感情が免疫反応を高め、健康全般を促進することがわかりました。

〔身体の健康3〕 慢性疾患を防ぐ

炎症は、多くの慢性疾患の主な要因です。そして瞑想と同様に、祈りは炎症反応を軽減することが証明されています（198ページ）。

〔身体の健康4〕 循環器系の健康増進

祈りも心臓疾患の危険因子を減らすため、心血管系の健康にも貢献します。アンダーソン（Anderson）ら〔▼15〕のメタ分析により、瞑想の箇所で述べたように、祈りも血圧やコレステロールを下げ、その他の心血管系の疾患に関わる危険因子を減らすことがわかっています。祈りも心血管系の健康における補完療法として役立つ可能性を示しています。

〔身体の健康5〕 健康的になる行動がとれる

祈りはまた、健康的な行動の促進にもつながります。ケーニッヒ（Koenig）ら〔▼16〕の調査により、祈りの習慣がある人々は、毎日のエクササイズ、健康的な食事、喫煙やアルコールの過剰摂取を控えるなど、健康を促進するような行動をとる傾向が強いことがわかっています。こうした行動の数々が、身体面全般における健康と充足を助けているのです。

さらに祈りは、健康的な行動を続ける責任感とやる気をもたらします。祈りを通じて倫理的かつ道徳的な価値観が強固になるため、自然とより健康的な選択をし、身体の害になる行動を避けるようになるからです［▼17］。

［生活の質1］社会とのつながりを育む

祈りも瞑想と同様に多くの場合、仲間意識や帰属意識を育みます。これらは心の健康を保つうえで、必要不可欠な感覚です。クラウゼ（Krause）［▼18］の調査は、祈りのグループの参加者は、瞑想グループと同じように自分が社会的に支えられていると感じる傾向が強く、孤立感を持つことは少ないと指摘しています。こうした支援ネットワークは危機的状況に陥った時、とりわけ重要になることも前述の通りです。

［生活の質2］思いやりや博愛の情に満ちた行動につながる

祈り、とりわけ慈悲や思いやりに焦点を当てた祈りの実践が、社会性のある行動を促すことも瞑想と同じです（200ページ）。

［感情面の効果1］心の回復力を高める

祈りは感情的な回復力を高めるため、困難への対応を助けます。

パーガメント（Pargament）ら［▼19］の調査により、祈りの習慣がある人々は感情的な回復力があり、物事への対処能力が高いことがわかりました。このような回復力は、祈りがもたらす、自分は守られ、導かれているという感覚に起因することが多く、それにより自信と安定感を持って、困難を切り抜けられるようになります。

［感情面の効果2］メンタルヘルスを強くする

祈りはメンタルヘルス全般を、強化することが証明されています。ケーニッヒ（Koenig）［▼20］の調査により、祈りの習慣がある人々は抑うつ、不安、その他の精神的な問題を抱える傾向が低いということがわかっています。ストレス軽減、情動調整、社会的なサポートといった、さまざまな要因の組み合わせが、こうした効果をもたらしているようです。

また祈ることにより、メンタルヘルスを維持するうえで欠かすことのできない、希望と楽観が感じられるようになります。超自然的な力や崇高な目的を信じることで、希望ややる気が得られるため、困難を耐え抜くことが可能になるのです［▼21］。

［結論］祈りを習慣にする数えきれないほどの効果

宗教上の伝統に基づくものであるか否かにかかわらず、祈りには精神的、身体的、そして社会的な幸福を感じるうえで、数えきれないほどの効果があります。

祈りの実践がストレスの軽減、穏やかさ、一体感、そして目的意識などをもたらすことは、科学調査により裏付けられています。さらに祈りは血圧の低下、免疫機能の強化、炎症の緩和、そして心血管系の健康増進など、身体面での健康にも役立ちます。祈りはまた、支え合うことができる仲間たちとの関係を育み、思いやりと博愛を促し、感情的な回復力を高め、メンタルヘルス全般を強化します。自身の生活に祈りを取り入れた人々は大きな人間的成長、心の安定、そしてより満たされ調和のとれた人生に向けて、可能性の扉を開くことになるのです。

マインドフルネスの効果

マインドフルネスとは、一切のジャッジなしに、今この瞬間に注意を集中させることです。それにより自分の思考、感情、知覚などを完全に認識し、あるがままを受け入れられるようになります。

なぜ近年注目を集めているのか？

一切のジャッジなしに、今この瞬間に注意を集中させるマインドフルネスは、その精神面、身体面、そして感情面の健康に及ぼす影響の大きさにより、近年著しい注目を集めています。マインドフルネスを実践することで、自分の思考、感情、知覚などを完全に認識し、あるがままに受け入れられるようになります。ここでは科学調査による多彩な裏付けをもとに、マインドフルネスの効果を細かく見ていきます。

［心の健康1］不安・抑うつを軽くする

マインドフルネスはメンタルヘルスに多大な効果をもたらします。ホフマン（Hofmann）ら［▼1］が行ったメタ分析により、マインドフルネスを用いたセラピーは不安と抑うつの症状を大幅に軽減することがわかりました。自分の思考や感情を一切ジャッジせずに認められるようになるため、ストレスとの付き合いが容易になることがその理由です。

ゼイダーン（Zeidan）ら［▼2］の調査は、マインドフルネス瞑想は認知機能を高め、不安を軽減することを立証し、マインドフルネスによりストレス反応が健康的になるという考えを裏付けました。さらに、ブラウン（Brown）とライアン（Ryan）［▼3］は、マインドフルネスにより困難へのバランスよいアプローチが可能になるため、心理的な健康状態が高まることを発見しました。

［心の健康2］感情のコントロールが上手にできる

マインドフルネスは情動調整に役立つことも、証明されています。ヘルツェル（Hölzel）

ら〔▼4〕の調査はマインドフルネスの実践により、情動調整や自己参照的な処理をつかさどる脳領域の灰白質密度が増加することを発見しました。脳の構造が変化することで、情動調整が容易になります。

加えて、ガーランド（Garland）ら〔▼5〕は、マインドフルネスを実践することで情動的な反応が減り、認識力の柔軟性が増すことを立証しました。つまりマインドフルネスを実践すると、感情的なストレスの扱いが容易になり、環境の変化に適応しやすくなるということです。

〔心の健康3〕集中力・注意力が強くなる

マインドフルネスは集中力と注意力を強化します。ジャ（Jha）ら〔▼6〕が行った調査は、マインドフルネスの訓練を受けた人々の注意力と作業記憶能力は、著しく強化されることを証明しました。ペースの早い現代世界において注意散漫にならず、物事に集中し続ける能力はとりわけ重要です。

さらにタン（Tang）ら〔▼7〕は、マインドフルネスの短期訓練が、注意力と自制心を高めることを発見しました。この研究結果はマインドフルネスを短期間実践するだけでも、認知機能に大きな効果があることを示しています。

［心の健康4］PTSDをも改善する

マインドフルネスは内なる平和や満足感を育み、心理面全般を充足させます。フレデリックソン（Fredrickson）ら［▼8］の調査については瞑想の項でも書きましたが、「慈悲の瞑想」などのマインドフルネスを実践することで、ポジティブな感情や人生全般の喜びが増すことがわかっています。「慈悲の瞑想」は、自分自身を思いやり、受け入れることに重きを置いているため、幸福感が増すことがその原因とされています。

さらにマインドフルネスは、心的外傷後ストレス障害（PTSD）の症状を軽減することも証明されています。ポラスニー（Polusny）ら［▼9］の調査は、マインドフルネスを用いたストレス軽減プログラムに参加した退役軍人には、PTSD症状の著しい低下がみられることを明らかにしました。この発見はマインドフルネスが、心的外傷から回復するための治療法になり得ることを強調しています。

［身体の健康1］血圧を下げる

マインドフルネスは血圧の抑制など、身体的に大きな効果をもたらします。ヒューズ（Hughes）ら［▼10］の調査は、高血圧症の人々がマインドフルネスを用いたストレス軽減（MBSR）プログラムに参加したところ、血圧が低下したことを報告しています。これはマインドフルネスの実践により交感神経系の活動が抑えられ、血管が拡張し、そこから誘発される弛緩反応による効果とされています。

さらにアボット（Abbott）ら［▼11］のメタ分析は、マインドフルネスを取り入れることで、収縮期と拡張期の血圧が、どちらも大幅に正常値に向かうことを発見しました。これはマインドフルネスが心血管系にもたらす効能の、有力な証拠となりました。

［身体の健康2］免疫機能を高める

マインドフルネスは、免疫機能を強化することも証明されています。197ページでも述べたように、デビッドソン（Davidson）ら［▼12］は、マインドフルネス瞑想を実践する人々は、ポジティブな状態の感情をつかさどる脳領域が活動的であることを発見しました。この脳領域は、免疫機能の強化にも関わっています。免疫反応が強まると、感染症や疾病への抵抗力がつきます。

加えてクレスウェル（Creswell）ら［▼13］も、マインドフルネス瞑想の実践が、免疫反応を強化することを立証しました。免疫機能に必須であるCD4⁺T細胞レベルの高さが、その証拠として挙げられています。これらの発見はマインドフルネスが、身体面での健康全般に役立つことを示しています。

［身体の健康3］慢性疾患を防ぐ

炎症は、多くの慢性疾患の主な要因です。瞑想や祈りと同様に、マインドフルネスは、炎症反応を軽減することが証明されています（200ページ）。

［身体の健康4］循環器系の健康増進

マインドフルネスは心臓疾患の危険因子を減らすため、心血管系の健康にも貢献します。クレイマー（Cramer）ら［▼14］のメタ分析により、マインドフルネスを取り入れることで、血圧やコレステロール、肥満度指数（BMI）の低下など、さまざまな心血管系の危険因子の改善がみられることがわかっています。

シュナイダー（Schneider）ら［▼15］の調査は、マインドフルネスの一形態である超越瞑想を実践する人々に、血圧とコレステロールの大幅な低下がみられることを明らかにしました。同様にこれらの人々は、心臓麻痺や心臓発作の発生率も低いことがわかっています。こうした発見は、瞑想が心血管系の健康における補完療法として役立つ可能性を強調しています。

[生活の質1] 社会とのつながりを育む

マインドフルネスは多くの場合、仲間意識や帰属意識を育みます。これらは心の健康を保つうえで、必要不可欠な感覚です。カシオポ（Cacioppo）ら[▼16]の調査は、瞑想や祈りと同じように、マインドフルネスのグループの参加者は自分が社会的に支えられていると感じる傾向が強く、孤立感を持つことは少ないと指摘しました。こうした支援ネットワークは危機的状況に陥った時、とりわけ重要になります。感情面と現実面の両方で、助けになるからです。

[生活の質2] 思いやりや博愛の情に満ちた行動につながる

マインドフルネスの中でも特に、慈悲や思いやりに焦点を当てたものの実践は、社会性のある行動を促します。ライバーグ（Leiberg）ら［▼17］の研究は、「慈悲の瞑想」を実践する人々は、思いやりや博愛の情を大きく示すことを発見しました。それにより社会との結びつきが強まり、自分には仲間がいて、助け合っているという感覚が深まるということは、瞑想や祈りの効果と同様です。

また、ウォン（Weng）ら［▼18］の調査は、思いやりの瞑想が、共感や感情処理をつかさどる脳領域の活動を高めることを立証しています。これは人助けやボランティアといった、社会性のある行動につながります。

［感情面の効果1］心の回復力を高める

マインドフルネスは感情的な回復力を高めるため、困難への対応を助けます。ファーブ（Farb）ら［▼19］の調査により、マインドフルネスの習慣がある人々は感情的な回復力があり、物事への対処能力が高いことがわかりました。このような回復力は、マインドフルネスがもたらす、自分は守られ、導かれているという感覚に起因することが多く、それにより自信と安定感を持って、困難を切り抜けられるようになります。

［感情面の効果2］メンタルヘルスを強くする

マインドフルネスはメンタルヘルス全般を強化することが証明されています。グロスマン（Grossman）ら［▼20］の調査により、マインドフルネスを用いたストレス軽減プログラムの参加者は抑うつ、不安、その他の精神的な問題を抱える傾向が低いということがわかっています。ストレス軽減、情動調整、社会的なサポートといった、さまざまな要因の組み合わせが、こうした効果をもたらしているようです。

またマインドフルネスにより、メンタルヘルスを維持するうえで欠かすことのできない、希望と楽観が感じられるようになります。マインドフルネスの実践で育まれる前向きな態度や受容の感覚が、困難を耐え抜く助けとなるのです［▼21］。

［結論］今この瞬間に意識を集中させる効果

今この瞬間に意識を集中させて、一切のジャッジなく、すべての感覚を受け入れるマインドフルネスには、精神的、身体的、そして社会的な幸福感を得るうえで、数えきれないほどの効果があります。

マインドフルネスの実践による、不安やうつの軽減、情動調整、集中力と注意力の強化、そして心理的な健康状態の促進は、科学調査により裏付けられています。さらにマインドフルネスは血圧の低下、免疫機能の強化、炎症の緩和、そして心血管系の健康増進など、身体面での健康ももたらします。

またマインドフルネスは、支え合うことができる仲間たちとの関係を育み、思いやりと博愛を促し、感情的な回復力を高め、メンタルヘルス全般を強化します。自身の生活にマインドフルネスを取り入れた人々は大きな人間的成長、心の安定、そしてより満たされ調和のとれた人生に向けて、可能性の扉を開くことになるのです。

ヨガの効果

ヨガは身体のポーズ、呼吸法、そして瞑想の組み合わせからなる、健康全般を促進するための霊的訓練法です。ストリーター（Streeter）らは定期的なヨガの実践により、不安の軽減と気分の高揚に関わる脳のガンマアミノ酪酸（GABA）レベルが高まることを発見しました。加えてロス（Ross）とトーマス（Thomas）は、ヨガは基礎体力、柔軟性、筋力などを強め、心身がよりよい健康を得る助けになると述べています。

五千年前からインドに伝わる訓練法

ヨガは、身体のポーズ、呼吸法、そして瞑想の組み合わせであり、健康全般を促進するための、古代から伝わる霊的訓練法です。ヨガは五千年ほど前のインドで始まり、異なるニーズや好みに応じてさまざまなスタイルに発展してきました。ヨガの健康効果は現在、膨大な量にのぼる科学調査の裏付けとともに、広く知られるところとなっています。ここでは多様な科学調査を参照し、ヨガが精神、身体、感情の健康に及ぼす効果に焦点を当てて、細かく見ていきます。

［心の健康1］不安・抑うつを軽くする

ヨガについてもっとも多く証明されている効果の一つは、不安と抑うつの症状軽減です。ストリーター（Streeter）ら［▼1］は定期的なヨガの実践が、不安の軽減と気分の高揚に関わる脳のガンマアミノ酪酸（GABA）レベルを高めることを発見しました。GABAは神経活動を抑制する神経伝達物質であり、身体を解きほぐし、不安を軽減します。

ピルキントン（Pilkington）ら［▼2］が行った抑うつに関する系統的レビューでは、ヨガが被験者のうつ症状を著しく緩和することがわかりました。これはヨガがもたらす身体的活動、リラクゼーション、そしてマインドフルネスの組み合わせによる効果とされています。

［心の健康2］ 感情のコントロールが上手にできる

ヨガは心身のつながりを強めるため、情動調整を容易にすることが証明されています。ディック（Dick）ら［▼3］の調査は、ヨガの実践が、感情を効果的にコントロールするうえで大切になる、マインドフルネスや、自分への思いやりにつながることを立証しました。こうした特性がストレスや感情的な困難に対する、健康的な反応を可能にします。

さらにグラナト（Granath）ら［▼4］は、ヨガがストレスのレベルを大幅に軽減し、情動調整を高め、メンタルヘルス面全般をよい方向へ導くことを発見しました。ペースが早く、誰もが慢性的なストレスを抱える現代世界では、こうしたストレス軽減効果がとりわけ役に立ちます。

［心の健康3］ 認知機能を高める

ヨガは注意力、記憶力、実行機能といった、認知機能も強化します。ゴーテ（Gothe）ら［▼5］が行った調査では、定期的にヨガを実践した高齢者の認知機能は、著しく改善されることがわかりました。脳の血流がよくなることと、認知機能を弱めるストレスホルモンの減少がその一因とされています。

さらにプラカシュ（Prakash）ら［▼6］は、ヨガの実践が脳機能と、脳が適応して再編成する能力である神経可塑性を高めることを立証しました。神経可塑性は認知機能の健康を維持し、加齢による認識力の低下を防ぐうえで極めて重要になります。

［身体の健康1］基礎体力を高める

ヨガには基礎体力、柔軟性、筋力などを強化する働きがあることで知られています。ロス（Ross）とトーマス（Thomas）［▼7］は、ヨガが筋力、柔軟性、持久力を強化することで、基礎体力を高めると記録しています。これは特に身体を動かすことが少ない人、また怪我からの回復中の人々にとり有益です。

さらにコーウェン（Cowen）とアダムス（Adams）［▼8］は、ヨガの実践が転倒を防ぎ、健康全般を維持するうえで必要不可欠なバランス感覚やコーディネーションを、著しく改善することを発見しました。これは特に、転倒やそれによる怪我のリスクが高い高齢者にとり重要になります。

〔身体の健康2〕慢性的な痛みを取り除く

ヨガは、腰痛や関節炎、線維筋痛などの慢性的な痛みを軽減することも明らかになっています。シャーマン（Sherman）ら〔▼9〕の調査により、ヨガは慢性腰痛の治療として効果があり、痛みを大幅に軽減し、身体機能を高めることがわかりました。ヨガによる身体の動き、リラクゼーション、そしてマインドフルネスの組み合わせが、こうした鎮痛効果をもたらすとされています。

さらにハーズ（Haaz）とバートレット（Bartlett）〔▼10〕が行った関節炎に関する系統的レビューとメタ分析では、ヨガが被験者の痛みを著しく軽減し、身体機能を強化することがわかりました。こうした発見は、ヨガが慢性疼痛の補完療法として役立つ可能性を示唆しています。

〔身体の健康3〕循環器系の健康増進

ヨガは心臓疾患の危険因子を減らすため、心血管系の健康にも貢献します。チュー（Chu）ら〔▼11〕のメタ分析により、ヨガの実践が血圧やコレステロール、肥満度指数

（BMI）などを大幅に低下させることがわかっています。これは心臓疾患を防ぎ、心血管系全般の健康を促進するうえで、極めて大きな意味を持ちます。
加えてパテル（Patel）ら［▼12］はヨガの実践により、心血管系の健康のマーカーである心拍変動が低下することを発見しました。これはヨガがもたらすストレス軽減、身体活動、そしてライフスタイル全般の変化といった組み合わせによる効果とされています。

［身体の健康4］免疫力を高める

ヨガはストレスを軽減し健康全般を促進することにより、免疫機能を強化することも証明されています。キーコルト・グレイザー（Kiecolt-Glaser）ら［▼13］の調査は、ヨガの実践がC反応性蛋白（CRP）やインターロイキン-6（IL-6）などの、炎症マーカーを減少させることを明らかにしました。炎症の低下が、免疫機能や健康面全般の強化に関連するとされています。

さらにバウアー（Bower）ら［▼14］は、ヨガの実践が抗体やその他の免疫細胞の生産量を増やすため、免疫反応が強化されることを立証しました。これは、感染症や疾病への抵抗力を強める助けとなります。

［感情面の効果］ 心の回復力を高める

ヨガはストレスや、感情的な困難に対する健康的な反応を促すため、心の回復力を促進します。ヴァン・デア・コーク（van der Kolk）ら［▼15］の調査により、ヨガの実践が感情的な回復力と、物事への対処能力を著しく進歩させることがわかりました。これは多くの場合、ヨガがもたらす身体の動き、リラクゼーション、そしてマインドフルネスの組み合わせによるものとされています。

さらにケン（Keng）ら［▼16］は、ヨガの実践が情動調整を高め、感情的な反応を減らすことを立証しました。その結果として自信と安定感を持って、困難を切り抜けられるようになります。

［生活の質1］ 社会とのつながりを育む

ヨガは多くの場合、仲間意識や帰属意識を育みます。これらは心の健康を保つうえで、必要不可欠な感覚です。ダグラス（Douglass）ら［▼17］の調査は、ヨガのグループの参加者は自分が社会的に支えられていると感じる傾向が強く、孤立感を持つことは少ないと指摘しました。こうした支援ネットワークは危機的状況に陥った時、とりわけ重要になります。感情面と現実面の両方で、助けになるからです。

また、ヨガの中でも特に、慈悲や思いやりに焦点を当てたものの実践は、社会性のある行動を促します。ライバーグ（Leiberg）ら〔▼18〕の研究は、ヨガの一形態である「慈悲の瞑想」を実践する人々は、思いやりや博愛の情を大きく示すことを発見しました。それにより社会との結びつきが強まり、自分には仲間がいて、助け合っているという感覚が深まります。

〔生活の質2〕生活の質全般を向上させる

ヨガは身体的、精神的、そして感情的な健康を促進するため、生活の質全般を向上させることが証明されています。ハートフィール（Hartfiel）ら〔▼19〕の調査により、ヨガの実践は身体的健康、メンタルヘルス、そして社会的機能を強化し、生活の質全般を著しく向上させることがわかりました。こうした効果は多くの場合、健康や幸福の多面性を扱う、ヨガのホリスティックな性質に関連付けられています。

さらに、スミス（Smith）ら［▼20］は、ヨガの実践が人生の満足度と充足感全般を強化し、より健康で幸福な人生へと導く助けになると立証しています。

［結論］ヨガを取り入れた人の幸せな人生

身体のポーズ、呼吸法、そして瞑想の組み合わせであるヨガには、精神的、身体的、そして社会的な幸福感を得るうえで、数えきれないほどの効果があります。

ヨガの実践がもたらす、不安や抑うつ症状の軽減、情動調整、認知機能の強化、そして心理的な健康状態の促進などは、科学調査により裏付けられています。

さらにヨガは基礎体力の向上、慢性的な痛みの軽減、心血管系の健康増進、免疫機能の強化など、身体面での健康にも役立ちます。

また、ヨガは感情的な回復力を育み、社会とのつながりを密にし、生活の質全般を高めます。自身の生活にヨガを取り入れた人々は大きな人間的成長、心の安定、そしてより満たされ調和のとれた人生に向けて、可能性の扉を開くことになるのです。

鍼灸の効果——エネルギーヒーリング1

エネルギーヒーリングは、肉体を包むエネルギーフィールドが健康や幸福に影響を及ぼす、という考えに基づいています。鍼灸や気功は、これらエネルギーの調整を目的としており、閉塞を取り除くことにより体内の調和を取り戻します。

身体の特定のポイントに細い鍼を刺し、エネルギーの流れを調整する鍼灸は、伝統的な中医学に不可欠な要素です。ヴィッカース（Vickers）らのメタ分析は、鍼灸が骨関節炎や偏頭痛、腰痛といった、慢性疼痛の治療に効果があることを明らかにしました。これは鍼が神経系を刺激するため、エンドルフィンやその他の痛みを和らげる物質が放出されることに関連付けられています。

鍼灸は「気」の流れを整える

伝統的な中医学（TCM）の基本要素である鍼灸には、二千五百年以上の歴史があります。鍼灸とは身体の特定のポイントに細い鍼を刺し、エネルギー、言い換えれば「気」の流れを調整することで、ヒーリングを促すという治療技術です。

鍼灸はさまざまな健康状態、とりわけ慢性的な痛みを扱ううえで、世界的に用いられています。本項では膨大な量にのぼる科学調査の裏付けをもとに、鍼灸が慢性疼痛、メンタルヘルス、そして健康面全般に及ぼす効果に焦点を当てて、細かく見ていきます。

［鎮痛効果1］骨関節炎

変性関節疾患である骨関節炎は、激しい痛みと障害を引き起こします。

鍼治療は骨関節炎の痛みの緩和に、効果があることが証明されています。ヴィッカース（Vickers）ら［▼1］のメタ分析は、鍼灸が骨関節炎を患う人々の痛みを著しく軽減し、機能を改善することを明らかにしました。鍼が神経系を刺激するため、エンドルフィンその他の痛みを和らげる物質が放出されることがその理由とされています。

さらにバーマン（Berman）ら［▼2］が実施したランダム化比較試験により、鍼治療を施術された膝関節症の患者は、偽の鍼治療を受けた人、もしくは何の治療も受けなかった人たちに比べ、大幅な痛みの軽減と関節機能の改善がみられたことが証明されています。これらの発見は、鍼灸が骨関節炎を治癒する可能性を強調しています。

［鎮痛効果2］偏頭痛と慢性疼痛

鍼灸は、偏頭痛と慢性頭痛の治療にも効果があります。リンデ（Linde）ら［▼3］が実施した系統的レビューとメタ分析により、偏頭痛の頻度と強さを軽減するうえで、鍼灸の効果は予防薬を用いた治療よりも高いことがわかりました。

アレー（Allais）ら［▼4］が行った他の調査では、慢性緊張型頭痛の患者に、鍼灸が長期的な鎮痛効果をもたらすことが証明されました。この調査では、鍼治療を経験した人々の頭痛の頻度と強さが、通常の医療を受けた患者に比べ著しく軽減されたことが報告されています。

［鎮痛効果3］慢性腰痛

多くの人が、慢性腰痛に効果のある医療を探し求めています。そしてこの分野における、鍼灸の治癒効果の高さはすでに証明済みです。チャーキン（Cherkin）ら［▼5］が大規模な調査を行い、鍼灸と従来型医療が慢性腰痛にもたらす効果を比べてみたところ、時間の経過とともに、鍼灸の方がより優れた鎮痛および機能改善効果を持つことが明らかになりました。鍼治療を受けた患者からの、痛みと機能状態の大幅な改善に関する報告が、鍼灸の慢性腰痛に及ぼす効能を立証しています。

加えてユアン（Yuan）ら［▼6］のメタ分析は、鍼灸が慢性腰痛を緩和することを確証し、補完療法としての価値ある役割を強調しています。

［効くメカニズム1］神経系を刺激する

鍼灸は主に神経系を刺激することで、治療効果をあげます。特定のつぼへの鍼の挿入が引き金となり、体内で作られる天然鎮痛剤のエンドルフィンが放出されるのです。ハン（Han）［▼7］は、この過程で活性化されるAデルタとC繊維が脊髄と脳に信号を送り、その結果として痛覚の調整と鎮静が促されると説明しました。

［効くメカニズム2］神経伝達物質のコントロール

鍼灸は、痛みの感知や気分の調整に大きな役割を果たす、神経伝達物質の制御にも影響を与えます。チェン（Cheng）［▼8］の研究により、鍼灸がセロトニンやドーパミンといった神経伝達物質のレベルを制御することが指摘されました。これらの物質は、痛み止めや心の健康に関わっています。神経伝達物質の制御が、鍼灸の全般的な鎮痛効果を助けているのです。

［効くメカニズム3］抗炎症効果がある

鍼灸は、慢性炎症に有益とされる抗炎症効果においても、力を発揮することが証明されています。ザイルストラ（Zijlstra）ら［▼9］の調査は、鍼灸が炎症反応に関わる分子である、炎症カイトサインのレベルを下げることを明らかにしました。炎症の緩和が痛みを軽減し、健康面全般を改善します。

［心の健康1］不安・抑うつを軽くする

鍼灸はとりわけ不安と抑うつの症状軽減に、著しい効果をみせます。スミス（Smith）ら［▼10］のメタ分析は、鍼灸に不安を和らげる効果があることを立証しました。鍼治療を受けた患者は、従来型医療や偽の施術を受けた人たちに比べ、大幅に不安のレベルが低下したことが報告されています。

加えてチャン（Zhang）ら［▼11］の調査により、鍼灸は抗うつ薬に比べ、うつ症状の緩和における実質的な効き目が高いことがわかりました。この調査は鍼灸がうつ症状を軽減するだけでなく、生活の質全般を向上させることも強調しています。

［心の健康2］感情のコントロールが上手にできる

鍼灸により自律神経系の働きが修正されるため、情動調整が容易になることも証明されています。フイ（Hui）ら［▼12］の研究は、鍼灸が交感神経系の活動を抑え、リラクゼーションや感情的なバランスを促す副交感神経の活動を高めることを指摘しています。その結果としてストレスや感情的な困難を、容易に処理できるようになります。

〔健康な生活1〕睡眠の質を向上させる

健康で幸福な生活には不可欠な睡眠の質を、鍼灸が向上させることがわかっています。チェン（Chen）ら〔▼13〕の系統的レビューは、鍼灸が不眠症の治療に役立ち、被験者は長時間、ぐっすりと眠れるようになったことを明らかにしています。良質な眠りは心身の健康を助け、生活全般の質を高めます。

〔健康な生活2〕免疫力を高める

鍼灸はまた、感染症や疾病への抵抗力をつかさどる免疫機能を強化します。カブッシ（Kavoussi）とロス（Ross）〔▼14〕の調査により、鍼灸が白血球細胞の生産量を増やし、免疫系の必須成分であるナチュラルキラー細胞の働きを強めることがわかりました。免疫機能を強化することで、全般的な健康状態と病気からの回復力が高まります。

〔健康な生活3〕ストレスを軽減させる

鍼灸がストレスを軽減し、リラックスを促進することは、広く知られています。ワン（Wang）ら〔▼15〕の調査は、鍼灸がコレステロールとストレスホルモンのレベルを下げ、リラクゼーションを高めることを明らかにしました。こうした効果は慢性的なストレスを処理し、生活全般の質を高める助けになります。

〔結論〕痛みの緩和、心の安定、そして生活の質が向上する

伝統的な中医学に不可欠な要素である鍼灸は、慢性疼痛を緩和し、メンタルヘルスを促進し、全般的な健康状態を向上させます。鍼灸が持つ骨関節炎、偏頭痛、慢性腰痛における効能は、科学調査により裏付けられています。また神経系を刺激し、神経伝達物質を制御し、抗炎症効果においても力を発揮するなど、鍼灸は健康を維持するうえで多くの可能性を秘めています。加えて不安や抑うつを軽減し、情動調整を高め、リラクゼーションを促すといった、メンタルヘルス面での著しい効果もあります。健康管理法として鍼灸を取り入れた人々は痛みの緩和、心の安定、そして生活の質の改善に向けて、可能性の扉を開くことになるのです。

気功の効果――エネルギーヒーリング2

鍼灸と同じように気功も、エネルギーの調整をして体内の調和を取り戻すエネルギーヒーリングです。

気功は運動、瞑想、そして呼吸法の組み合わせによりエネルギーを養い調和させるための、古代中国から伝わる訓練法です。ヤンケ（Jahnke）らの調査により、気功の実践は心血管系と呼吸機能を強化し、高血圧を抑え、免疫反応を高めるなど、身体的な健康に役立つことがわかりました。さらに気功はストレスや不安を軽減し、心を安定させるため、メンタルヘルスを改善することが証明されています。

古代中国からの医学、武術、哲学に根ざした訓練法

古代中国から伝わる訓練法である気功は、身体のポーズ、呼吸法、そして「気」と

いう言葉で知られる「生命力」の増強と調和に向けた意識の集中などが統合された、ホリスティックなシステムです。伝統的な中国の医学、武術、哲学に根ざした気功は、身体、精神、そしてスピリチュアル面での健康全般を強化します。ここでは確固たる科学調査の裏付けをもとに、気功が身体的な健康、メンタルヘルス、そして全般的な生活の質などに及ぼす効果について、深く探っていきます。

［身体の健康1］循環器系と呼吸機能を高める

気功は心血管系と呼吸機能を、著しく強化することが証明されています。

ヤンケ（Jahnke）ら［▼1］の包括的レビューにより、気功の実践は心拍出量を上げ、心拍数を減らし、血圧を下げる効果があるため、心血管系の健康を促進することがわかりました。その結果として心臓全体が健康になり、循環器疾患のリスクが軽減されます。

さらにいくつもの調査が、気功は呼吸機能を強化することを立証しています。チャン（Tsang）ら［▼2］が行った調査は、気功を実践した高齢者の肺気量と呼吸効率が、著しく改善することを証明しました。これはとりわけ喘息や慢性閉塞性肺疾患（COPD）

など、慢性的な呼吸器疾患を抱える人々にとり大きな価値を持ちます。

〔身体の健康2〕高血圧に効く

高血圧は、心血管系の疾患や発作を引き起こす主要な危険因子です。気功には、高血圧を落ち着かせる効果があることがわかっています。グォ（Guo）ら〔▼3〕のランダム化比較試験は、高血圧症患者の血圧を下げる際、降圧剤よりも気功の方が効果が高いことを明らかにしました。これは気功によるストレス軽減効果、そして自律神経系の調整によるものと思われます。

〔身体の健康3〕免疫反応を強くする

気功はまた、感染症や疾病を撃退する免疫反応を増強します。ヤン（Yang）ら〔▼4〕の研究は、気功の実践がリンパ球やナチュラルキラー細胞といった、免疫細胞の産生量を増やすことを立証しました。免疫機能を強化することで、全般的な健康状態と病気からの回復力が高まります。

［身体の健康4］ 筋力や柔軟性を高める

気功の緩やかな動きは、筋骨格系の健康に役立ちます。リー（Lee）ら［▼5］の調査により、気功の実践が筋力、柔軟性、バランス力などを強化し、高齢者の転倒や怪我のリスクを低減することがわかりました。こうした効果は老年人口の可動性と独立性を保つうえで、特に重要になります。

［心の健康1］ ストレスや不安を減らす

気功がストレスや不安を軽減することは広く知られています。ワン（Wang）ら［▼6］のメタ分析により、気功の実践がストレスのレベルを大幅に軽減し、不安の症状を緩和することがわかりました。こうしたストレス軽減効果は、気功が深呼吸、リラクゼーション、そしてマインドフルネスなどに重きを置くことに起因します。その結果として神経系が鎮まり、感情のバランスがとりやすくなります。

［心の健康2］ 心が安定する

気功は、感情面全般の健康を強化することが証明されています。チャン（Chan）ら

［▼7］の調査は、気功の習慣のある人々は人生に満足し、心が安定している傾向が強いことを明らかにしました。気功の瞑想的な側面が、内なる平和と感情的な回復力を育むため、困難への対処が容易になるのです。

［心の健康3］抗うつ効果がある

気功にはまた、抑うつ症状を緩和する効果もあります。イェウン（Yeung）ら［▼8］の系統的レビューにより、気功の実践は軽度から中等度のうつを患う人々の症状を、著しく軽減させたことがわかりました。気功のもたらす身体的な動き、瞑想、そして社会的相互作用が持つ抗うつ効果を、この調査は強調しています。

［認知的な効果1］高齢者の認知機能を高める

気功はとりわけ高齢者の認知機能を向上させることが、証明されています。ラム（Lam）ら［▼9］の調査は、定期的な気功の実践が、記憶力、注意力、実行機能といった、認知能力を高めることを立証しました。ストレス軽減、脳血流量の増進、そして神経可塑性の促進などがその理由とされています。

［認知的な効果2］認知症の進行を遅らせる

気功はまた、アルツハイマー病やパーキンソン病など、神経変性疾患を抱える人々の認知低下を遅らせる可能性を持っています。クォク（Kwok）ら［▼10］のランダム化比較試験により、軽度認知障害患者の認知低下の進行を、気功の実践が遅らせることがわかりました。この実験は、気功の持つ身体的、精神的、そして社会的側面に、神経を保護する作用があることを示唆しています。

［生活の質1］社会とのつながりを育む

気功は多くの場合、仲間意識や帰属意識を育みます。これらは心の健康を保つうえで、必要不可欠な感覚です。リー（Li）ら［▼11］の調査は、気功のグループの参加者は自分が社会的に支えられていると感じる傾向が強く、孤立感を持つことは少ないと指摘しました。こうした支援ネットワークは危機的状況に陥った時、とりわけ重要になります。感情面と現実面の両方で、助けになるからです。

［生活の質2］ 生活の質全般を向上させる

気功は身体的、精神的、そして感情的な充足感を高めるため、生活の質全般を向上させることが証明されています。ハートフィール（Hartfiel）ら［▼12］の調査により、気功の実践は心身の健康と社会的機能を強化し、生活の質全般を著しく向上させることがわかりました。これは多くの場合、健康や充足感に関わるさまざまな側面を扱う、気功のホリスティックな性質によるものです。

［生活の質3］ 長寿を促す

気功が長寿を促進する可能性をほのめかすような証拠もあります。チェン（Chen）ら［▼13］の縦断的研究は、気功の実践を習慣とする人々はそうでない人たちに比べ死亡率が低いことを明らかにしました。こうした効果は気功の身体的健康、精神的充足、そしてストレス軽減の組み合わせによるものと考えられています。

［結論］ 気功の数えきれないほどの効果

運動、瞑想、そして呼吸法の組み合わせである気功には、身体面、精神面、そして感情面での充足を得るうえで、数えきれないほどの効果があります。

気功の実践による心血管系と呼吸機能の強化、高血圧の低下、免疫反応の増強、そして筋骨格系の健康促進などは、科学調査により裏付けられています。

加えて気功はストレスや不安を著しく軽減し、心の健康を強化し、うつを緩和し、認知機能を高めます。

また気功は社会とのつながりを育み、生活の質全般を向上させ、長寿を促す可能性もあります。

自身の生活に気功を取り入れた人々は大きな人間的成長、心の安定、そしてより満たされ調和のとれた人生に向けて、可能性の扉を開くことになるのです。

調査研究がこれらの力を証明

霊性がメンタルヘルスに及ぼす影響は深く、多面的です。霊的世界はたいへんに私的かつ超越的な経験であり、癒しと意義を希求することのできる、物質世界を越えたユニークな聖域です。霊性を体現するための訓練である、瞑想、祈り、マインドフルネス、ヨガ、そしてエネルギーヒーリングは、メンタルヘルスを強化するパワフルな手段として役立ちます。これらの訓練は、人と宇宙との結びつきを深めることで精神的な健康を育み、目的意識と帰属意識を植え付けます。

スピリチュアルな訓練の効果いろいろ

瞑想は古代からの霊的な伝統に根ざしており、内面への旅を助け、マインドフルネスや情動調整を促進します。心を落ち着かせ、今この瞬間に意識を集中させることでネガティブな思考パターンが弱まり、不安や抑うつ症状が軽減されます。

また祈りは、宗教的な枠組み内のもの、または超自然的な力と個人的に交わるためのもの、その双方が慰めをもたらし、ストレスを和らげ、一体感を強めます。反省と内観の規律正しい時間は、宇宙における自身の目的や居場所など、深遠な事柄を理解する力を育みます。

マインドフルネスは、一切のジャッジなしに今この瞬間に意識を保つ訓練です。ストレスとの付き合いが容易になり、物事を柔軟に認識できるようになるため、不安や抑うつに著しい効果があります。

ヨガは身体のポーズ、呼吸法、そして瞑想の結合体です。身体面での健康を促進するだけでなく、リラクゼーションや不安の軽減に関わる神経伝達物質のレベルを高めることで、精神面の健康も向上させます。

鍼灸、気功、レイキなどのエネルギーヒーリングは、身体のエネルギー調整が健康と充足感を促すという仕組みによって効果を表します。これらの実践は痛みを緩和し、ストレスを軽減し、全般的な心の健康を向上させることが証明されています。特に運動と瞑想と呼吸法の組み合わせである気功は、エネルギーを養い、調整し、心身両面における健康を促進することが立証されました。

これらの霊的実践は、逆境からの回復力を意味する「レジリエンス」を構築するうえで、極めて重要な役割を果たします。霊的な信念は試練を理解し、受け入れるための枠組みとなり、ストレスやトラウマを処理する能力を高めます。また、試練をきっかけとして精神的に好ましい変化を遂げることを意味する心的外傷後成長が、霊的な習慣により促されることがよくあります。人としての力が増し、周囲との関係が良好になり、生きることに対する認識が深まるのが、心的外傷後成長の特徴です。

さらに霊性は良好な人間関係と、仲間意識を育みます。思いやり、許し、博愛などの価値に重きを置くことから、人との絆を強め、支えとなるような社会的ネットワークが作られるのです。孤独感や分離感を軽減し、メンタルヘルスに必要不可欠な感情的および現実的なサポートを得られることが、霊性の持つ社会的側面です。

日常の暮らしに取り入れていこう

日常生活と霊性を統合させた人々は、深遠な人間的成長を遂げる可能性の扉を開くことになります。霊性は感情を安定させ、心理的な健康状態を向上させ、ストレス対処に効果的なメカニズムをもたらすため、人生が調和し満たされたものになります。霊性が持つ変革力は人を自分よりも偉大な何かへとつなげ、内なる平和、レジリエンス、そしてホリスティックな健康への道に誘うのです。

結論として、霊性がメンタルヘルスに及ぼす多面的な効果は、膨大な量の科学調査により裏付けられています。霊的な習慣を取り入れることで、バランスよく調和した状態、目的豊富な人生、心の安定、奥深い人間的成長などが得られます。社会が霊的幸福の重要性を認め、取り入れ続ければ、これらの訓練と日常生活の統合により全般的な生活の質が向上することは間違いありません。それはより思いやり深く、溌溂として、健康的な世界へと続くはずです。

第4章

スピリチュアルの科学

——アントワン・シュバリエ

実践効果は科学的にどう説明されているのか？

霊性と科学の交差点は、長い間強い興味や探究の対象となってきました。霊的世界が私的で形而上学的な経験という色眼鏡で見られることが多い中、科学は霊的実践と測定可能な健康効果の相関性を見出すための調査に乗り出しています。

本章では霊性とホリスティック医療をつなげる証拠を提示し、量子物理学、神経生物学、そして形而上学などの分野が果たす役割を、掘り下げて見ていきたいと思います。

［ホリスティック医療］瞑想やマインドフルネスがプラスに働く

ホリスティック医療とは、人間は肉体、精神、魂、心からなり、それらが総体的に最良の状態の健康とウェルネスを探求している、と考える健康法です。瞑想、祈り、そしてマインドフルネスなどの霊的な習慣が、ホリスティック医療のさまざまな側面において、プラスの影響をもたらすことが証明されています。

[メンタルヘルス] 不安や抑うつになりにくい

霊的な習慣がメンタルヘルスに及ぼす影響の大きさについては、いかなる研究も結論は同じです。ケーニッヒ(Koenig)ら[▼1]のメタ分析は、霊的実践の習慣がある人々は、不安や抑うつを患う割合が低いことを立証しました。これは瞑想や祈りなどが心を落ち着かせ、平和な気持ちや回復力をもたらすことに起因するとされています。

[身体的健康] 血圧を下げ、免疫力を上げる

霊性はまた、身体的な健康の促進と相関しています。パウエル(Powell)ら[▼2]の調査は、霊的な実践が血圧を下げ、循環器疾患のリスクを減らし、免疫機能を強化することを明らかにしました。これは霊性の持つストレス軽減効果によるもので、身体的な慢性ストレスが心理面に及ぼす影響を和らげます。

［社会的、感情的な効果］孤独感が減り、充足感が増える

霊性は多くの場合、仲間意識や帰属意識を育みます。それらは心の健康を保つうえで、必要不可欠な感覚です。ヴァンダーウィール（VanderWeele）［▼3］は霊性が、人とのつながりや支え合いを感じられるような、社会的ネットワーク作りの助けとなることを指摘しています。こうした社会的側面により孤独感や分離感が軽減され、充足感の向上を可能にします。

［量子物理学と霊的教え］量子もつれと非局所性が示すこと

もっとも基本的なレベルの物質やエネルギーを扱う量子物理学を勉強すると、現実の本質は霊的な概念に合致しているという、面白いものの見方ができるようになります。量子もつれと非局所性は、粒子が古典的な物理学の限界を超越した方法で相互接続できることを示唆しています。これはつながり合いやワンネス（すべては一つであるという考え）などに関する、霊的な観念と共鳴しています。

「量子もつれ」霊的な考え方との共通点

量子もつれとは、粒子は互いに深くつながり合っており、どれほど遠く離れていても、一つの粒子の状態が、他の粒子の状態に即座に影響する現象のことです。この概念は、すべての存在は一つであると説く、霊的な教えに平行するものです。空間や時間に関する従来の私たちの理解よりもさらに深く、つながり合った現実が根底に存在していることを、量子もつれは暗示しています［▼4］。

量子もつれは、「ベルの定理」に基づく多くの実験で検証されています。局所的な隠れた変数理論では、量子力学的な予測をすべて再現することはできませんでした［▼5］。非局所的なつながりは、宇宙のあらゆる要素が意志を持ち、他のすべての部分とつながっているという、霊的な考え方における普遍的意識に共鳴します［▼6］。

「粒子と波動の二重性」「魂やスピリットと肉体が共存する」と同じこと

粒子と波動の二重性とは、量子力学のもう一つの基本原則であり、電子などの粒子は、粒子のような性質と波のような性質の両方を併せ持つと仮定する学説です。

これは現実には物質的次元と非物質的次元が存在するという、霊的な考え方を映し出しています。粒子の二面性は、魂やスピリットが物理的肉体と共存しているという概念を、あたかも科学が模倣したかのようです［▼7］。

有名な二重スリット実験は、電子などの粒子は観察者がいない時には干渉縞（正確には波）をみせるものの、観察者がいると粒子のように振る舞う、という粒子と波動の二重性を説明しています［▼8］。この実験は、観測そのものがシステムの物理的状態に影響する可能性を示しており、非常に大きな意味合いを持っています。多くの霊的な伝統における、意識が現実を形作るという概念に酷似しているのです［▼9］。

［神経生物学による調査］脳画像で観測できる

神経生物学は神経系と行動の関係性を調べるもので、霊的な体験の生物学的基盤もここに含まれます。脳画像化技術の進歩により、霊的実践がどのように脳機能や健康全般に影響を与えるかなど、神経系との相関を科学者が観測できるようになりました。

［霊性に関わる脳の領域］前頭前皮質、頭頂葉、大脳辺縁系が活性化

機能的磁気共鳴画像法（fMRI）による調査は、前頭前皮質や頭頂葉、大脳辺縁系などいくつかの脳領域が、霊的な体験中に活性化されることを確認しました。これらの部分は注意力、自己認識、そして情動調整など、認知プロセスに関係しています［▼10］。

前頭前皮質は、計画や意思決定に関わっており、瞑想や祈りの最中に活動量が増えることがわかっています。これは情動調整や認知制御などの高まりを示しています［▼11］。

頭頂葉は感覚情報の統合を担っており、深い瞑想状態にある時に活動が弱まります。これは自意識が低下し、一体感が増すためだという見方があります［▼12］。

大脳辺縁系は、感情をつかさどっています。多くの人が霊的実践中に、深遠な感情を経験したという報告を寄せています［▼13］。

［神経可塑性の強化］瞑想習慣のある人は記憶力・学習力が強くなる

神経可塑性とは、脳神経は生涯を通じて新しい接続を形成し続ける、つまり脳には自己再編成能力があるということを意味します。瞑想などの霊的実践は神経可塑性を高め、脳の構造や機能に長期的な変化をもたらすことが証明されています。
また、長年にわたる瞑想の習慣がある人は、学習、記憶、情動調整に関わる脳の領域に、灰白質密度の増加がみられることも立証されています[▼14]。

霊的実践による神経可塑性の強化は、人は心理的及び感情的な健康を促進する同じ方法で、自らの脳の構造体を作り変えられることを意味しています。[▼15]。特にマインドフルネス瞑想は、記憶と学習に不可欠な海馬の皮質厚を増強し、ストレスや恐れの処理に関わる扁桃体の体積を減少させることが証明されています[▼16]。

[神経伝達物資とホルモン] ストレスレベルを下げるヨガ、マインドフルネス

霊的な習慣は、気分や幸福感全般に影響する神経伝達物質とホルモンの産生に影響します。例えば瞑想は、幸福感ややりがいに関わる、セロトニンやドーパミンといった神経伝達物質のレベルを高めることが証明されています[▼17]。加えてヨガやマインドフルネスの実践は、ストレスホルモンであるコルチゾールのレベルを軽減することができます[▼18]。

霊的実践によるこれら神経伝達物質やホルモンの調整は、幸福感の向上、不安感の

軽減、そして心の安定促進といった心理的効果があることが、生化学的な根拠のもとに報告されています［▼19］。またマインドフルネスを用いたストレス軽減（MBSR）プログラムは抗体産生量を増やし、炎症マーカーを減らし、炎症反応を高めることが可能であることが、数々の調査により指摘されています［▼20］。

［結論］統合的なアプローチがメカニズムの理解を深める

霊性と科学の交差点は多彩な分野で調査されており、霊的な習慣がホリスティック医療に及ぼす影響を理解する手掛かりをもたらします。

量子物理学、神経生物学、そして形而上学における発見を統合することで、霊性が健康に及ぼす影響のメカニズムに対する理解を深めることができます。こうした統合的なアプローチは、人間の健康に関する私たちの知識を豊かにするだけでなく、精神、肉体、そして魂の深遠なつながりを浮き彫りにしています。

量子もつれと霊的な教えについての調査研究

量子力学の基本概念である量子もつれは、現実の本質について深く考える手掛かりとなります。これは古典的な物理学には対立するものであり、つながり合いやワンネスといった霊的な教えと共鳴しています。ここでは量子もつれという現象と、その科学的な考察や霊的な概念との相似について、量子物理学、神経生物学、そして形而上学との交差点を掘り下げながら、広く見ていきたいと思います。

量子もつれとは何か？

量子もつれとは、粒子のペアや集団が生成されたり、互いに影響を与えたり、近くに存在することにより発生し、各粒子の量子状態が他の粒子の状態とは無関係なものとして説明できなくなる現象です。これは、もつれた一つの粒子は、何光年離れていたとしても、他のすべての粒子の状態に影響を与えるという筋書きへと導かれます。こうして互いにつながり合った状態は、計測により波動関数が確定状態になるまで続きます［▼1］。

おびただしい数の実験による証拠

量子もつれの真実性は、おびただしい数の実験で確証されています。もっとも有名な実験は、アラン・アスペ（Alain Aspect）と彼のチームが1982年に行った「アスペの実験」です。彼らはペアになる写真をいくつか用い、それらの測定値がベルの不等式を破ることを立証しました。これは、量子もつれの非局所的な本質の裏付けとなります［▼2］。

この実験、そしてこれに類似した数々の実験は、宇宙というものに対する私たちの空間的、因果性的な理解を根本から揺るがす量子もつれの現象を、力強く経験的にサポートしています。

さまざまな論理的な考察がある

量子もつれに関する考察は、物理学の範囲をはるかに超えて広がっており、現実、因果性、そして情報の本質に関するそもそもの疑問のありようにまで話が及んでいます。量子もつれは、粒子が瞬時に互いに対し影響を与え合う可能性を示唆しており、光の速度を超える形でのコミュニケーション能力を持つことを暗示しています。これはコペンハーゲン解釈、多世界解釈、パイロット波理論など、多岐にわたる量子力学上の解釈へと発展し、量子もつれの根底にある事実について、それぞれが独自の見解を示しています[▼3]。

[共鳴1] スピリチュアルな教えとの合致

量子もつれの概念は、すべての生命と宇宙とのつながりに重きを置く霊的な教えに合致するものです。仏教の相互依存の原理(Pratityasamutpada)は、すべての現象は相関し、互いに依存し合っていることを示唆しています。同様にヒンズー教では、すべての存在が一つであると、万物の根底にある究極的な真実とされるブラフマンの概念をもとに語られています〔▼4〕。

〔共鳴2〕意識は皆つながり合っている

どれほど遠く離れていても、粒子は瞬時に互いに対し影響し合う、という量子もつれの非局所効果は、意識の統一場に関する霊的な観念に共鳴します。これはさまざまな神秘主義的な伝統に広く知れわたった考えで、意識とは個々人の存在に限定されるのではなく、より広大でつながり合った全体の一部であると提唱するものです。意識の統一場は、精神が物理的な境界線を超越できることを示唆しており、量子力学で観測される非局所的な相互作用に合致しています〔▼5〕。

〔共鳴3〕空間を超えてつながるテレパシーと遠隔透視

霊的および形而上学的な研究論文では、テレパシーや遠隔透視などの現象が、統一場が存在する証拠としてよく引き合いに出されます。テレパシーとは通常の五感を使わずに個人の間で思考や情報を伝達すること、そして遠隔透視とは離れた場所や目に見えない対象物についての情報を知覚することです。これらは意識の持つ相関的な性質によるものと考えられており、空間を超えて即座につながり合う、量子もつれの実験的な確認に裏付けられています［▼6］。

［哲学的意味1］観測することが結果に影響する

量子もつれは、測定行為そのものが観測結果に影響することを示唆しました。これは現実や観測に関する古典的な観念に対し、異議をとなえるものです。この考えは量子力学のコペンハーゲン解釈に反映されており、スーパーポジションという状態で存在している粒子は、観測された時点で波動関数が崩壊することで、確定状態になると仮定しています。観察者と観測結果の間に存在するこうした相互作用は、深い哲学的な考察をもたらし、現実は意識や認識によって形作られるという霊的な教えを反復しています［▼7］。

［哲学的意味2］時間と空間の真実

量子もつれの非局所的な本質は、時間と空間に関する私たちの従来の観念に対立しており、現実はもっと流動的、かつ相関的な作りになっていることを指し示しています。霊的な伝統では昔から、時間と空間は人間の意識の構造物であり、真の現実はこうした制限の向こう側にあると言われています［▼8］。

［量子ヒーリング1］深い癒しにつながるメカニズム

量子ヒーリングは、量子レベルでの変化が身体的、そして心理的な深い癒しにつながるという仮定のもとに成り立っています。これはディーパック・チョプラ（Deepak Chopra）が普及させた概念で、意識や目的の作り変えが私たちの量子場に影響を及ぼし、癒しを促すことを示唆しています。この考えは、精神と肉体は量子エネルギー場を通じてつながり合っており、意図と認識に焦点を当てさえすれば、身体的な健康を好転させられることを意味しています［▼9］。

［量子ヒーリング2］意識が健康に影響を及ぼす科学的な根拠

量子ヒーリングは今なお物議の対象とされていますが、その中心となる概念は論理的で、量子力学で観測された原理と、信念が健康状態に著しく影響するというプラシーボ効果を利用したものです。精神が肉体に大きな影響力を持つことは、数々の調査により証明済みですが、その根底には量子力学の働きがあるのかもしれません。これは、ポジティブシンキング、視覚化、心身のつながりなどが健康と幸福に及ぼす力を強調する、霊的な教えと一致しています［▼10］。

［熱力学1］エントロピーとネゲントロピー

熱力学において、エントロピーとはシステムの無秩序もしくはランダム性の尺度のことです。一方ネゲントロピー（ネガティブなエントロピー）とは、無秩序から秩序が生まれる過程を言います。これらの概念はエネルギーと情報の流れや組織化を理解するうえで、とても重要になります。また情報理論におけるエントロピーは、情報の不確実性や複雑性を測定し、ネゲントロピーは秩序と予測可能性の度合いを示します［▼11］。

［熱力学2］宇宙も人も混沌から調和へ向かう

エントロピーとネゲントロピーの間にみられる相互作用は、成長、進化、そして混沌からの秩序の出現などに関する霊的な見解に共鳴します。多くの霊的な伝統は、人生はより高い秩序や意識状態へと向かう旅と教えています。無秩序から秩序、混沌から調和へと向かう過程は、悟りや自らのハイヤーセルフの認識へと向かう、霊的な道を反映しています。この動きは、宇宙がさらなる複雑性と組織化へと向かう傾向にあることを反映しており、物理的領域と霊的領域の間にあるつながりの深さを示唆していますⅰ[▼12]。

〔結論〕科学とスピリチュアルの橋渡し

量子もつれは深遠で、多くの研究対象とされてきました。この現象は古典的な物理学に対立しており、相関性やワンネス、そして現実の基本的性質に関する霊的な概念と深く共鳴しています。

量子力学と霊的な教えの類似点は多くの分野で調査されており、科学と霊性の橋渡しをしています。量子物理学と霊性の交差点を調べることで、私たちは存在、意識、そして万物のつながり合いとなどについて、より包括的な理解を得られるのです。

量子物理学、神経生物学、形而上学における調査研究

もっとも基本的なレベルの物質やエネルギーを扱う量子物理学を勉強すると、現実の本質は霊的な概念に合致しているという、面白いものの見方ができるようになります。

量子もつれや非局所性といった量子力学の原理は、粒子が古典的な物理学の限界を超えた方法で相互接続できることを示唆しています。これはつながり合いやワンネスなどに関する、霊的な観念と共鳴しています。

［量子もつれ1］ 量子力学における驚くべき現象

量子もつれは量子力学における基本であり、たいへんに興味深い現象です。これは粒子は互いに深くつながり合っており、どれほど遠く離れていても、一つの粒子の状

態が、他の粒子の状態に即座に影響するという概念です。この注目すべき特性は、空間と時間に関する従来の私たちの理解に疑問を投げかけるものであり、より深く、一体的な事実が物事の根底には存在することを示唆しています。

量子もつれの概念は、万物のつながり合いを強調する多くの霊的な教えに合致し、宇宙のすべてが基本レベルでは一つであることを提唱しています。

【量子もつれ2】「EPRパラドックス」と「ベルの定理」

量子もつれの理論的基盤は、アルバート・アインシュタイン（Albert Einstein）、ボリス・ポドルスキー（Boris Podolsky）、ネイサン・ローゼン（Nathan Rosen）による1935年の論文で初めて紹介され、一般に「EPRパラドックス」として知られています。

もつれた粒子について予測された相関性が、局所性の原理（物体は身近な環境によってのみ影響を受けるという考え方）に反しているように見えたため、量子力学が不完全である可能性を彼らは主張しました［▼1］。これが今日「EPRパラドックス」として知られる論述へと導かれ、量子力学が物理的現実を完全に説明できるかどうかを問うことになったのです。

ジョン・S・ベル（John S. Bell）は後に「ベルの定理」と呼ばれる、量子力学的な予測を局所的な隠れた変数理論と比較して検査する方法を、1964年に公式化しました。そして局所的な隠れた変数理論では、量子力学的な予測をすべては再現できないことが「ベルの定理」により立証され、量子もつれの非局所的な性質を裏付けました［▼2］。この理論的枠組みは、後にもつれの存在を確定することになる、数多くの実験の布石となります。

［量子もつれ3］実験によって非局所的なつながりが立証

ベルの不等式に基づく多くの試験が行われた結果、量子もつれは実験的確認に至りました。中でも特筆すべきものの一つが、アラン・アスペ（Alain Aspect）とそのチームが指揮した1982年の実験です。彼らはペアになる写真をいくつか用い、それらの測定値がベルの不等式を破ることを立証しました。これにより、量子力学で予測される非局所的なつながりが確認されます（263ページ）。これらの実験は、量子もつれの存在についての強固な経験的根拠となり、量子の世界に対する私たちの理解に莫大な影響を与えました。

［量子もつれ4］私たちが信じてきたことへの影響

量子もつれは空間、時間そして現実の本質そのものに関する私たちの理解に、深い含みを持たせます。もつれた粒子に観測される非局所的なつながりは、空間や時間についてのこれまでの考えが、根本から間違っている可能性を示しています。深く根底に隠れていた「すべてのものはつながり合っている」という事実とともに、空間と時間はまったく新しい特性を露わにすることになるかもしれません。

こうした見解は、万物のつながり合いと一体性を説く、多くの霊的および哲学的な伝統に共鳴します。例えばデビッド・ボーム（David Bohm）は著書『量子論』で、「含意秩序」という考えを提唱しました。これは観測可能な現象「明示的秩序」が現れるよりも、深いレベルに存在する現実という意味です。ボームの解釈は、宇宙のすべての部分は本質的につながり合っているという概念に一致します［▼3］。

［量子もつれ5］物理学を越えてスピリチュアルな教えにつながる

量子もつれの概念は、すべての生命と宇宙のつながり合いに重きを置く霊的な教えに合致するものです。多くの霊的な伝統は、個々の意識はより大きく普遍的な意識の一部であると提唱しています。情報や影響は物理的な境界線を超えるという、もつれの非局所的な性質は、統一意識場の考えに共鳴します。

量子力学と霊性の交差点は、意識や現実の本質を調査するための、新たな道を開きました。これは、科学的な視点と霊的な視点を統合することで、私たちの宇宙に対する理解が深まり、存在に関するより包括的な見方が得られる可能性を示しています。

量子もつれは魅力的な現象で、空間や時間に関する私たちの伝統的な観念に疑問を投げかけ、その根底にはより深く統一された現実が存在することを示唆しています。理論的展開と実験的確認を通じ、量子もつれは量子力学の基本的側面として確立されました。その意味合いは物理学を越え、すべてはつながり合い、一つであるという霊的な教えに共鳴しています。量子力学と霊性の交差点を調べることで、私たちは意識と現実の本質に関するより豊かな知識が得られるのです。

〔粒子と波動の二重性1〕粒子が波動の性質を持つという原理

粒子と波動の二重性は、量子力学の土台となる原理であり、顕微鏡レベルでの粒子の二重性を明らかにしたものです。この原理は電子などの粒子が、実験条件に応じて粒子のような性質と波のような性質の両方を示すことが可能であると強く主張しています。この概念は、粒子と波動を別個の存在として扱う古典的な物理学に異議をとなえるものであり、物質とエネルギーの本質についてのより微妙な理解を提案しています。

［粒子と波動の二重性2］光での立証から粒子での定式化へ

波動と粒子の二重性は、19世紀初頭のトーマス・ヤング（Thomas Young）の二重スリット（細い隙間）実験から着想を得たもので、光が波動性を持つという経験的な証拠をもたらしました。ヤングは二つの隣り合ったスリットを光が通り抜ける際、波動の特徴的な振る舞いである干渉パターンの生成が可能であることを実証しました。この実験は、１８０４年のBakerian Lecture（ベーカー講義）で発表され、光は粒子であるとする説に疑問を投げかけ、特定の条件下では光が波としての振る舞いを見せると示唆しました［▼4］。

20世紀初頭には量子力学の発展により、粒子の本質に関する新しい手掛かりが生まれました。ニールス・ボーア（Niels Bohr）の貢献は、中でも特に重要なものです。ボーアは電子などの粒子は波のような振る舞いを見せると提唱し、量子仮説を定式化しました。ボーアは、粒子と波動の特性は同じ現象の補完的な側面を持つため、粒子の二重性は相補性の概念で理解できるとしています［▼5］。

［粒子と波動の二重性3］二重スリット実験での粒子の奇妙な振る舞い

二重スリット実験は今なお、粒子と波動の二重性の重要な証拠の一つとされています。

電子などの粒子が、二つのスリットを持つ障壁に向けて発射されると、障壁の後ろのスクリーン上に、波動の特質である干渉パターンを生成します。けれども電子がどのスリットを通過するかを誰かが観察しようとすると、干渉パターンが消えて電子は粒子のように振る舞うのです［▼4］。この現象は、観測そのものが粒子の振る舞いに影響し、波動関数を崩壊させて確定状態にすることを示唆しています。

ジョン・アーチボルド・ウィーラー（John Archibald Wheeler）の遅延選択実験は、二重スリット実験に関する考察の幅を大きく広げました。

ウィーラーは観察者の決意が、現在だけでなく過去の粒子の状態にまで影響を与えることが可能であると提唱しました。これは観測と現実の間にある、相互作用の複雑さを強調しています。この実験は時間と因果性についての私たちの理解に対し、量子力学が与える含みの深さを明確に示しています［▼6］。

［粒子と波動の二重性4］コペンハーゲン解釈と多世界解釈

粒子と波動の二重性は、量子力学の領域内だけでも、多岐にわたる解釈を導き出しました。

コペンハーゲン解釈は、主にニールス・ボーア（Niels Bohr）とヴェルナー・ハイゼンベルク（Werner heisenberg）により展開され、粒子は観測されるまで特性が確定しないと仮定されています。観測前の粒子はスーパーポジションという状態で存在しており、その振る舞いは測定行為によって決定されます［▼5］。

ヒュー・エヴェレット（Hugh Everett）が提唱した多世界解釈では、量子測定のすべての可能な結果が、離れ、枝分かれした宇宙において現実化されることを示唆しています。この見解では粒子と波動の二重性は観察者の視点がもたらす結果であり、枝分かれした宇宙では、波動関数の違いによりそれぞれ異なる現実が反映されるとしています［▼6］。

［粒子と波動の二重性5］この基本原理に酷似しているスピリチュアルの教え

量子力学における粒子の二重的な性質は、現実には物質的と非物質的、両方の次元が共存していると強調する、多くの霊的な教えと一致します。多くの霊的な伝統において、物理的な肉体は、魂やスピリットなど多面的な存在の一部とされています。これは量子力学において、粒子が状況次第で具体的な性質と抽象的な性質の両方を示すことが観測された、粒子と波動の二重性に酷似しています。

二重スリット実験が暗喩するものと、現実を形作るために観測が果たす役割は、宇宙では意識が基本的な役割を果たすという霊的な概念に共鳴します。現実は観測に影響されるという考えは、私たちの経験や物質世界は意識により形作られているという教えに一致しています。量子物理学と霊性の融合は、存在のより深い本質、そして心と物質の相互作用を理解するための、多彩な探究の場をもたらします［▼4］［▼6］。

粒子と波動の二重性は、量子力学の基本原理であり、複雑で二重的な粒子の性質を明らかにするものです。歴史上の実験と理論的な発展を通じて、この概念は古典的な物理学の見解に異議をとなえ、現実の本質を深く理解するための手掛かりをもたらしました。粒子と波動の二重性と霊的な教えの相似は、物理的次元と非物理的次元のつながり合いを際立たせ、宇宙における私たちの経験を創造するうえで、意識と観察が果たす役割の大きさを示唆しています。

［神経生物学1］神経系と行動との関係を探る

神経生物学は神経系と行動の関係性を調べるもので、霊的な体験の生物学的基盤もここに含まれます。脳画像化技術の進歩により、霊的実践がどのように脳機能や健康全般に影響を与えるか、神経系との相関を科学者が観測できるようになりました。

［神経生物学2］スピリチュアルに関わる脳の3つの領域

近年、機能的磁気共鳴画像法（fMRI）を使用した、霊性の神経基盤に関する調査が大きな注目を集めています。これらの調査により、霊的な体験中に活性化する、いくつかの重要な脳領域が特定されました。主な関心を得ている領域は前頭前皮質や頭頂葉、そして大脳辺縁系です。これらは注意力、自己認識、情動調整、感覚統合など、さまざまな認知プロセスにおいて重要な役割を果たす領域です。

【神経生物学3】瞑想や祈りで活発になる「前頭前皮質」

前頭前皮質は複雑な認知行動、意思決定、そして節度ある社会的行動などに関わる、脳の前部の領域です。また人間性の成長や、複雑な認知行動を計画するためにも不可欠です。

ｆＭＲＩの調査により、瞑想や祈りの間、前頭前皮質が非常に活発になることが証明されています。こうした活動の増加は、霊的な習慣が自己調整と認知制御を向上させることを示しています。

ニューバーグ（Newberg）とダクィリ（d'Aquili）[▼7]によると、霊的実践中の前頭前皮質の活動の高まりが、集中力や心の安定を得るために役立つ可能性があるそうです。加えてラザール（Lazar）ら[▼8]により、長年にわたる瞑想の習慣がある人は、前頭前皮質の皮質厚に増加がみられることが明らかになりました。これは霊的な習慣の持続が、長い時間をかけて神経可塑性を変化させることを示しています。

［神経生物学4］ 瞑想状態で活動が弱まる「頭頂葉」

頭頂葉は脳の上部と後部に位置しており、身体のさまざまな部分からの感覚情報の統合、空間認識、そして言語の処理などに、重要な役割を果たしています。深い瞑想状態にある時、頭頂葉、特に後部上頭頂小葉の活動が弱まることが、ｆＭＲＩ調査で証明されています。これは自意識が低下し、周囲との一体感が増すためだと信じられています。デビッドソン（Davidson）とルッツ（Lutz）［▼9］はこの現象を、瞑想体験の重要な側面と説明しており、自己と外部環境との境界が曖昧になるため、つながり合いやワンネスの感覚が促進されることに起因すると述べています。

［神経生物学5］ 感情の脳「大脳辺縁系」

大脳辺縁系はしばしば「感情の脳」と呼ばれ、扁桃体、海馬、視床下部などの構造を含みます。このシステムは感情の処理、記憶の形成、そして感情的な刺激に応じて自律神経系および内分泌機能を調節するために必須です。

霊的な習慣は大脳辺縁系に、たいへんよい影響を及ぼすことが証明されています。

ボーリガード（Beauregard）とオリアリー（O'Leary）［▼10］は、瞑想や祈りなどの活動は深遠な感情的体験を引き起こすことがあると指摘しており、それはしばしば平和、喜び、そして高次の力や宇宙との深い一体感などと描写されると述べています。このような感情的体験は、大脳辺縁系の変化によるものと考えられており、霊的な習慣が情動調整と幸福感全般に、非常に大きな影響を与えることを示唆しています。

［神経生物学6］3つの領域が統合的に果たす役割

霊的な実践中にみられるこれら脳領域の連動性は、霊的体験の複雑な性質を明示しています。前頭前皮質の役割は認知制御と自己調整で、それが頭頂葉がつかさどる感覚統合、そして大脳辺縁系がつかさどる感情への影響とうまく組み合わさり、脳内で霊性を理解するためのネットワーク的アプローチを展開しているのです。このネットワーク的な活動は、精神、肉体、そして魂の統合を語る、ホリスティックな霊的視点に一致します。

さらにこれらの発見は、霊的実践の習慣が長期的な神経可塑性の変化へとつながり、脳機能と心の健康を強化する可能性があることを示唆しています。ラザールら［▼8］

が発見した、長年にわたる瞑想の習慣がある人にみられる前頭前皮質の皮質厚の増加は、継続的な霊的実践が、脳の構造と機能に耐久性のある変化をもたらす可能性の証とされています。

霊性の神経基盤は、ｆＭＲＩ調査で明らかにされたように、前頭前皮質、頭頂葉、大脳辺縁系が果たす役割の大きさを強調しています。これらの領域は認知、感覚、そして感情的な次元における霊的体験のために、共同作業をしているのです。自己調整能力を育み、自意識を低下させ、幸福感を高めることにより、霊的な習慣はメンタルヘルスに多面的なアプローチをもたらします。未来の研究では霊的な体験中にみられる、これらの脳領域が互いに対し影響し合うメカニズムについて、さらに深く解明されるはずです。それらは脳の健康や幸福感全般に対して霊性が及ぼす効果を理解するうえでの、手掛かりとなることでしょう。

［神経可塑性１］脳が生涯を通じて変化する能力

神経可塑性とは、新しい神経接続を形成することにより、生涯を通じて自らを再編成する能力を持つ、脳の基本的な特性のことです。この能力は学習、記憶、脳の損傷からの回復、新しい経験や環境への適応などのために、非常に重要です。近年の広範な研究により、瞑想などの霊的実践には神経可塑性を高めるうえで著しい効果があり、脳の構造と機能に深い変化をもたらすことが明示されています。

［神経可塑性2］神経接続のいつくかのメカニズム

神経可塑性には、シナプス形成（新しいシナプスの形成）、樹状突起分枝（新しい樹状突起棘の成長）、そして神経新生（新しいニューロンの生成）といった、いくつかのメカニズムがあります。これらは身体的な活動、認知的な挑戦、感情的体験、そして特に霊的な実践といった、さまざまな要因から影響を受けます。

［神経可塑性3］瞑想の前頭前皮質、海馬、脳幹への著しい効果

多くの霊的な伝統における中心的な要素である瞑想は、神経可塑性を著しく強化することが証明されています。

ラザール（Lazar）ら［▼8］が行った画期的な調査は、長年にわたる瞑想の習慣がある人は、学習、記憶、情動調整に関わる脳の領域に、灰白質密度の増加がみられることを立証しました。彼らの研究では、とりわけ瞑想の経験が豊富な人ほど前頭前皮質の皮質が厚く、海馬の灰白質密度が増加傾向にあることが明らかにされています。認知機能や感情機能の向上は、これらが原因であると思われます。

さらに、ヴェステルゴー－ポウルセン（Vestergaard-Poulsen）ら［▼11］により、長期にわたる瞑想の習慣が、脳幹の灰白質密度の増加に関連することがわかりました。脳幹は、自律機能や覚醒に関わる領域です。この調査は瞑想が、高次認知機能に直接関わる領域を超え、脳の構造に広範な影響を及ぼすことを明示しています。

［神経可塑性4］マインドフルネス瞑想で脳は構造的に変わる

マインドフルネス瞑想とは、一切のジャッジなく今この瞬間に意識を向け続ける訓練で、神経可塑性への効果の高さが特によく知られています。

ヘルツェル（Hölzel）ら［▼12］は、マインドフルネスの実践が、局所的な脳の灰白質密度の増加につながることを発見しました。この調査では、記憶と学習に不可欠な脳領域である海馬の著しい変化、そしてストレスと恐れの処理に関連する扁桃体の体積の減少が指摘されています。これらの構造的変化は、情動調整の改善と、ストレスレベルの低下に関わっており、マインドフルネス瞑想の心理的な効果を表しています。

〔神経可塑性5〕 脳機能に影響し、心を安定させる

霊的な習慣が神経可塑性を強化するという事実は、人が心理的及び感情的な健康を促すのと同じ方法で、自らの脳の構造体を作り変えられることを意味しています。自己認識、内省、そして情動調整に関わる皮質厚と灰白質密度の増加は、瞑想やそれに類似した習慣が、脳の回復力と適応力を育むという観念を後押しするものです。

ニューバーグ（Newberg）とウォルドマン（Waldman）〔▼13〕は、霊的及び宗教的な体験の神経学的な根拠を調査し、これらの実践が脳機能に与える影響を力説しました。彼らの取り組みは、霊的な体験が感情処理をつかさどる脳領域を活性化し、心底からの平和、幸福、一体感などをもたらすことを示唆しています。これはさらにメンタルヘルスや心の安定を強化する、神経可塑性の役割を裏付けてもいます。

〔神経可塑性6〕 スピリチュアルな習慣を治療にすすめるワケ

これらの発見に関する考察は、広範に及びます。霊的実践を日常生活に統合するこ

とにより、脳の神経可塑性が持つ潜在力が活かされ、メンタルヘルス、感情的な回復力、認知機能などの促進が可能になります。瞑想、マインドフルネス、祈り、ヨガなどの実践は、個人の成長と幸福のための力強いツールとなるはずです。

さらに霊的な習慣が脳構造の持続的な変化を誘発するという見解は、それらをさまざまな心理的、そして神経学的な治療に取り入れるための科学的な根拠となり得ます。例えばマインドフルネスを用いたストレス軽減（MBSR）プログラムは、不安、抑うつ、そしてPTSDの治療に効果があることが証明されています。ポジティブでマインドフルな活動に反応するよう脳が自ら適応し、配線を変えるからです。

神経可塑性の概念は、脳には生涯を通じて変化し適応し続ける、優れた力があることを明らかにしました。瞑想やマインドフルネスといった霊的実践は神経可塑性を著しく強化し、脳の構造や機能を改善へと導きます。

ラザールら、ヴェステルゴー－ポウルセンら、ヘルツェルら、そしてニューバーグとウォルドマンの調査により、こうした実践が脳を再形成することで、心理的かつ感情的な健康が促進可能になるという、注目すべき証拠が得られました。霊的な習慣と、日常生活や治療の場との統合は、個々の健康が強化され、より回復力がありバランスのよい精神の育成を確約します。

〔神経伝達物資とホルモン〕分泌を調整し、心と身体の健康を促す

霊的な習慣は、気分や幸福感全般に影響する神経伝達物質とホルモンの産生に影響します。

例えば瞑想は、幸福ややりがいを感じることに関わるセロトニンやドーパミンといった神経伝達物質レベルを高めることが証明されています〔▼14〕。これらの神経伝達物質は気分を調整するうえで必須であり、その増加は幸福感や満足感の向上につながる可能性があります。

さらにヨガやマインドフルネスなどの霊的実践は、ストレスと密接に関わるホルモンであるコルチゾールのレベルを軽減することが証明されています〔▼12〕。コルチゾールは身体のストレス反応に果たす役割で知られており、コルチゾールのレベルが慢性的に高くなると、不安、抑うつ、認知機能の低下を含む多くの健康問題を引き起こす可能性があります。ヨガやマインドフルネスなどの実践がコルチゾールのレベルを下げ、ストレスとその心身に及ぼす悪影響を鎮静する助けとなるのです。

霊的な習慣がもたらす神経伝達物質やホルモンの生化学的な調整は、多くの人にみられる心理上の効果を、科学的に説明するものです。これらの効果には、幸福感の増加、不安の軽減、そして心の安定の促進などが含まれます［▼15］。不安の軽減と心の安定の促進は、メンタルヘルス全般の改善につながり、日々のストレス要因への対処と前向きな人生観の維持を容易にします。

さらにマインドフルネスを用いたストレス軽減（MBSR）プログラムは、免疫反応を著しく強化することが証明されています。抗体の生成が増加し、炎症マーカーが減少することが、その理由です［▼16］。免疫系の強さは健康維持と病気の予防に不可欠であり、MBSRプログラムが免疫機能を高める能力は、霊的な習慣が身体上の健康に及ぼす影響の深さを明示しています。これらのプログラムは炎症マーカーを下げるため、心血管系疾患、糖尿病、そしてある種のがんなど、多くの病気を引き起こす慢性炎症から、身体を守るのです。

結論として、霊的実践を通じた神経伝達物質やホルモンの調整は、精神的及び感情的な幸福を支えるだけでなく、免疫機能を高め、ストレスによる生理的損傷を軽くすることで、身体的な健康にも貢献します。これら健康と幸福に向けた多面的なアプローチは、霊的実践を日常生活に取り入れることの大切さを示しています。健康を保つためには、ホリスティックなアプローチが必要なのです。

〔形而上学1〕スピリチュアルな教えとの交差

形而上学は、現実の根本的な性質を研究する哲学の一分野であり、物理的な領域を超えた霊的経験を理解するための枠組みをもたらします。意識、存在、現実といった概念が、形而上学的探究の中心であり、霊的な教えと交差しています。

〔形而上学2〕存在論と宇宙論で探求

形而上学は伝統的に、存在や実在を調査する存在論と、宇宙の起源や構造を調査する宇宙論とに分けられます［▼17］。存在することの意味、物体の性質とその属性、空間と時間、因果関係、そして可能性についての根本的な問いなどを、これらは探究しています。

〔形而上学3〕ともに意識が先にある

意識は形而上学と霊的世界の双方における、中心的なテーマです。形而上学では多くの場合、意識を現実の根本をなす側面とし、物理的現象に簡単に還元できるものではないとみなしています。デイヴッド・チャーマーズ（David Chalmers）などの哲学者は主観的な経験がなぜ、そしてどのようにして物理的な脳の作用から生じるのかを扱う、意識の「難しい問題」を論じています［▼18］。

霊的な伝統では多くの場合、意識が最初の現実であり、物理的な世界はより深い意識の本質が、表現もしくは顕現されたものとみなしています。例えば、ヒンドゥー哲学の一派であるアドヴァイタ・ヴェーダーンタでは、究極の現実（ブラフマン）は純粋な意識であり、物質的な世界は幻想（マーヤー）であると仮定しています［▼19］。

［結論］科学とスピリチュアルの統合的アプローチによる現実的メリット

量子物理学、神経生物学、形而上学の研究は、科学と霊的な視点のつながりの深さを明らかにしています。

量子もつれ、そして粒子と波動の二重性は、現実に関する私たちの古典的な理解とはうらはらに、霊的な観念における相関性や二面性に合致しています。

神経生物学の調査は、霊的な習慣が脳の構造や機能にどれほど大きな変化を及ぼし、精神や感情の健康を支えるかを強調しています。

これらの見解を形而上学的な原理と統合することが、現実、意識、そして存在についてのホリスティックな理解につながります。

こうした統合へのアプローチは、霊性に関する私たちの理解を豊かにするだけではなく、健康と幸福を促進するうえでの実際的な効果があります。科学と霊性の間のギャップを埋めることにより、私たちは宇宙とその中に在る自分を、包括的に見られるようになります。

集合意識と100匹目のサル実験

集合意識の概念は非常に興味深い話題であり、心理学、社会学、そして霊的な分野など、多岐にわたって調査対象とされてきました。これは社会の求心力として作用する共通の信念、考え、道徳的な態度の集合を指しています。

集合意識について検討する際、よく引き合いに出される100匹目のサル実験は、行動や知識がどのようにして急速に集団全体に広がるかを説明する魅力的な物語です。この概念を理解し活用することで、自分自身や全世界をよりよくするために、私たちが持つ道徳的義務と霊的統合の責任について、強く納得させられるはずです。

サツマイモを洗うサルの発見

100匹目のサル実験は、1950年代に日本の幸島《こうしま》で行われた観測に始まります。

マカクザルの調査をしていた研究者たちは、一匹の若いサルが海でサツマイモを洗う姿に気づきました。この行動は徐々に、他のサルたちにも広がっていきます。そしてサツマイモを海で洗うようになったサルの数を記録していたところ、100匹目のサルがこれを学んだとたん臨界点に達し、突然この集団のすべてのサルが同じように行動するようになりました［▼1］。

新しい行動や知識が集合全体に広がる臨界点

この実験の詳細や解釈については多く討議されてきました。この物語は、新しい行動や理解が、ある臨界数の個体に受け入れられることが、より広範な社会的変化を引き起こすきっかけになるという見方を隠喩するとされています。この考えは社会学における「転換点」の概念と一致しており、小さな変化の積み重なりが、大きな影響を生むことを意味しています［▼2］。

エミール・デュルケームによる「集団意識」

社会学者のエミール・デュルケーム（Emile Durkheim）は、社会の基本構造に関する著作で「集団意識」という用語を取り入れました。集団意識とは共通の信念や道徳的態度の集合であり、これが共同体を結びつけ、社会的結束を生み出すと彼は提唱しました[▼3]。デュルケームの見解は、集合意識がいかに個人の行動や社会のしきたりに影響するかに光を当てています。

ユングによる「集合的無意識」

カール・ユング（Carl Jung）は、集合的無意識の理論を展開しました。そこで彼はすべての人間が、共通の進化の歴史を通じて受け継がれてきた、原初的なイメージと元型を共有していると示唆しました。この共有される無意識は、個人の心理や集団的な経験を形作るうえで重要な役割を果たします[▼4]。

個人の実践が集合意識をシフトさせる

互いにつながり合う人間の意識の本質を考えると、あらゆる個人には霊的統合を目指すという道徳的な義務があります。瞑想やマインドフルネス、そして思いやりのある行動といった霊的な習慣は、人としての幸福感を強めるだけでなく、集合意識の役にも立つのです。より多くの人がこうした習慣に親しむことにより、集合意識も今以上に協調的で平和なものへとシフトすることが可能になります［▼5］。

スピリチュアルな習慣が社会に与える3つの影響

1．瞑想と平和

集団での瞑想は犯罪率を低下させ、社会の調和を促進することが、研究により証明されています。例えばマハリシ効果は、一定数の人々が超越瞑想を実践することにより、社会全体の幸福度が統計的に向上することを示唆しています［▼6］。

2．マインドフルネスと思いやり

マインドフルネスの実践は共感力を高め、ストレスを軽減し、より思いやり深く協力的なコミュニティを育みます。学校でのマインドフルネス訓練は、学生の情動調整や社会的な相互作用に役立ち、よりポジティブな教育環境をもたらすことが、調査により明らかになっています［▼7］。

3．利他的行為と社会変革

利他的な奉仕の行為は、人々が互いに親切で助け合うことができる文化に貢献します。研究により、利他的でボランティア活動のレベルが高いコミュニティは、所属する人々の健康状態がよく、社会的絆が強い傾向にあることが指摘されています〔▼8〕。

世界変革の臨界点を作る

「100匹目のサル効果」は、個々人の行動の積み重なりが、社会変革の転換点を創造できることを隠喩しています。この原則は、集団的な変革を促すために、個人が責任感を持つことの重要性を明示しています。各人が霊的かつ倫理的な行動をとるよう努めることがこの臨界点を作り出し、さらにはサステナブルで思いやりに満ちた生活様式に向けた地球規模のシフトにつながる可能性があるのです〔▼9〕。

「100匹目のサル効果」の二つの例

1. 環境運動

草の根運動は何度も臨界点に達し、重要な政策変更やサステナビリティに関する公衆の意識向上を現実にしてきました。リサイクルや再生可能エネルギーの広まりは、集合意識に環境を進化させる力があることを物語っています〔▼10〕。

2．社会正義運動

人種やジェンダー平等の権利を得るための市民権運動は、集団行動が社会のしきたりや法律を変革できることを実証しています。これらの運動は多くの場合、熱意的な少数の個人から始まり、それがやがて人口の大部分を巻き込むまでに成長し、最後には体系的な変化をもたらします〔▼11〕。

〔集合意識の科学1〕神経生物学による根拠

神経科学の研究は、社会的認知や共感に関わる脳のネットワークが他者との共有体験により活性化されることから、集合意識の概念を後押ししています。例えばミラーニューロンは、他者の感情や行動に共感する能力を持ち、社会的な結束を促します〔▼12〕。

〔集合意識の科学2〕量子もつれと非局所性による説明

量子物理学は意識のつながりを理解するうえでの、興味深い手掛かりとなります。膨大な距離をものともせずに量子同士が瞬時に影響を与え合う、量子もつれという現象は、人間の意識の広がりが非局所的なつながりを持つことを強く言外にほのめかしています。この考えは、すべての存在が一つであり、集合的な意志には力があるという霊的な教えと一致しています［▼13］。

［結論］私たちには霊的統合を育む義務がある

集合意識と100匹目のサル実験は、個人の行動が社会に及ぼす影響の深さを物語っています。霊的統合を育むという道徳的義務を受け入れることは、より協調的で思いやりのある世界への貢献と同じです。瞑想、マインドフルネス、そして利他的行為などの実践を通じ、私たちは前向きな世界規模の変革のきっかけとなる、臨界点を創造することができます。集合意識の持つ力を理解し、役立てることは、人類が直面する複雑な問題に対処し、あらゆる人にとってサステナブルで公平な未来を確かなものにするために不可欠なのです。

霊的統合を統一場理論と考える

現実をひとつながりのものとして理解する試みは、科学者と霊的指導者の双方を、万物が互いにつながり合っているという考えの探求へと導きました。

「統一場理論（UFT）」は、すべての基本的な力と粒子を一つの理論的枠組みの中で語ることを目的とした物理学の概念であり、すべては一つであるとする考え「ワンネス」とつながり合いに関する霊的な観念に並ぶものです。これらを束ねることは、個人と集団の変容に深い影響を与えます。霊的統合を進めることで、人は世界的な問題に対処し、調和を促進し、この惑星全体の幸福のために大きな役割を果たすことができるのです。

統一場理論とは何か？

統一場理論は、重力、電磁力、強い核力、弱い核力といった万物の基本的な力を、一つの凝集した枠組みの中に統合させることを目指す学説です。この理論は、現実のより深い層に存在する、あらゆるものがつながり合った統一場からすべての力と粒子が生じることを示唆しています。

一般相対性理論と量子力学——統合の試み

アインシュタイン（Einstein）の一般相対性理論と量子力学は、現代物理学の骨格を形作るものです。一般相対性理論は重力を時空の曲がりとして説明し、量子力学は最小のスケールでの粒子の振る舞いを説明します。これら二つの枠組みを統合する試みは、ひも理論やループ量子重力の発展へとつながりました。これらの理論は、宇宙の基本的な構成要素が点粒子ではなく、微小で振動する弦（ひも）やエネルギーのループであることを提唱しています［▼1］。

素粒子物理学の実験による成果

大型ハドロン衝突型加速器（ＬＨＣ）で行われる素粒子物理学の実験は、素粒子や力の振る舞いを理解する手掛かりとなります。これらの実験は、他の粒子に質量を与えるヒッグス粒子の存在を確認し、素粒子物理学の標準理論を支えました。しかし統一場の発見という最終目標は依然として達成されておらず、宇宙の複雑さと深い相関性が浮き彫りになっています[▼2]。

統一場理論とも一致するワンネスへの道

霊的統合を実現するためには、身体的、感情的、精神的、そして霊的な側面を調和させ、ひとまとまりの状態にする必要があります。このプロセスはすべての生命との深い一体感を育み、統一場理論の原理とも一致しています。

霊的統合を促す4つの訓練

多くの霊的実践が統合の手助けとなり、宇宙との一体感を強めることができます。

1．瞑想

マインドフルネス瞑想や超越瞑想といった技法は、心を静め、内なる平和や一体感を育む助けとなります。定期的な瞑想は脳の構造に変化をもたらし、情動調整や共感力を強めることが、研究により証明されています［▼3］。

2. ヨガ

ヨガは、身体のポーズ、呼吸法、瞑想を統合したもので、ホリスティックな健康を促進します。ヨガはストレスを軽減し、メンタルヘルスを改善し、自己や他者との一体感を高めることが調査により立証されています［▼4］。

3. マインドフルネス

今この瞬間に完全に存在することにより、人は自分の思考、感情、そして周囲に対する認識を深めることができます。マインドフルネスの実践は不安を軽減し、情動調整を促進し、対人関係を強化することが証明されています［▼5］。

4. 祈り

祈りもしくはその他の形による、霊的なコミュニケーションへの取り組みは、高次の力や宇宙とのつながりを感じさせ、平和と目的意識を育むことができます［▼6］。

意識が果たす重要な役割

意識の概念は、統一場理論と霊的統合、双方の中核をなすものです。意識は宇宙の基本的な側面とされており、統一場に影響を及ぼしたり、逆に統一場からの影響を受けたりすると考えられています。

意識はどこから生じているか？

意識が脳内の量子プロセスから生じる可能性がある、という考えは、さまざまな理論家の調査の対象となっています。ロジャー・ペンローズ (Roger Penrose) とスチュアート・ハメロフ (Stuart Hameroff) により提唱された「オーケストレイテッド・オブジェクティブ・リダクション (Orch-OR) 理論」は、脳の微小管内の量子プロセスが、意識の出現を助けていることを示唆しています。この理論は、意識を宇宙の本質的な要素とみなす霊的な視点と一致しています［▼7］。

人類共通の見識のプール、集合意識

集合意識の概念は、人類が共通の知識、経験、そして霊的な見識のプールを共有していると仮定しています。この考えはカール・ユング (Carl Jung) をはじめとする思想家によるもので、個々の意識を高めることが集合意識の進化を助け、世界的な調和と理解につながると示唆しています［▼8］。

霊的統合で世界を救う

霊的な原理や実践を日常生活に統合させることにより、個人と社会の双方が深遠な変容へと向かうことになります。以下は、霊的統合を世界的な幸福に役立てる方法です。

・平和と調和の促進

霊的統合は内なる平和を育み、他者との関係を穏やかなものにします。瞑想、マインドフルネス、思いやりなどの実践は、攻撃や衝突を減らし、コミュニティや国家間の調和を促します［▼9］。

・環境保護

あらゆる生命との一体感は、個人が環境について考える動機となり得ます。霊的な実践は多くの場合、自然の神聖さを強調し、サステナブルな生活や環境保護へと人を向かわせます［▼10］。

・社会的な不平等への取り組み

霊的統合は共感と思いやりを促し、社会的な不平等や不正をなくしたいという気持ちを駆り立てます。すべての人が持つ価値と尊厳を認識することにより、霊的に統合された人々は社会的公正と人権を守るために立ち上がる傾向が強くなります［▼11］。

・国際協力を育む

共通の目的意識とつながり合いの感覚は、気候変動、貧困、公衆衛生などの世界的な課題に向けた国際協力を促します。霊的統合は競争から協力へのシフトを奨励し、公共の利益のために協力し合う地球規模の家族という思想に同調するのです［▼12］。

［結論］個人と集団の変容のために

統一場理論と霊的統合の調和は、人類が直面する複雑な問題への理解と対応に向けた、ホリスティックな枠組みを作る助けとなります。霊的実践と日常生活の統合は、人々の一体感を強め、平和と協調を促し、この惑星の幸福に貢献します。科学と霊性の交差点を探究し続けることにより、私たちは個人と集団の変容への道を開くことになり、より調和的でサステナブルな世界を育てることができるのです。

意識とスピリチュアルヒーリングの関係

意識と霊的なヒーリングの相互関係は、心理学的、霊的、そして量子的な視点を統合させる、重要な研究分野を代表するものです。エゴ（人格）とスピリット（霊格）の調和により個人の意識レベルを上げ、世界をよりよいものにすることが、統合の目的です。意識の概念は統一場理論と霊的統合、双方にとっての枢軸であり、宇宙の基本的な側面である意識が統一場に影響を及ぼしたり、逆に統一場からの影響を受けたりすることを示しています。

統一場理論では意識をどう論じているか？

すべての基本的な力と粒子を一つの枠組みの中で語ることを試みる統一場理論は、意識が統一場にとり不可欠な部分であると仮定しています。この理論では宇宙がまとまりのある全体であり、意識は物理的領域と影響し合う普遍的な要素であることを示唆しています。意識が脳内の量子プロセスから生じる可能性があるという概念は、ロジャー・ペンローズ（Roger Penrose）とスチュアート・ハメロフ（Stuart Hameroff）による「オーケストレイテッド・オブジェクティブ・リダクション（Orch-OR）理論」で調査されており、脳の微小管内の量子プロセスが意識の出現を助けると論じられています［▼1］。

スピリチュアルでは意識をどう語っているか？

霊的な伝統では長い間、意識を宇宙の基本的かつ固有の要素とみなしています。さまざまな霊的な教えが、意識は個人の自我を超越し、覚醒の統一場においてすべての存在とつながりを持つと述べています。この見解は意識についての科学的調査と一致しており、人格と霊格を調和させることで個人がより高い意識状態に達し、集合的な幸福に貢献できることを示唆しています［▼2］。

心理学におけるエゴとスピリットの統合

心理学的な視点におけるエゴとスピリットの統合は、意識的自我をより深い、しばし無意識的な心の側面と調和させることを意味します。カール・ユング（Carl Jung）の自己実現の概念ではこのプロセスを、自身のさまざまな部分、例えばシャドウやアニマ、アニムスを統合し、調和とバランスのとれた状態を達成することと表現していますす［▼3］。

スピリチュアルヒーリングを行うとどうなるか？

瞑想、マインドフルネス、エネルギーヒーリングといった霊的ヒーリングの実践は、エゴの限界を超越し、ハイヤーセルフやスピリットとつながることを目的としています。これらの実践はエゴの境界をなくし、すべての生命が一つであり、つながり合っていることを感じさせます。

瞑想は脳機能に著しい変化を及ぼし、情動調整や自己認識の能力、そして全般的な幸福感を強めることが、研究により証明されています［▼4］。

[量子プロセスの役割1] 意識の出現を解くOrch−OR理論

Orch−OR理論では、脳の微小管内の量子プロセスが、意識の出現を助けると仮定しています。この理論は量子プロセスが調整されて客観的な崩壊を迎え、それにより意識を経験する瞬間が生じることを示唆しています。意識が量子力学に根ざしているという考えは、意識を宇宙の基本とする霊的な見解に一致します[▼5]。

[量子プロセスの役割2] 集合意識の観念を支える量子もつれ

距離の長さに関係なく、粒子が互いのつながりを保ち続ける量子もつれは、ワンネスに関する霊的な教えを反映しています。この現象は意識が非局所的な特性を持ち、はるか遠い場所で起こる出来事と、瞬時に影響し合うことを示唆しています。こうした見解は個人の心の状態がより広範の集団的なフィールドに影響を及ぼすという、集合意識の観念を後押ししています[▼6]。

[集合意識1] あなたが意識レベルを上げれば、集合意識も上がる

人類が共通の知識、元型、そして霊的な見識のプールを共有しているという集合意識の概念は、カール・ユング（Carl Jung）により発表されました。これは個々人の行動や経験が集合意識の影響を受けており、私たちが自身の意識レベルを上げることにより、集合意識のレベルの上昇に貢献できることを示しています［▼7］。

［集合意識2］この世界全体の幸福感が高まる

集合意識の上昇は、地球規模の調和と理解を促す可能性を秘めています。マインドフルネスの実践や思いやりのある活動など、個人の意識の高まりが、人々が共感し合い、協力し合う社会へとつながっていくのです。集団での瞑想やポジティブな意志が社会の緊張を解き、幸福感全般を強めることは、調査により立証されています［▼8］。

［スピリチュアルヒーリングの実践効果1］瞑想とマインドフルネス

瞑想やマインドフルネスは、エゴとスピリットを統合するために効果的な訓練であり、個人と集団の意識を高めます。これらの実践は脳の灰白質密度を増加させ、情動調整を促し、一体感を育みます［▼9］。

［スピリチュアルヒーリングの実践効果2］エネルギーヒーリング

気功やレイキといったエネルギーヒーリングの手法は、身体のエネルギーシステムのバランスをとり、身体的、感情的、そして霊的な癒しの促進を目的としています。これらの実践は、個人のエネルギー場を宇宙のエネルギーと調和させることで効果が現れると信じられており、エゴとスピリットの統合を培います［▼10］。

［結論］一人ひとりの人格と霊格の統合が素晴らしい世界を作る

意識と霊的ヒーリングの相互関係は、人格と霊格の統合により、個人と集団の意識を高めることの重要性を強調しています。統一場理論と霊的な見解の双方が、意識は宇宙の基本的な側面であり、統一場に影響を及ぼしたり、逆に統一場からの影響を受けたりする と示唆しています。意識を高め、霊的統合のための訓練を取り入れることにより、一人ひとりがより調和的で思いやりのある世界の実現に貢献することができるのです。

第5章

霊的防御の手法

――アントワン・シュバリエ

霊的攻撃から身を守るテクニック

目に見えない力から自身の安全を守るうえで、霊的な防御は必須事項です。歴史を通じ、異なる文化における数多くの哲学者や霊的指導者たちが、霊的攻撃から身を守る重要性を説いてきました。本章では、さまざまな防御策、グラウンディングのための手法、オーラの浄化法、エネルギーシールドの作り方、そして霊的な自己防衛の全体的な意義などについて掘り下げて見ていきます。

古代から重要視されてきた防御力の育成

霊的攻撃から身を守るには、負のエネルギーをそらすための防御バリアを、自分の周りに作り出す必要があります。この手法はさまざまな文化や時代における哲学者、そして霊的指導者たちに論議され、高く評価されています。

古代ギリシャの哲学者プラトン（Plato）は、「魂は教育と育成以外、何も持たずにあの世へ旅立つ」と書き記しています［▼1］。この深遠な洞察は、霊的な教育や内なる強さの育成が、時代を超えて重要視されていることを物語っています。これを現代に当てはめると、知識と実践を通じて自身の霊的防御力を育てることの大切さというふうに解釈できます。

もっとも使われる「視覚化」というシールド

霊的攻撃に効力を発するシールドは、幾世紀にもわたる知恵と実践に根ざした数々の手法を通じて実現することができます。もっともよく使われる方法の一つは、視覚化です。光の泡などを心の中で構築し、バリアとして身体を包みます。この視覚化された光は、負のエネルギーや有害な意図をそらす防御シールドとして機能します。この方法はシンプルでありながら非常に効果的であり、心の力を活かして安全で守られているという確かな感覚を得ることができます。

視覚化の実践は、呼吸法やマインドフルネスと組み合わせることでさらに効果が強まり、ホリスティックな方法でシールドを作ることができます。腹式呼吸などのブレスワークは、視覚化プロセスを定着させる助けとなり、防御バリアをより強く弾力性のあるものにします。

クリスタルやパワーストーンなどタリスマンの守護能力

守護的なシンボルやタリスマンの使用も、霊的攻撃から身を守るシールドの作成に、広く実践される手法です。タリスマンとは守護的な特性を宿したオブジェクトであり、多くの場合特定の儀式や意図のために作られます。このオブジェクトにはクリスタルやパワーストーン、お守りや聖なる幾何学的な形状のものなど、幅広い種類のものがあります。

ヒンドゥーの賢者アディ・シャンカラチャリヤ（Adi Shankaracharya）は、霊的防御に知識がもたらす変容力を強調し、「光が濃い闇を破壊するように、知識のみが無知を破壊する」と述べました［▼2］。この比喩は、意識の啓発により、霊的な害が避けられることを明示しています。タリスマンは、個々のエネルギーに共鳴するようパーソナライズすることで、守護的な特質を強化することができます。また、満月の下や瞑想中の充電など、特定の儀式によりタリスマンの守護能力を増幅させることもできます。

霊的衛生をキープすることも必要

さらに、自分の周囲にシールドを張ることは、霊的衛生の維持に関する概念と深く結びついています。健康を維持するため定期的に身体を洗う必要があるように、霊的なボディも浄化し、防御する必要があるのです。

定期的な瞑想、祈り、マントラの唱和などは、霊的シールドの効果を向上させます。またこれらの実践は、防御バリアを増強するだけでなく、内なる力とレジリエンスも高めます。霊的防御を絶えず更新し、補強するため、これらは規則的に行うことが極めて重要です。特にマントラは霊的に自分を守るための強力なツールとなります。例えばヒンドゥーのガヤトリー・マントラは、となえる者を負のエネルギーから浄化し、守護すると信じられています。

火や水や聖なるハーブの儀式

また霊的シールドの作成に、儀式やセレモニーを活用することも大切です。多くの文化が霊的な存在やエネルギーに加護を求めるため、手の込んだ儀式を発展させてきました。清めや守護の特性があると信じられている、火、水、聖なるハーブといった自然界のエレメントが、儀式ではよく使われます。こうした儀式に参加することで霊的防御を増強し、負の影響に対し、より頑丈なシールドを作り出すことができます。

例を挙げると火の儀式は変容と浄化を象徴し、水の儀式は清めと感情的な癒しを意味します。セージやパロサントのような聖なるハーブは、多くの先住民文化において空間や人を清めるために使われており、それにより霊的防御を強めます。

空間クリアリングと風水で住環境を整える

これらの手法に加え、居住環境も霊的に自分を守るうえで重要な役割を果たします。生活空間から負のエネルギーを一掃することで、シールドの効力を大幅に強めることができます。

セージを使ったスマッジング（347ページ）、ソルトランプの使用、身を守るためのパワーストーンを家に取り入れるなど、定期的な空間クリアリングの実践が、これを可能にします。調和的で、エネルギーのバランスが整った環境作りをすることで、霊的攻撃から二重に身を守ることができるのです。

また風水の原理を活用し、空間内のポジティブなエネルギーの流れを最適化することも方法の一つです。鏡、植物、水の要素を風水的によい配置にすることで、守られ調和した雰囲気を保つことができます。

いくつかの方法を組み合わせれば強靭なシールドになる

包括的なシールドを作るためには、これらの異なる方法を統合しなければなりません。これは霊的に身を守るということの、多面性を映し出しています。単にバリアを張るだけでなく、素の状態でも負の影響を弾き返せるところまで自分自身を育て上げることが、霊的防御には要求されるのです。

視覚化、タリスマンの使用、儀式の実践、そして環境調整などを組み合わせることで、力強く躍動的な霊的防御システムの作成が可能になります。こうした全体的なアプローチは、個人面から環境レベルに至るまで、生活のあらゆる部分を確実に防御のエネルギーと同調させます。その相乗効果により、日を追うごとによく馴染み、力を増すような、強靭《きょうじん》で持続的なシールドが作り出されるのです。

グラウンディングの手法いろいろ

さらに、霊的攻撃から身を守るシールドの作成に、グラウンディング法が果たす役割も軽視することはできません。グラウンディングは人が地球とつながり続け、安定とバランスを保つ助けとなります。

フランスの哲学者ルネ・デカルト（René Descartes）は、有名な言葉「我思う、ゆえに我あり」（"Cogito, ergo sum"）で、自らの思考をグラウンディングさせる意義を強調しました［▼3］。

グラウンディングの手法には、地面を裸足で歩くといった身体的な活動や、視覚化のエクササイズ、そしてヘマタイトなどグラウンディング効果のあるパワーストーンの使用が挙げられます。グラウンディングの実践は、身体的な健康を向上させるだけでなく、感情的および霊的な状態も安定させ、外部の負のエネルギーに対する包括的なシールドを作り出します。

アーシング、すなわち地球との直接的な接触は、身体の電気的なエネルギーを調和させ、炎症を軽減し、健康面全般を向上させることが知られています。

ネイティブアメリカンの教え

さらに、ネイティブアメリカンに伝わる洞察は、霊的シールド作成の助けとして価値あるものです。自然とのつながりを通じたグラウンディングは、地球との調和を象徴します。シアトル酋長（Chief Seattle）は、「すべてのものは、私たちを結びつける血のようにつながっている」と言葉巧みに語りました［▼4］。この視点は、すべての生命が一体であること、そして自然界と調和した関係を保つ重要性を明確にしています。

ハイキング、ガーデニング、単に屋外で時間を過ごすといった自然との関わりを通じ、私たちはグラウンディングを深め、シールドを強化することができます。自然への没入はストレスを軽減し、気分を改善し、幸福感全般を向上させることが証明されています。

道元の言葉が示していること

日本の禅マスター道元の教えからも、グラウンディングと霊的防御の実践に関する貴重な洞察が得られます。道元は、今この瞬間に存在して地に足をつけることの大切さを説き、「今ここに真実を見つけることができないなら、他のどこでそれを見つけるつもりか?」と述べました[▼5]。これは強力な霊的シールドを維持するために、マインドフルネスと今この瞬間に存在することの必要性を明示しています。

マインドフルネスの実践、例えば呼吸法やボディスキャンなどは、内面的な中心と自己認識を保つ助けになり、霊的防御をさらに強固なものにします。座禅、つまりは座った状態での瞑想は、禅仏教の中心となる修行法であり、内なる平和やレジリエンスを深々と感じ、培う助けとなります。

護身用クリスタルやパワーストーンの力

視覚化やグラウンディングに加え、多岐にわたる霊的な伝統において、クリスタルやパワーストーンが身を守るために使われています。黒トルマリン、スモーキークォーツ、ヘマタイトなどのパワーストーンはグラウンディングを助け、持ち主を守護する力が強いことで有名です。これらの石は持ち歩く、ジュエリーとして身に着ける、もしくは生活空間のどこかに配置することで、エネルギーの安定と調整に役立てられます。

古代中国の哲学者老子（Lao Tzu）は、「他人を知る者は賢者であり、自分を知る者は覚者である」と語りました［▼6］。護身用のパワーストーンは、清浄でバランスよいオーラを保つ助けとなり、自己を発見し啓発する役に立ちます。クリスタルグリッド（パワーストーンを特定パターンで配置したもの。石の力を最大に噴き出すことができる）を作成することで、空間内の守護的なエネルギーが増幅し、霊的シールドの全般的な効力を高めることもできます。

「あなた自身の魂以外に教師はいない」

インドの霊的指導者スワミ・ヴィヴェーカーナンダ（Swami Vivekananda）は、心の強さが自らを守護する力につながると主張し、「あなたは内面から成長しなければなりません。誰もあなたに教えることはできないし、誰もあなたを霊的にすることはできません。あなた自身の魂以外に教師はいないのです」と語りました［▼7］。

この言葉は、真の霊的防御は内側から来るものであり、成長と自己認識の結果であるという考えを強固なものにしています。瞑想、アファメーション、自省などの実践を通じて内面的な芯の強さを育むことが、効果的な霊的シールド作成には不可欠です。

「私は神聖な光に守られています」、もしくは「私のエネルギーは強く、安全です」といったアファメーションは、防御バリアを増強します。

自らエネルギーシールドを作る

霊的に自分を守るために重要なもう一つの側面は、エネルギーによるシールド作りを自ら実践することです。エネルギーシールドの作成は、霊的な鎧《よろい》を身に着けるようなものです。これは光の泡に全身を包まれている様子を想像するなどの視覚化や、魔除けのタリスマンの使用を通じて、実現が可能になります。

ロシアの神秘主義者G．I．グルジェフ（G.I.Gurdjieff）は、霊的防御を達成する手段として「自己を思い出す」必要性を語りました［▼8］。光の泡の視覚化といったエネルギーシールド作成の手法は、自分自身が霊的な存在であることを自覚し、肉体の外側にある霊的ボディの境界線を増強するうえで役立ちます。アファメーションもまた、エネルギーシールドの効果を高める助けになります。

エネルギーシールドを定期的に作成し直すことにより、レジリエンスがさらに強まり、自分のフィールドの境界線をはっきりと感じ取ることができるようになるでしょう。

絶え間ない自己改善と自己認識が霊的防御を強める

さらにドイツの哲学者イマヌエル・カント（Immanuel Kant）の教えも、霊的防御に活かすことができます。カントは、啓蒙とは「自ら招いた未成熟」から抜け出すプロセスであると示唆しました[▼9]。同様に、霊的なシールドの作成は、積もり積もったネガティブな思考や、有害な影響からスピリットを解放します。啓蒙とは絶え間なく自己を改善し、認識し続けるプロセスであり、必然的に霊的防御を強めます。知性と自己認識の追求は、生涯にわたる旅であり、継続的な霊的シールドの増強へとつながるのです。

ローマ帝国の皇帝であり哲学者でもあるマルクス・アウレリウス（Marcus Aurelius）の教えも、霊的な自己防衛の意義を明確にしています。アウレリウスは、「あなたには自分の心を支配する力があるが、外部の出来事を支配する力はない。それを理解すれば、本当の強さというものがわかるだろう」という助言を残しました[▼10]。

霊的に自分を守る能力を発達させるには、境界線の設定、守護的なシンボルの使用、そして訓練の習慣化による防御の補強などが必要となります。境界線の設定は、自身のエネルギーを維持し、霊的な侵入を防ぐためにたいへん重要です。これは自分の限界を認識し、尊重し、自信を持って主張することでもあります。

こうして身体、感情、精神、霊性、すべてが整う

概して、包括的なシールドの作成に必要とされる、これら異なる手法の統合は、霊的防御が持つ多面的な性質を映し出しています。また単にバリアを張るだけでなく、素の状態でも負の影響を弾き返せるところまで、自分自身を育て上げることが、霊的防御には要求されます。

視覚化、タリスマンの使用、儀式の実践、環境調整、グラウンディング法、エネルギーシールド作成などの組み合わせにより、頑丈で躍動的な霊的防御システムの創造が可能になります。こうした全体的なアプローチは、生活のあらゆる部分において、負のエネルギーからの防備を確実にします。その相乗効果が、日を追うごとによく馴染み、力を増すような、強靭で持続的なシールドを作り出すのです。これらの実践が持つホリスティックな性質は、霊的防御に向けた総合的なアプローチを確かにし、身

体面、感情面、精神面、霊性面、すべての状態を整えます。

絶えず霊的に成長し続けることが大切

プラトンの「教育と育成は永遠に魂の友である」という言葉、アディ・シャンカラチャリヤの「知識は無知の破壊者である」という主張、そしてさまざまな哲学者や霊的指導者の洞察は、絶えず霊的に成長し、認識を深め続けることの必要性を明示しています。

これらの防御策に対する理解と応用を強めることで、より効果的なシールドが張られるだけでなく、自身の生活とコミュニティにおける平和と協調の感覚が高まるのです。

防御は、古代の知恵と現代の訓練で

結論として、霊的攻撃から身を守るシールドの作成は、古代の知恵と現代の訓練を組み合わせた多面的なアプローチを必要とします。視覚化、タリスマンの使用、定期的な霊的浄化、グラウンディング、エネルギーシールド作成、環境調整などの手法は、負のエネルギーに対する包括的な防御システムを作り出します。これらの実践を日常生活に統合することで、内なる強さを培い、霊的な害をはね返す耐性が得られます。

霊的防御のためのこうしたホリスティックなアプローチは、個人を保護するだけでなく、広範なコミュニティにおける一体感と幸福感を促進します。

身体をグラウンディングさせる方法

グラウンディングは、霊的およびホリスティックな医療の伝統における基本となる訓練です。グラウンディングすることにより地球とのつながりが保たれ、心の安定、バランス、そして落ち着きが得られます。グラウンディングの技術は、身体的、感情的、霊的な健康を維持するうえで不可欠です。これらの実践は人間が自然界の一部であり、地球とエネルギー的に調和している時、もっとも力を発揮するという理解に基づいています。

フランスの哲学者ルネ・デカルト（René Descartes）は、有名な「我思う、ゆえに我あり」（"Cogito, ergo sum"）という言葉を通じて、自らの思考と存在をグラウンディングさせる意義を強調しました。この供述は、心には確固とした土台が大切であり、同様に身体と霊性には地球との揺るぎないつながりが必要であることを明示しています。グラウンディングの手法は、この不可欠なつながりを持つ助けとなり、より明確でレジリエンスのある生き方を可能にします。

基礎的な思考に対するデカルトの注目は、知的および霊的な成長を培ううえで、精神と身体には周囲の環境との安定したつながりが必要である、という意味に解釈することができます。

地球と身体をつなげる訓練

グラウンディング、またはアーシングと呼ばれる手法は、地球の表面と物理的に直接触れ合うことにより、身体的、感情的、および霊的な健康に大きな効能があるとされる訓練です。

グラウンディングの実践はさまざまな文化で高く評価されており、その効果を後押しするような科学研究も増え続けています。グラウンディングは、過剰なプラスイオンを放電し、マイナスの電荷を持つ電子を身体に補充する助けになると信じられており、炎症の軽減、気分の向上、健康面全般の改善などの利点があるとされています。

素足で歩く「アーシング」

もっとも身近で効果的なグラウンディング法の一つは、大地と直接触れ合うような身体的活動をすることです。草、土、砂など自然のままの地面を裸足で歩くこと、いわゆる「アーシング」は、地球のエネルギーを吸収するための、シンプルながらも強力な方法です。アーシングの実践は、過剰なプラスイオンを放電し、マイナスの電荷を持つ電子を身体に補充する助けになると信じられており、炎症の軽減、気分の向上、健康面全般の改善などにつながるとされています。

アーシングの概念はさまざまな調査による裏付けを得ており、大地と物理的な触れ合いが、睡眠を改善し、痛みを軽減し、ストレスレベルを低下させることが示唆されています〔▼1〕〔▼2〕〔▼3〕。

生物物理学者でエネルギー医学の先駆者であるジェームズ・L・オシュマン（James L. Oschman）博士は、「我々の研究によると、身体は成長と治癒をコントロールするために電気信号を使用しており、アーシングはこれらの信号の安定性を保つうえで役立つようだ」と記述しています〔▼1〕。この科学的根拠は、日常生活にアーシングの習慣を統合する重要性を明示しています。

さらに、医学の父とされる古代ギリシャの哲学者ヒポクラテス（Hippocrates）は、天然療法を推奨し、自然の治癒力を力説しました。彼は、地面を裸足で歩くことが体液のバランスを整え、全般的な健康促進に役立つと信じていました［▼4］。

地球との一体感が生まれる「ガーデニング」

ガーデニングは、地球の自然なリズムやサイクルと直接つながることを可能にする、実用的なグラウンディング法です。これは身体によいだけでなく、自然との深い結びつきや達成感を育みます。土を掘り、種をまき、成長を見守ることは、地球との一体感を映し出す、象徴的な行為です。

ガーデニングという行為は瞑想の一形態ともみなすことができ、マインドフルネスを促進して、ストレスを軽減します。ガーデニングすることにより目的意識と満足感を培うことができ、メンタルヘルス上のよい効果が得られます。

イギリスの詩人であり庭師でもあるヴィタ・サックヴィル＝ウェスト（Vita Sackville-West）は、「庭を作れば作るほど、学ぶことが増える。そして学べば学ぶほど、自分がどれだけ知らないかを実感する」と書いています[▼5]。この言葉は、植物を育てる中で得られる絶え間ない成長と学びは、人が成長し、グラウンディングしてゆくプロセスによく似ていることを、強調しています。

またガーデニングは土壌にたっぷりと含まれる、有益な微生物との触れ合いを可能にするため、気分や免疫機能が向上します。土壌中の細菌、例えばマイコバクテリウム・バッカエなどに触れることで、充実感や幸福感をつかさどる神経伝達物質であるセロトニンの産生が増加することが、研究により証明されています[▼6]。

グラウンディングの科学

身体的なグラウンディングの有効性は、科学研究により裏付けられています。例を挙げると、グラウンディングが血液粘度を低下させ、心血管系疾患の主要因子を軽減するという調査が、Journal of Alternative and Complementary Medicineで発表されています。またJournal of Environmental and Public Healthに掲載された別の調査では、グラウンディングが睡眠を改善し、コルチゾール値を正常化し、痛みやストレスを軽減することが立証されています。

さらに、Journal of Inflammation Researchに掲載された研究レビューは、グラウンディングが炎症を大幅に軽減し、免疫反応を強化し、怪我や病気からの回復を促進することを強調しています。これらの発見は身体的なグラウンディングが、全般的な健康と幸福にもたらす波及効果を示唆しています。

道元やネイティブアメリカンの酋長はどう説いているか？

グラウンディングは、さまざまな文化や霊的な伝統に深く根付いており、その普遍的な価値は明らかです。

ネイティブアメリカンの伝統では、グラウンディングは自然との深いつながりを通して実現され、地球と調和し一体化することの象徴とされています。これは単に物理的なだけでなく霊的な意味でもあり、生きとし生けるものの相関性を際立たせています。

シアトル酋長（Chief Seattle）は「すべてのものは、私たちを結びつける血のようにつながっている」と言葉巧みに語りました［▼7］。この深遠な知識は、自然界との調和を保ち、その生命エネルギーを尊重し、認めることの大切さを強調しています。

さらに、自然とのつながりを通じたグラウンディングには、木の下に座る、ガーデニングをする、川、湖、海などの水辺で過ごすといった活動も含まれます。これらを実践することで、自然環境に没入し、その穏やかで調和的なエネルギーの吸収が可能になります。木の葉のざわめき、水の流れ、鳥のさえずりといった自然のリズミカルな音には、心身を落ち着かせ、グラウンディングさせる効果があります。

日本の禅マスター道元の教えからも、グラウンディングの実践についての価値ある洞察が得られます。道元は、今この瞬間に存在し、しっかりと地に足をつけることの大切さを力説し、「今ここに真実を見つけることができないなら、他のどこでそれを見つけるつもりか?」と述べました[▼8]。この言葉は地球との強固な霊的結びつきを保つため、マインドフルネスと今この瞬間に存在することの必要性を強調しています。

日常生活への効果的な取り入れ方

日常生活にグラウンディングを取り入れるにあたり、さまざまな活動が地球との直接的な触れ合いを可能にします。裸足で歩くこと、ガーデニング、地面に座ったり横たわったりすること、グラウンディングのためのマットやシーツの使用。グラウンディングを日常の一部にすることで、数多くの効果が心身にもたらされます。

また、食べ物の選択や生活習慣を、グラウンディングの実践と組み合わせることもできます。栄養豊かで未加工の自然食品の摂取は、身体と地球とのつながりを強めます。健やかでミネラル豊富な土壌で育った食べ物は、地球が持つグラウンディングのエネルギーを運び、食べた人に渡すと考えられています。

さらにヨガや太極拳など、身体と地球とのつながりを強めるような運動を日常に取り込むことも、グラウンディングの一助となります。ヨガや太極拳の一連のポーズは、身体のバランス、柔軟性、筋力を強化する傍ら、精神の明晰さや穏やかさも促進するよう考案されています。これらの実践には呼吸法とマインドフルネスが統合されており、グラウンディングの手段として効果的です。

［結論］地球と調和している感覚が〝生きていく力〟をもたらす

グラウンディングは、バランスよく安定した生活を実現するための、ホリスティックな取り組みです。身体的な活動、視覚化、グラウンディング効果のあるパワーストーンの使用、自然とのつながりを強める文化的な習慣、マインドフルネスと瞑想、食べ物の選択などの実践は、深くグラウンディングした感覚を育みます。これにより幸福感全般が向上し、複雑な人生を舵取りするための確固とした土台が整うのです。

グラウンディングのための視覚化エクササイズ

グラウンディングは、心身の安定を高めるうえで不可欠です。そして視覚化エクササイズは、グラウンディングの実践に大きな役割を果たします。中でも身体から地球の中心に向かって根が伸びていく様子を心に描くエクササイズは、地に足をつける助けになります。このイメージは地球との確固としたつながりや安定を育み、内面的な中心を保ちながら、守られた感覚の強化を可能にします。

心にイメージすることの科学的な根拠

視覚化は単なる空想上のエクササイズではなく、心理学および神経科学の研究に根拠付けされています。心に描くイメージは脳内の神経プロセスに大きな影響を与え、リラクゼーションを高め、ストレスを軽減することが調査により証明されています。

コスリン（Kosslyn）ら（2001）によると、感情的および生理的な状態に影響を与える多数の神経経路を、心的イメージが活性化するそうです［▼1］。心を静めるイメージの視覚化は、不安の軽減と幸福感の向上につながる経路を活性化します。

視覚化は、身体的な休息と消化機能をつかさどる副交感神経系を刺激するため、心穏やかでくつろいだ状態を促進します。これは安定し、リラックスした状態に至ることが目標であるグラウンディングに、とりわけ大きく関係してきます。ラケル（Rakel）（2018）は、他のリラックス法を視覚化の技術が補うことで、全般的な効果が強化されると記しています［▼2］。

地中深くに根を下ろすイメージ法

よく知られる視覚化エクササイズの一つは、自分が木であり、地中深くに根を下ろしているとイメージすることです。深く根が伸びていく様子を視覚化することで、安定と落ち着きの感覚を得ることができます。このエクササイズは、グラウンディングを助けるだけでなく、マインドフルネスと今この瞬間への認識を促します。木の根の視覚化は力、そして自然とのつながり合いを象徴し、ストレスを感じている時などに心の拠り所となります。

この手法は効果をあげるために、深呼吸のエクササイズと組み合わされることがよくあります。深呼吸は副交感神経系を活性化し、リラクゼーションとグラウンディングを高める助けになります。ジェラス（Jerath）ら（2016）は、深呼吸が不安を大幅に軽減し、穏やかな感覚を促進するため、視覚化エクササイズの補足として理想的であることを明らかにしました［▼3］。

いつでもどこでもできて、続けられる

視覚化はいつでもどこでも実践できるため、グラウンディングの手段として万能です。静かな部屋で座っている時も、騒がしい場所で立ち止まっている時も、少しの間グラウンディングの木の根を視覚化することで、バランス感覚を取り戻すことができます。この柔軟性は、忙しくストレス過多なこの世の中ではとりわけ価値があり、静かで落ち着いた時間をとることが難しい状況でも実践可能です。

視覚化エクササイズは手軽なため、普段の日課に簡単に取り込むことができます。例えばストレスの多い仕事の最中に短い視覚化エクササイズを行うことで、即座に気

分を楽にすることができます。融通がきくエクササイズなので、特定のニーズや状況に合わせて実践でき、グラウンディングを実用的かつ持続可能な習慣にすることができます。

ディーパック・チョプラや著名な仏教僧はどう語っているか？

視覚化を通じたグラウンディングの概念は、多くの霊的および哲学的な教えに反映されています。著名な仏教僧であるティク・ナット・ハン（Thich Nhat Hanh）は、今この瞬間に自分をグラウンディングさせる大切さについて、しばしば語っています。彼は「息を吸う時、私は身体を静めます。息を吐く時、私は微笑みます。今この瞬間に生きていることを感じ、この瞬間が素晴らしいものであると気づきます」と述べています［▼4］。今この瞬間に生きるという訓練は、自分が存在する場所と時間に深くつながる助けとなるため、平和で安定した感覚を育み、グラウンディングするうえでは必要不可欠です。

同様に、著名な霊的指導者ディーパック・チョプラ（Deepak Chopra）は、視覚化が地球との結びつきに及ぼす力を強調しています。彼は「木のように、自分が地面にしっかりと根を張っている姿を思い描きましょう。大地があなたを支えています。強さと安定を感じてください」と助言しています［▼5］。こうした教えは、心と身体と地球との間にあるつながり合いの深さを浮き彫りにし、視覚化エクササイズがグラウンディングに及ぼす効果を明確にしています。

マインドフルな生活が実現

結論として、視覚化エクササイズはグラウンディングのための強力なツールであり、心身の安定を促します。身体から伸びた根が地中に張りめぐらされていく様子を心に描くことで、地球との結びつきや穏やかな感覚が得られます。この手法がストレスを軽減し、副交感神経系を活性化することは、科学研究により立証されています。

さらにティク・ナット・ハンやディーパック・チョプラなど霊的指導者たちの教えは、視覚化が精神的および感情的な幸福にもたらす影響の大きさを明示しています。

これらのエクササイズを日常生活に統合することで、よりバランスがよいマインドフルな生活が実現でき、グラウンディングと安定感の向上という恩恵を得ることができるのです。

ネイティブアメリカンの叡智
——伝統文化とグラウンディング1

グラウンディングの手法は、さまざまな文化や霊的な伝統に深く根付いており、地球と結びつくことの普遍的な重要性を映し出しています。これは単に身体的なだけでなく霊的な実践でもあり、すべての生命の相関性を際立たせています。多くの文化が自然、霊性、ホリスティックな健康を統合したグラウンディング法を発展させてきており、人間と自然界の結びつきの深さを強調しています。

人間と自然の深い結びつきがある

ネイティブアメリカンには、人間と自然界との深い結びつきに重きを置いた慣習や信念が織りなす、彩り豊かな伝統があります。これらの伝統におけるグラウンディングは、身体的、霊的、感情的な次元を包含するホリスティックな実践であり、地球への深い尊敬と畏怖の念を反映するものです。このつながりは単なる文化的な遺物ではなく、人生のあらゆる場面を満たす霊的な必須事項です。

彼らの中心にあるワンネスの概念

ネイティブアメリカンの霊性の中心には、ワンネスの概念があります。著名なネイティブアメリカンの指導者であるシアトル酋長（Chief Seattle）は、「すべてのものは、私たちを結びつける血のようにつながっている」という有名な言葉で、この心情を巧みに表現しました［▼1］。

この奥深い声明は、生きとし生けるものが、より大規模な命のつながり合いの網の一部であるという信念を強調しています。こうした見解を持つことにより、地球とそのすべての住民に対する深い思いやりと責任感が育まれ、個人の幸福は環境の健康と切っても切れない関係にあることが認識できるようになります。

霊的な意味合いも持つ彼らのやり方

ネイティブアメリカンの文化におけるグラウンディングは多くの場合、自然の中に身を置き、人と地球との結びつきを強めることにより実践されます。これは単なる身体的な活動ではなく、霊的な意味合いも含んでいます。

例えば地面を裸足で歩く「アーシング」と呼ばれる訓練が、地球のエネルギーの吸収を助け、安定感とバランス感覚をもたらすことはよく知られています。アーシングの効果は科学調査の裏付けを得ており、地球と身体の直接的な触れ合いが炎症を軽減し、睡眠を改善し、幸福感全般を向上させることが示唆されています［▼2］。

ガーデニングや農業も、多くのネイティブアメリカンのコミュニティに不可欠な、グラウンディング活動です。大地にじかに関わり、つながり、奉仕しているという深遠な感覚が、これらの活動により培われます。作物を植え、育て、収穫することは、地球を敬い、命の流れを守る、神聖な行為とみなされています。土壌や植物とのこうした実地的な交流は、身体的なグラウンディングだけでなく、霊的な満足感につながると考えられています。

石や羽などのエレメントが持つ意味

ネイティブアメリカンのグラウンディングの儀式には、石、羽、植物など自然界のエレメントが、多くの場合組み込まれます。それらのエレメントは、それぞれが持つ象徴的および治癒的な特性により選ばれます。

例えば石は地球のエネルギーを保持していると信じられており、さまざまな儀式で使われます。羽はしばしば天からの贈り物とみなされ、天と地のつながりを象徴しています。植物、特に薬効のあるものは、ヒーリングの儀式やセレモニーで使用されます。これらの実践は生命を支え、養う、自然界の力に対する理解の深さを映し出しています。

身体と魂を浄化する儀式「スウェットロッジ」

儀式はグラウンディングに大きな役割を果たし、ネイティブアメリカンの生活に深く織り込まれています。これらの儀式は多くの場合、地球がもたらす生命力を受け入れ、そのサイクルを称えるために行われます。その一例が「スウェットロッジ」と呼ばれる儀式で、熱した石で温められた、小さく密閉された構造物に入り、浄化を行います。スウェットロッジの儀式は、身体、心、魂を清め、地球や先祖とのつながりを再確認するための、身体的かつ霊的な浄化プロセスです。

セージ、シダー、セイヨウヨモギ、そしてタバコといった聖なるハーブの使用も、グラウンディングの儀式では一般的です。「スマッジング」という風習ではこれらのハーブを燻《いぶ》すことにより、負のエネルギーが清められ、ポジティブな影響が呼び込まれると、信じられています。スマッジングは、重要な行事やセレモニーの前に行われることが多く、神聖な空間を作り出し、参加者が霊的な儀式を始める準備を整えます。

聖なる動物に守られ、聖なる空間で地球とつながる

動物はネイティブアメリカンの伝統において特別な位置を占めており、霊的なガイドもしくはトーテムとみなされることがよくあります。それぞれの動物が特定の資質や力を体現し、人を導き守護していると信じられています。動物を観察し、理解すること自体がある種のグラウンディングであり、すべての生命に対する尊敬と、彼らが与えてくれる教訓を得る助けになります。

森、山、水辺といった自然の中に身を置くことも、グラウンディング実践法として重要です。このような環境は聖なる空間とみなされ、地球の霊的な本質とつながることを可能にします。木の葉のざわめき、水の流れ、鳥のさえずりといった自然のリズ

ミカルな音には、心身を落ち着かせ、グラウンディングを促す効果があると信じられています。

指導者たちはこう教えてきた

ネイティブアメリカンのさまざまな指導者や哲学者の教えは、グラウンディング、そして地球と調和して生きることの大切さについて、深く考える機会を与えてくれます。

例えばオグララ・ラコタ族で崇敬される聖人ブラック・エルク（Black Elk）は、その教えの中で地球の神聖さを力説しました。彼は「地球はすべての人々の母であり、すべての人々がそれに対し平等な権利を持つべきである」と語りました［▼3］。この見識は、人間と自然界の関係における、調和と尊敬の必要性を強調しています。

同様に、サンティー・ダコタの医師で作家でもあるオヒイェサ（Ohiyesa）／チャールズ・イーストマン（Charles Eastman）は、地球との霊的なつながりに関する著述を多く残しました。彼は「インディアンは豊かであっても倹約した。バッファローが平原を群れで歩いていても、食べられる分だけを殺し、その毛髪や骨まで無駄にはしなかった」と書き記しています［▼4］。こうした自然資源に対する敬意と、必要なものだけを取るという原則は、グラウンディングの核心となるものです。

現代科学がストレス、健康増進を証明

現代科学は、多くのネイティブアメリカンに伝わるグラウンディングの実践を支持し、その心身の健康に及ぼす効果を認めています。

例えば自然療法に関する研究は、自然の中に身を置くことがストレスを軽減し、気分を改善し、認知機能を向上させることを証明しました［▼5］。アーシングに関する調査は、地球と身体との触れ合いが炎症を軽減し、健康面全般を改善することを示しています［▼6］。

これらの科学的な発見は、ネイティブアメリカンのグラウンディングに関する叡智と、そのホリスティックな取り組みが健康に及ぼす効果を裏付けています。

［結論］受け継がれた知識の実践が幸福感を高める

ネイティブアメリカンには、地球とすべての生命との結びつきの深さを強調するよ

うな、多彩で陰影に富んだグラウンディングに関する知識が受け継がれています。これらの実践は霊的な叡智と科学研究の双方から支持されており、自然界と調和して生きることの重要さを浮き彫りにしています。自然の中に身を置くこと、儀式に参加すること、自然界のエレメントの使用など、グラウンディングするための行動は、身体的、感情的、そして霊的な幸福感を高めます。

禅修行――伝統文化とグラウンディング2

日本の禅は、マインドフルネス、今この瞬間に存在すること、そして内なる自己と自然界との密接な関わりに重きを置いており、グラウンディングに関する洞察を深める助けとなります。この修行は、あらゆる瞬間に全身で存在することの重要性に焦点を当てた、幾世紀にもわたる伝統と教えに根ざしています。

日本の禅仏教の中心人物である道元禅師は、この哲学を言葉巧みに表現しました。彼は「今ここに真実を見つけることができないなら、他のどこでそれを見つけるつもりか？」と述べています。この名言は、地球との霊的つながりを強固に保つため、マインドフルネスと今この瞬間に存在することの必要性を明確にしています。

悟りについての道元の教え

道元の教えでは、真の悟りと理解は、今この瞬間に全身全霊で存在することから生まれるという考えに基づいています。この哲学は禅修行の中心であり、心の深い部分からの気づきとグラウンディングの感覚を養うよう立案されています。

道元の代表的な著作「正法眼蔵《しょうぼうげんぞう》」は、禅の実践と哲学のさまざまな側面を探究するエッセイ集であり、地に足をつけ、意識的な生き方をするための包括的なガイドとなっています［▼1］。

「座禅」の目的

座禅は、禅仏教の中心となる修行です。通常は座布の上に腰を下ろし、背筋を伸ばし、足を組む、といった特定の姿勢で座り、呼吸に集中します。座禅の目的は特定の精神状態に達することではなく、単に自分の思考や感覚を執着抜きで観察することです。この修行は、自分の身体を完全に所有し、地球との結びつきを自覚する助けとなるため、グラウンディングした感覚を養うことができます。

座禅の実践は、しばしば公案の問答とともに行われます。公案とは、奥深い思考や洞察を引き出すために使われる、逆説的な質問と陳述のことです。この方法は、通常の論理的思考を超越し、より深遠なレベルの理解に到達する助けになります。道元は「自己を習得するとは、自己を忘れること。自己を忘れるとは、あらゆる存在から悟りを得ることである」と述べています[▼1]。こうした自己の忘却と、今この瞬間への没入は、グラウンディング法として強力です。

歩く瞑想「経行」

経行（きんひん／きょうぎょう）とは歩く瞑想のことで、これもまた重要な禅修行の一つです。経行の間、実践者はゆっくりと意識的に歩き、呼吸と歩調を合わせます。この修行は座禅で得られた瞑想状態を、日々の活動に統合するうえで役立ちます。歩く感覚や環境に細心の注意を払うことで、一日中マインドフルネスとグラウンディングの状態を維持することが可能になるのです。

経行は、エネルギーを循環させ、集中力を維持するために、座禅の合間に行われることがよくあります。慎重で意識的な動きは、足の下にある地面との結びつきを深め、グラウンディングの感覚を強化します。禅のマスターであるティク・ナット・ハン（Thich Nhat Hanh）は「せわしない歩き方は、地球に不安と悲しみを刷ることになります。私たちは平和と静けさだけを地球に刷るように、歩かなければなりません」と、これを説明しています［▼2］。

修行に自然が果たす役割

自然は禅の実践において重要で、霊的成長やグラウンディングの背景および象徴としての役割を果たします。石、砂、植物などが細心の注意を払って配置された禅庭は、瞑想と内省のための静かな空間を提供します。これらの庭は自然の風景を反映し、調和とバランスの感覚を呼び起こすよう設計されています。

森や水辺など自然の中での禅瞑想は、グラウンディングの質を高めることができます。自然は心を落ち着かせ、地球のエネルギーとつながり直す助けになります。道元は、「山水はそのありのままの姿が、古の仏の道を体現している」と教えました［▼1］。この言葉は、禅修行における自然への敬意の深さと、霊的にグラウンディングする重要性を映し出しています。

「茶道」「読経」は重要な儀式

儀式とセレモニーは禅修行において不可欠で、規律をもたらし、マインドフルネスとグラウンディングの原理を強固にします。

その一例が厳密な決まりに則して茶を点《た》て、いただく儀式である茶道、いわゆる「茶の湯」です。この儀式は、一つ一つの所作に細心の注意とマインドフルネスが込められた、動く瞑想の一形態です。茶道は今この瞬間とともに存在し、一体となった感覚を深め、グラウンディングを強化します。

もう一つの重要な儀式は、日々の読経です。読経は集中力を高め、仏の教えとつながる助けになります。リズミカルな唱和と共同体的な側面は、強力なグラウンディング体験を生み出し、帰属意識と霊的なつながりを確固たるものにします。

科学は禅をどう見ているのか？

禅の実践がグラウンディングと幸福感全般に及ぼす効果は、科学研究により裏付けられています。定期的な瞑想はストレスを軽減し、情動調整を改善し、認知機能を向上させることが、調査により証明されました［▼3］。禅の中心であるマインドフルネスの実践は、学習、記憶、情動調整に関わる脳領域の、灰白質密度を増加させることがわかっています［▼4］。こうした発見は、禅が心身の健康に及ぼす影響の深さを強調しています。

日常生活に落とし込んでいこう

禅修行の強みの一つは、日常生活への応用のしやすさです。マインドフルネスとグラウンディングの原理は、食べ物、仕事、人間関係といった日々の活動に統合することができます。マインドフルな気づきをこうした活動に持ち込むことで、一日中グラウンディングし、今この瞬間に在る感覚を保つことができるのです。

禅の教えは、自然界と調和して生き、すべての存在に思いやりと敬意を持って接することの大切さを明示しています。こうしたホリスティックな生活へのアプローチは、グラウンディングとワンネスの感覚を深めます。ティク・ナット・ハンは「微笑んで、呼吸して、ゆっくりと進みましょう」と教えました［▼2］。このシンプルながらも奥行きのある導きは、禅修行の本質と、そこにおけるマインドフルネスとグラウンディングの重要性を凝縮しています。

【結論】禅はグラウンディングに優れている

マインドフルネス、今この瞬間に存在すること、自然との深いつながりなどに重きを置く、日本の禅の実践は、グラウンディングの手法として価値あるものです。座禅、経行、さまざまな儀式やセレモニーなどの実践を通じ、心の深い部分から、グラウンディングや霊的充足感が育まれます。道元のような禅マスターの教えは、意識的に生き、地球とのつながりを保つための、時空を超えた叡智です。

アフリカのウブントゥ哲学
――伝統文化とグラウンディング3

アフリカの文化において、ウブントゥ哲学はコミュニティ、つながり合い、そして人間関係の本質的な価値になどに関する深遠な洞察を、具体的に表現したものです。「あなたがいるから、私がいる」という意味である「ウブントゥ」という言葉は、助け合い、地域社会の福祉、そして集団内の持ちつ持たれつといった関係の大切さを強調しています。この哲学は、単なる社会的および倫理的な枠組みには納まらず、霊的なものでもあり、アフリカに伝わるグラウンディングの実践に深い影響を与えています。

本質を捉えた言葉「人は、他の人たちを通して人になる」

ウブントゥの概念は個人主義を超越しており、自身の人間性は他者の人間性と表裏一体であることを強調しています。デズモンド・ツツ大主教（Archbishop Desmond Tutu）が述べた有名な言葉「人は、他の人たちを通して人になる」［▼1］はウブントゥの本質を捉えており、人は他者との関係性と、集団内の絆というレンズを通して理解されるという、彼らの世界観を反映しています。これは個人の成長と幸福が、地域社会全体の福祉に深く結びついているとする信念を強調しています。

地域社会での「ダンスとドラム」「語り継ぎ」

アフリカに伝わるグラウンディングの実践は、ウブントゥ哲学が重要視するつながり合いを反映しており、本質的に地域社会に根付いたものです。これは多くの場合、人を集め、一致団結させるような活動を伴います。

ダンス、ドラム、語り継ぎなどといった地域社会的な活動が、グラウンディング実践の中心であり、文化的表現であると同時に霊的なつながりを強める手段でもあります。

1．ダンスとドラム

ダンスと音楽はアフリカにおけるグラウンディングの実践に、なくてはならないものです。リズミカルなドラムのビートとダンスの動きは、地球、そして共に踊る人々との絆を強めます。特にドラムはその振動が全身に共鳴し、人のエネルギーを地球の自然なリズムと一致させるため、強力なグラウンディング効果を持つと信じられています。ドラムのようなリズミカルな活動がストレスを軽減し、気分を向上させ、一体感を促進することは、科学調査により証明されています［▼2］。

2. 語り継ぎ

口承の伝統は、アフリカ文化におけるグラウンディングの実践に、非常に大きな役割を果たしています。語り継ぎは歴史と伝統を温存するだけでなく、自分たちの価値観を教え、共同体の絆を強固にする手段でもあります。

これらの物語には多くの場合、自然界、人間関係、調和とバランスの重要さになどに関する教訓が含まれています。語り継ぎに携わることにより、文化遺産とつながり、帰属意識を強めることができます。

先祖崇拝の儀式と水や火を使う儀式

アフリカに伝わるグラウンディングには、祖先や地球とつながるよう考案された、さまざまな霊的および儀式的な慣習も関わってきます。これらの儀式には、水、土、火、植物など、それぞれが生命と霊的エネルギーの異なる側面を象徴する、自然界のエレメントが使われます。

1. 祖先崇拝

祖先を敬うことは、アフリカにおける多くの霊的慣習の基本的な側面です。祖先崇拝の儀式には多くの場合、供物、祈り、祈願が含まれ、亡くなった人々からの導きと祝福を求めます。この慣習は、脈々と受け継がれていく生命についての信念と、過去、現在、未来の世代の一体感を強固なものにします。祖先の存在と影響を認識することで、自身の系譜と過去からの遺産にグラウンディングするのです。

2. 自然界のエレメントの使用

自然界のエレメントは、グラウンディングの儀式で頻繁に使用されます。例えば、水は浄化の儀式に使用され、清めと再生を象徴します。一方、土や粘土など地のエレメントは、安定と根付きの象徴として使われます。聖なる炎などを灯す火の儀式は、変容と神聖な存在を意味しています。これらの儀式は、自然界とそれを支える霊的な力に同調する助けとなります。

現代社会ではここに役立つ

ウブントゥの原則は伝統的な慣習を超えて、現代的な環境にも応用できます。特に共同体のレジリエンスと、メンタルヘルスを培ううえで、ウブントゥは役に立ちます。コミュニティ形成活動、集団的な癒しのプロセス、社会的不正に対処する試みなどが、ウブントゥ哲学の現代版の応用です。

1. コミュニティ形成

ウブントゥの原則は、共同作業や助け合いを通じ、コミュニティの絆を強固にするために活用できます。地域菜園、協同住宅、共有リソースなどの率先的な促進は、集団のための福祉とサステナビリティを重要視しており、ウブントゥの精神を体現しています。

2. 集団的な癒し

COVID19のパンデミックなどの危機にさらされている期間、ウブントゥ哲学は、集団的な癒しを実践するヒントとなりました。地域支援グループ、悲しみの儀式の共有、団体でのマインドフルネスの実践などは、人々が集い、支え合い、先行き不透明な中にありながらもグラウンディングする方法を探し出す、助けになります。トラウマから立ち直り、回復するうえで、社会的な支援は必須要素であることが、研究により指摘されています[▼3]。

アフリカの指導者たちの名言

アフリカの指導者や哲学者たちは、ウブントゥの原則と、グラウンディング実践におけるウブントゥの意義について、言葉巧みに語っています。

ウブントゥの擁護者であるネルソン・マンデラ（Nelson Mandela）は「ウブントゥとは、人々が自分自身を豊かにしてはいけないという意味ではありません。したがって重要な問いは、あなたが豊かになることで、周囲の人々の生活をよくするつもりがあるかどうかです」と、語っています[▼4]。この見解は個人の成長と、集団内における責任との間の、バランスを強調しています。

同様に、ガーナの哲学者クワメ・ンクルマ（Kwame Nkrumah）は、すべての生命のつながり合いを強調し、「私たちは東にも西にも向かわない。私たちはただ前に向かう」と語りました[▼5]。この名言は、ウブントゥ哲学の中心にある団結と、集合的な進歩の重要性を明示しています。

［結論］地球、そして共に生きる人々との絆が深まる

アフリカのウブントゥ哲学は、地域社会、一体感、助け合いなどに重きを置いたグラウンディング実践を理解するための、奥深い基盤をもたらします。地域社会的な活動、霊的な儀式、現代的な応用を通して、ウブントゥは地球、そして共に生きる人々との絆を深めます。霊的な叡智と科学研究の双方に裏付けられたこの慣習は、自然界と調和して生きること、そして集合的な福祉を育むことの重要性に光を当てています。

道教——伝統文化とグラウンディング4

中国の道教の伝統では、グラウンディングは宇宙の自然な流れに身体を調和させることで達成されます。この訓練は、調和とバランス、そして心、身体、精神の完全な統合に重点を置いています。古代中国の哲学者である老子(Lao Tzu)は、「他人を知る者は賢者であり、自分を知る者は覚者である」と示唆しています。この奥深い叡智は、太極拳や気功といったグラウンディングの実践に反映されており、ゆっくりと慎重な動きと呼吸法を通じて、身体のエネルギーが自然界と調和されます。

科学的立証を得た太極拳と気功の効果

太極拳や気功といったグラウンディングの訓練が心身の健康に及ぼす効果は、科学研究の裏付けを得ています。これらの実践がストレスを軽減し、バランスを改善し、幸福感全般を向上させることは、調査により証明されています。

例えばウェイン（Wayne）ら（2013）の調査では、太極拳は神経系に穏やかな効果をもたらし、不安や抑うつの症状を大幅に軽減することを立証しました［▼1］。これらの実践における慎重な動きと制御された呼吸は、副交感神経系を刺激し、リラクゼーションを促進し、ストレスを軽減します［▼2］。

太極拳は特に高齢者のバランスを改善し、転倒のリスクを減少させるうえで効果的です。ウェインら（2013）は、太極拳のゆっくりと慎重な動きが、バランスを保ち、転倒を防ぐために不可欠な固有受容覚（自分の身体の位置や動き、力の入れ具合などを自覚する感覚）と身体認識を強化することを立証しました［▼1］。つまり、太極拳はグラウンディングの訓練であるだけでなく、高齢者の身体的な健康を改善するための実質的な治療にもなり得るということです。

一方、身体の姿勢、呼吸法、そして瞑想の組み合わせからなる気功は、「気」と呼ばれる生命エネルギーを育むことに、焦点を当てています。ヤンケ（Jahnke）ら（2010）の研究では、定期的な気功の実践は、身体の健康、精神の明晰さ、そして心の安定につながることがわかっています［▼3］。健康や幸福感に向けたこうした包括的なアプローチは、気功がグラウンディングの実践として効果的であることを明示しています。

太極拳と気功の目的と実践法

道教の伝統におけるグラウンディングを語るうえで、太極拳と気功はなくてはならないものです。これらの訓練では深くて制御された呼吸に、ゆっくりと慎重な一連の動きを同期させていきます。太極拳の動きは、動く瞑想の一形態と表現されることが多く、マインドフルネスを促進し、今この瞬間に意識を留める助けとなります。動きと呼吸の流れに集中することで、内なる平和と心のバランスが得られます。

太極拳には、ゆっくりと流れるような一連のポーズや姿勢が含まれます。それぞれの動きは、バランス、柔軟性、筋力を強化しつつ、リラクゼーションと精神集中を促進するよう考案されています。ウェインら（2013）は、太極拳の瞑想的な側面がストレス軽減に役立ち、グラウンディングのための強力なツールとなることを記録しています［▼1］。

「生命エネルギーの培養」を意味する気功は、身体の姿勢、呼吸法、瞑想の組み合わせから成り立っています。気功の目標は、「気」と呼ばれる身体の生命エネルギーを、宇宙の自然力と調和させることです。定期的な気功の実践は、身体の健康、精神の明晰さ、そして心の安定につながります[▼3]。気功の訓練は、個々のニーズや能力に適応可能なため、幅広い層の人々に取り入れやすいものとなっています。

太極拳や気功には、道教の信念が根付いている

太極拳や気功の実践によるグラウンディングの概念は、道教の哲学に深く根付いています。「他人を知る者は賢者であり、自分を知る者は覚者である」という老子(Lao Tzu)の教えは、自覚、そして自然界と調和することの大切さを強調しています[▼4]。この洞察は、真の叡智とグラウンディングは、内なる自己と外的環境を理解し、調和するところから始まるという道教の信念を明示しています。

もう一人、道教において強い影響力を持つ哲学者の荘子(Chuang Tzu)も、宇宙の自然な流れと調和する重要性を強調しました。「流れに身をまかせ、心を自由にしなさい。自分のしていることを受け入れ、そこに集中しなさい。これこそが至高です」[▼5]。この名言は、太極拳や気功によるグラウンディングの実践に不可欠な道教の原則であ

る無為、言い換えると「努力しないこと」を反映しています。

この万能ツールを現代の生活に取り入れよう

今日、太極拳と気功はストレスを軽減し、バランスを改善し、幸福感全般を促進するための効果的な方法として、世界中で実践されています。これらの訓練は年齢や健康レベルを問わず、誰もがグラウンディングのために取り入れられる万能のツールです。こうした古来の訓練を現代の生活に統合することにより、周囲との調和を強め、地球との結びつきを深めることができます。

太極拳と気功の効果は、数多くの科学調査の裏付けを得ています。例えばヤンケら（2010）の系統的レビューにより、気功と太極拳がもたらす心理面での幸福、身体面の健康、そして生活の質におけるポジティブな効果がわかりました[▼3]。これらの発見は、太極拳と気功がグラウンディングや健康面全般に及ぼす、影響の深さを浮き彫りにしています。

［結論］ 身体エネルギーと自然界の調和が健康をもたらす

結論として、中国の道教に伝わるグラウンディングは、太極拳や気功などの実践を通じ、身体を宇宙の自然な流れに調和させることにより達成されます。これらの訓練の効果は科学研究の裏付けを得ており、身体エネルギーと自然界の調和が、心身の健康を促進します。老子や荘子の哲学的な教えは、グラウンディングには自覚と努力しないことが大切であると強調しています。これらの実践を日常生活に取り入れることで、内なる平和と心のバランスが養われ、今この瞬間に、地球とのつながりを感じながら、グラウンディングすることが可能になるのです。

ヒンドゥーのヨガ――伝統文化とグラウンディング5

ヒンドゥーの伝統において、グラウンディングの実践は、心、身体、精神の統合を目指すヨガの欠かすことができない一部です。ヨガにおけるグラウンディングは、地球との強固なつながりを確立し、身体の安定と精神の明瞭さを促進するための訓練です。

インドの霊的指導者スワミ・ヴィヴェーカーナンダ（Swami Vivekananda）は、精神的な強さが自己防衛のための力になることを強調し、「あなたは内面から成長しなければなりません。誰もあなたに教えることはできないし、誰もあなたを霊的にすることはできません。あなた自身の魂以外に教師はいないのです」と語りました。この深遠な洞察は、内なる強さと地球とのつながりを最重要とする、ヨガにおけるグラウンディングの本質を反映しています。

科学的に裏付けられているヨガの効果

ヨガを通じたグラウンディングの実践が心身の健康に及ぼす効果は、科学研究により裏付けられています。ヨガはストレスを軽減し、身体のバランスを向上させ、幸福感全般を強化することを、調査が証明しています。

例を挙げると、ストリーター（Streeter）ら（２０１２）の調査は、ヨガの実践が気分の改善と不安の軽減に関わる、脳内のガンマアミノ酪酸（ＧＡＢＡ）レベルを増加させることを立証しました［▼1］。これはヨガにおけるグラウンディングの実践が、著しい神経生物学的な効果をもたらす可能性があることを示唆しています。

ヨガのポーズ（アーサナ）は、重力の自然な作用に身体を調和させることにより、安定し、地に足のついた感覚を育むよう考案されています。テレス（Telles）ら（２０１４）の研究により、特定のアーサナは固有受容覚とバランスを向上させ、身体を安定させる助けになることがわかっています［▼2］。大地との強い結びつきを必要とする、ターダアサナ（山のポーズ）やヴリクシャーサナ（木のポーズ）のようなグラウンディングのアーサナは、心身の均衡を促進します。

ヨガの各ポーズの目的とやり方

ヨガにおけるグラウンディングの訓練には、地面との強固なつながりを確立するためのさまざまなアーサナ（ポーズ）が含まれます。タ－ダアサナ（山のポーズ）は、調整、バランス、安定性を重要視した基本のポーズです。ターダアサナでは、実践者はしっかりと地に足をつけ、体重を足全体に均等に分散させます。このポーズは、身体の安定と精神の明瞭さを強力に促します。

ヴリクシャーサナ（木のポーズ）は、片足でバランスをとりながら立ち、もう一方の足裏を立っている方の足の内腿やふくらはぎにあてる、グラウンディングのポーズです。このポーズは、身体のバランス能力を高めるだけでなく、精神的な集中力と注意力を養います。テレスら（２０１４）は、ヴリクシャーサナの実践が固有受容覚と身体認識を改善し、地に足をつける助けになることを記録しています［▼2］。

プラナヤマ（呼吸法）も、ヨガを通じたグラウンディングの必須要素です。ナディショダナ（交互鼻孔呼吸）などの手法は、身体のエネルギーのバランスをとり、平常心を促す助けとなります。シャルマ（Sharma）ら（２０１３）の研究は、プラナヤマの実践がストレスを大幅に軽減し、精神の明瞭さを高めることを指摘しています[▼3]。

グラウンディングの哲学

ヒンドゥーに伝わるグラウンディングの概念は、霊的な教えと深く絡み合っています。スワミ・ヴィヴェーカーナンダ（Swami Vivekananda）が力説した「あなたは内面から成長しなければなりません。誰もあなたに教えることはできないし、誰もあなたを霊的にすることはできません。あなた自身の魂以外に教師はいないのです」[▼4]という、内なる成長と自己信頼に関する言葉は、ヨガにおけるグラウンディングの重要性を明示しています。この哲学はグラウンディングを実現するうえで、自身の努力と自己認識が果たす役割に光を当てています。

マハトマ・ガンジー（Mahatma Gandhi）も、シンプルさと自己鍛錬を通じたグラウンディングの意義を力説し、「明日死ぬかのように生き、永遠に生きるかのように学びなさい」という言葉を残しました[▼5]。この名言は、今この瞬間に全身全霊で存在することの重要性を、映し出しています。これはヨガにおけるグラウンディングの実践の、鍵となる側面です。

地球や内なる自己と深く結びつく万能ツール

今日、ヨガはストレスの軽減、身体の安定性の向上、そして幸福感全般の促進などに効果的な方法として、世界中で実践されています。ヨガを通じたグラウンディングの訓練は、年齢や健康レベルを問わず、幅広い層の人々がバランスと安定を得るため取り入れられる、万能のツールです。こうした古代からの訓練を現代の生活に統合することで、地球や内なる自己との、より深い結びつきの育成が可能になります。

数多くの科学調査が、ヨガの有効性を裏付けています。例えばクレイマー（Cramer）ら（2018）の系統的レビューにより、ヨガがメンタルヘルスを大幅に改善し、抑うつと不安の症状を軽減し、生活の質を高めることがわかっています［▼6］。これらの発見は、ヨガがグラウンディングと健康面全般に及ぼす影響の深さを強調しています。

［結論］身体が安定し、ストレスが軽減する

結論として、ヒンドゥーの伝統におけるグラウンディングは、身体を重力の自然な作用と調和させ、精神の明瞭さを促進するヨガの実践を通じて達成されます。ヨガが

身体を安定させ、ストレスを軽減することは、科学研究の裏付けを得ています。スワミ・ヴィヴェーカーナンダやマハトマ・ガンジーの哲学的な教えは、自己認識やシンプルさが、グラウンディングの実現には大切であることを強調しています。これらの実践を日常生活に取り込むことで、内なる平和と安定感が育まれ、今この瞬間に、地球とのつながりを感じながら、グラウンディングすることが可能になるのです。

オーストラリアのアボリジニ文化
——伝統文化とグラウンディング6

オーストラリアのアボリジニ文化では、命ある存在とされる大地との深い結びつきが、彼らのアイデンティティや霊性の中心をなしています。大地とのこの関係の深さは、自然や祖先からの伝承の意義を強調するような、多岐にわたるグラウンディングの慣習に反映されています。アボリジニの「私たちは土地を所有しているのではなく、土地が私たちを所有している」という格言は、こうした気風を凝縮したものであり、地球とその尽きることない力に対する敬意の深さを浮き彫りにしています。

「カントリー」という言葉は、生命、文化、幸福の源

アボリジニの文化において、「カントリー」という言葉は単なる物理的な土地を超え、風景、人々、植物や動物、その地域に関わる物語や霊的存在など、すべてをひとまとめにしたものを意味しています。カントリーはアボリジニの霊性とアイデンティティの中心であり、生命、文化、幸福の源です。こうした総合的なカントリーの見方が育む帰属意識やつながりの感覚は、グラウンディングの実践において不可欠なものです。

伝統的な通過儀礼「ウォークアバウト」

アボリジニのもっとも注目すべきグラウンディングの慣習の一つが、「ウォークアバウト」です。これは原野をめぐる精神修養の旅で、伝統的な通過儀礼を意味しています。ウォークアバウトでは、主に若い男性が祖先の領土を長い間旅し、自分たちのルーツや自然界と深くつながります。この旅は単なる物理的なものではなく、儀式、セレモニー、そして世界の創造とその本質を説明する神話的な物語である、「ドリームタイムの物語」を学び直すための、霊的な探求でもあります［▼1］。

ウォークアバウトは、個人の内省、霊的成長、そして祖先や大地と交わるための時間とみなされています。この旅は、聖地、植物、動物、そしてアボリジニの伝統的な法を学ぶ機会となり、大地やその霊的な本質との結びつきを深めることで、グラウンディングを強化します。

「ドリームタイムの儀式」の役割

儀式とセレモニーは、アボリジニに伝わるグラウンディングの実践に不可欠なものです。これらのセレモニーでは多くの場合、浄化と守護の特性を持つと信じられている火、水、聖なる植物などのエレメントが用いられます。

よく行われるセレモニーの一つである「煙の儀式」では、ユーカリの葉などの植物を燃やし、煙を燻らせて、人や空間の負のエネルギーを清めます。このセレモニーは他の先住民文化に見られる、スマッジングの儀式とよく似ています。

アボリジニの精神における、もう一つの重要側面であるドリームタイムの儀式では、語り継ぎ、ダンス、歌などを通して知識を伝承し、霊的な領域とつながります。これらの儀式は文化的なアイデンティティを強固にし、大地や祖先との絆を深めることで、グラウンディングの一形態としての役目を果たします。

アボリジニの長老デイビッド・モワリャルライ（David Mowaljarlai）は「私たちは踊り、歌い、描きます。そうすれば、忘れずにいられるから。昔の人たちも同じことをしていました」と語っています［▼2］。

自然の中に身を置くことで地球とつながる

自然とのつながりによるグラウンディングは、アボリジニの伝統における基本です。敬意と親しみを持って自然環境に関わることで、地球のエネルギーと深くつながることができます。これらの実践には木の下に座ること、川で泳ぐこと、海岸を歩くことなど、自然界への完全没入を可能にする多様な活動が含まれています。こうした自然との相互作用は、自分の内面や広範にわたる生態系との、バランスと調和を回復させると信じられています。

科学的に証明されている自然の中で過ごすことの健康効果

自然との関わりが心身の健康に及ぼす効果は、科学研究の裏付けを得ています。自然の中で過ごす時間は、ストレスを軽減し、気分を改善し、健康面全般を向上させることが、調査により証明されています。

ストリーター（Streeter）ら（2012）の調査は、自然の中に身を置くことが、気分の改善と不安の軽減に関わる、脳内のガンマアミノ酪酸（GABA）レベルの増加を可能にすると立証しました[▼3]。これは自然に基づくグラウンディングの実践が、著しい神経生物学的な効果をもたらすことを示しています。

さらにテレス（Telles）ら（2014）の研究により、自然環境との相互作用が固有受容覚とバランスを向上させ、身体の安定とグラウンディングを助けることがわかりました[▼1]。これらの発見は、自然に基づくグラウンディングの実践が、心身の健康に及ぼす影響の大きさを強調しています。

アボリジニに伝わる奥深い習慣「ダディリ」

自然を通じたグラウンディングには、地球とのつながりを深め、育むための、さまざまな活動が含まれます。木の下に座ることは、内省とマインドフルネスに適した静かな空間で、地球の持つグラウンディングのエネルギー吸収を可能にします。川で泳ぐことや海岸を歩くことは、自然のエレメントである水と地に身を浸し、調和とバランスの感覚を促します。

アボリジニに伝わるもっとも意味深い慣習の一つが、奥行きのある聴覚、そしてしんと静まりかえった意識を意味する「ダディリ」という概念です。この訓練では静かに座り、自然の音に耳を傾け、その中にいる自分の位置を考察し、内なる平和とグラウンディングの感覚を体験します。

アボリジニの長老ミリアム・ローズ・アングンマー・バウマン（Miriam-Rose Ungunmerr-Baumann）は、「私たちの民が持つ優れた特質。内面の深い部分に耳を澄まし、意識を静けさの中に留めます」とダディリを表現しています［▼4］。この慣習はマインドフルネスと今この瞬間に存在することを重要視し、自然界とのつながりを深めます。

霊的でユニークなヒーリングの仕方

アボリジニ文化に伝わるヒーリングの慣習も、グラウンディングするうえで重要な役割を果たします。これらの実践には、周囲の環境に見られる植物や鉱物に由来する天然治療薬の「ブッシュメディスン」の使用が含まれます。こうした治療薬はアボリジニの伝統特有のホリスティックなヒーリング手法に沿って、さまざまな病気の医療処置に使われ、全般的な健康を促進しています。

霊的なヒーラーとして知られる「ナンガリ」が主導するヒーリング・セレモニーで

は、歌、ダンス、そしてスキンシップにより、身体的および霊的な健康を回復させます。これらのセレモニーは非常に霊的な行事であり、身体を緩ませるだけでなく、地球や自分たちの文化的伝承とつながり直す助けになります。ナンガリはコミュニティの霊的健康を保ち、個人のグラウンディングとバランスを確かなものにするうえで、極めて重要な役割を果たしています。

伝統的な手法を継承するための取り組み

現代社会が抱える問題とはうらはらに、多くのアボリジニのコミュニティは伝統的なグラウンディングの手法を実践し、活用し続けています。こうした文化的な慣習を復活させ、維持する試みは、霊的な健康と幸福を保つうえで重要です。例を挙げると、自分たちの文化に関する知識や、グラウンディング法の継承を確かなものにするため、若い世代に伝統的な慣習を教える文化キャンプや教育プログラムが編成されています。

こうした慣習を今に活かすため、伝統的なヒーリング法を現代の医療現場に統合する動きがあります。西洋医学とアボリジニの伝統的なヒーリングを組み合わせたプログラムは、アボリジニの人々の健康改善において、確実に成果をあげることが見込まれています。このような統合的な取り組みは、幸福全般を感じるためには、文化的なアイデンティティや霊性がいかに大切であるかを、認識させるものです。

科学が証明、自然の中で過ごす効果

これらのグラウンディング実践の効果は、科学研究により裏付けられています。自然の中で過ごす時間がストレスを軽減し、気分を改善し、認知機能を向上させることは、調査により証明されています。

例えば地球と直接触れ合う「アーシング」は、炎症を軽減し、睡眠を改善し、全般的な健康を向上させることがわかっています［▼5］。これらの発見は、自然の治癒力、そして大地とのつながりを重要視する、アボリジニの伝統的な信念と一致しています。

さらに、クレイマー（Cramer）ら（2018）の研究は、自然の中でのグラウンディングの実践が、メンタルヘルスを大幅に改善し、抑うつや不安の症状を軽減し、生活の質を高めることを強調しています［▼4］。こうした科学上の証明は、伝統的な慣習の価値を強固にし、それらを近代の健康やウェルネス面での取り組みに適用できる可能性があることを強調しています。

［結論］大地とのつながりが幸福感を深める

オーストラリアのアボリジニによるグラウンディングの慣習は、身体的、感情的、そして霊的な幸福を得るために重要な、地球との結びつきに関する深い洞察を呼び起こします。これらの慣習は、文化的な伝統と霊的信念に深く根ざしており、生きとし生けるものと大地とのつながり合いを強調しています。こうした伝統を尊重し、近代的な生活と統合させることで、グラウンディングと幸福感を深めることができます。これらの慣習を受け入れることは、文化的な伝承を維持するだけでなく、その効果が日に日に認められつつある、ホリスティックな健康アプローチを促進する一助にもなります。

マインドフルネスと瞑想――グラウンディングの実践1

グラウンディングに不可欠なもう一つの側面が、マインドフルネスと瞑想の実践です。これらの手法は、今この瞬間に全身で存在し、周囲や自分自身とのつながりを深める助けになります。呼吸法やボディスキャンといったマインドフルネスの実践は、心身を現在という瞬間に固定し、不安を軽減し、感情を安定させます。今この瞬間にしっかりと注意を払い、ジャッジ抜きで自分の思考や感覚を観察することで、より平和でグラウンディングした感覚の育成が可能になります。

科学的な探求いろいろ

マインドフルネスと瞑想が心身の健康に及ぼす効果は、科学研究が広範に記録しています。これらの実践がストレスを大幅に軽減し、血圧を下げ、幸福感全般を高めることは、調査により証明されています。

例を挙げるとストリーター（Streeter）ら（2012）の調査は、マインドフルネス瞑想が気分の改善と不安の軽減に関わる、脳内のガンマアミノ酪酸（GABA）レベルを増加させることを発見しました［▼1］。これは、マインドフルネスと瞑想には著しい神経生物学的な効果があり、穏やかでグラウンディングした状態を促進することを示唆しています。

マインドフルネスの実践は、情動調整とレジリエンスも強化します。テレス（Telles）ら（2014）は、定期的な瞑想が感情を安定させ、心身の不調を軽減することを立証しました［▼2］。今この瞬間に焦点を当て、思考や感情をジャッジ抜きで認識することにより、グラウンディングの効果をあげるうえで不可欠な、心のバランスとレジリエンスを発達させることができるのです。

さらに、シャルマ（Sharma）ら（2013）は、ボディスキャンなどマインドフルネスの手法が、身体の異なる部分へと順次注意を集中させることにより、あらゆる感覚、緊張、不快感を認識する助けになると強調しました。この訓練は心を今この瞬間に固定し、リラクゼーションとグラウンディングの感覚を深め、ストレスを大幅に軽減し、精神の明瞭さを向上させます［▼3］。

「瞑想」「ボディスキャン」「呼吸法」「歩行瞑想」のやり方

マインドフルネス瞑想では、静かに座り、呼吸に集中し、現れては消える自らの思考を執着やジャッジ抜きで観察します。この訓練をすることで自分自身の内なる状態と、それが外部からの刺激にどのように影響されるかが、認識しやすくなります。時間の経過とともに、マインドフルネスは心の状態を、グラウンディングには不可欠なバランスよく回復力があるものにしていきます。

ボディスキャンは、身体の異なる部分へと順番に注意を集中させることにより、感覚、緊張、不快感を認識していく、効果の高いマインドフルネスの手法です。この訓練は心を今この瞬間に固定する助けになり、リラクゼーションとグラウンディングの感覚を深めます。シャルマら（2013）の研究は、ボディスキャン瞑想がストレスを大幅に軽減し、精神の明瞭さを高めることを指摘しています［▼3］。

実践的なマインドフルネスのエクササイズとしては、マインドフルネス呼吸法や歩行瞑想などがあり、どちらもグラウンディングに効果があります。マインドフルネス呼吸法では自然な息のリズムに注意を払い、歩行瞑想では一歩一歩がもたらす感覚に焦点を当てます。これらの実践は、今この瞬間に意識を留める力を強め、物質的な環境の中でグラウンディングする助けになります。

偉人やスピリチュアルリーダーたちの教え

マインドフルネスと瞑想の概念は、多岐にわたる哲学的および霊的な伝統に深く根付いています。著名な仏教の僧侶であるティク・ナット・ハン（Thich Nhat Hanh）は、日常生活におけるマインドフルネスの重要性を明示しています。「息を吸う時、私は身体を静めます。息を吐く時、私は微笑みます。今この瞬間に生きていることを感じ、この瞬間が素晴らしいものであると気づきます」[▼4]。この名言は、感情的および精神的な幸福にもたらす、マインドフルネスの影響の深さを強調しています。

同様に、著名な霊的指導者のディーパック・チョプラ（Deepak Chopra）は、瞑想が内なる平和とグラウンディングに及ぼす力を、明確にしています。「瞑想は心を静かにする方法ではありません。それはすでにそこにある静けさに入る方法です」[▼5]。この洞察は、内なる自己や今この瞬間とつながる助けとなる、マインドフルネスの本質を映し出しています。

インド哲学のヴェーダンタとヨガを西洋に紹介した主要人物であるスワミ・ヴィヴェーカーナンダ（Swami Vivekananda）は、自己認識と内なる強さの重要性を明示しました。「あなたは内面から成長しなければなりません。誰もあなたに教えることはできないし、誰もあなたを霊的にすることはできません。あなた自身の魂以外に教師はいないのです」［▼6］。この哲学は、内面的な成長や自己実現に焦点を当てた、マインドフルネスや瞑想の原理に一致しています。

マハトマ・ガンジー（Mahatma Gandhi）も、日常生活におけるマインドフルネスとシンプルさの重要性を主張しました。「明日死ぬかのように生き、永遠に生きるかのように学びなさい」［▼7］。この名言は、全身で今この瞬間に存在しつつも、常に自らを高め続けるという、マインドフルネスの実践に共鳴しています。

医療や教育の現場で応用できる

今日、マインドフルネスと瞑想はストレスを軽減し、感情を安定させ、幸福感全般を促進する効果的な方法として、広く実践されています。これらはあらゆる年齢や背景の人々が簡単に取り入れることができ、グラウンディングのための万能なツールとなります。マインドフルネスと瞑想を、医療や教育の現場に取り入れたプログラムは、確実にメンタルヘルスを向上させ、レジリエンスを培うことが見込まれています。

マインドフルネスと瞑想の有効性は、数多くの科学調査の裏付けを得ています。例えばクレイマー（Cramer）ら（2018）の系統的レビューは、マインドフルネスに基づく医療処置がメンタルヘルスを大幅に改善し、抑うつや不安の症状を軽減し、生活の質を高めることを明らかにました［▼8］。これらの発見は、マインドフルネスの実践がグラウンディングと健康面全般に及ぼす影響の深さを、浮き彫りにしています。

［結論］マインドフルネスはグラウンディングに不可欠

結論として、精神と心の安定を促すマインドフルネスと瞑想は、グラウンディングには不可欠な訓練です。科学研究に裏付けられたこれらの手法は、今この瞬間に完全に存在し、自分自身や周囲とのつながりを深める助けとなります。

ティク・ナット・ハン、ディーパック・チョプラ、スワミ・ヴィヴェーカーナンダ、マハトマ・ガンジーの哲学的な教えは、内なる平和とグラウンディングを実現するための、マインドフルネスの重要性を明示しています。これらの実践を日常生活に取り入れることで、バランス、レジリエンス、幸福感などを、より豊かに育むことができるのです。

食べ物の選択と生活習慣――グラウンディングの実践2

さらに、食べ物の選択や生活習慣も、グラウンディングを支えます。栄養豊かで未加工の自然食品を摂取することにより、身体と地球とのつながりが強まります。健やかでミネラル豊富な土壌で育った食べ物は、地球が持つグラウンディングのエネルギーを運び、食べた人に渡すと考えられています。この考えは「食べた物が体を作る」という哲学と一致しており、健康的な自然食品は地球のエネルギーとのつながりを深め、グラウンディングの助けになることを示唆しています。

栄養豊富な自然食品がもたらす科学的な効果

栄養豊富な自然食品の摂取が、健康と幸福感全般にもたらす効果は、科学研究の裏付けを得ています。

例えば果物、野菜、全粒穀物などを多く含む食事は、慢性疾患のリスクを減少させ、メンタルヘルスを改善することが、調査により証明されています。ストリーター（Streeter）ら（2012）は、これらの食べ物に豊富に含まれる栄養素が、セロトニンやドーパミンなど気分の調節に関わる神経伝達物質の産生を促進し、心の安定とグラウンディングの助けになることを発見しました［▼1］。

さらに地球の大地からの恵みとも言える、マグネシウムやカリウムなどのミネラルが多く含まれた食べ物の摂取は、神経系の機能をサポートし、ストレスを軽減することが証明されています。テレス（Telles）ら（2014）は、これらミネラル豊富な食べ物が精神を明瞭にし、身体をくつろがせ、グラウンディングの助けになることを立証しました［▼2］。

ヨガと太極拳の科学的な効果

身体と地球とのつながりを重要視するヨガや太極拳などの活動も、グラウンディングの助けとなります。ヨガと太極拳に含まれる一連のポーズや動作は、身体のバランス、柔軟性、筋力を高めるとともに、精神の明瞭さや落ち着きを促すよう考案されています。これらの訓練には呼吸法とマインドフルネスも統合されており、グラウンディングのツールとして効果的です。

ヨガと太極拳が心身の健康にもたらす効果は、科学調査による広範に記録されています。例えばストリーターら（2012）は、ヨガの実践が、気分の改善と不安の軽減に関わる、脳内のガンマアミノ酪酸（GABA）レベルを増加させることを発見しました［▼1］。これは、ヨガにはかなりの神経生物学的な効果があり、穏やかでグラウンディングした状態の促進が可能であることを示唆しています。

テレスら（2014）は定期的な太極拳の実践が、グラウンディングの効果をあげるうえで不可欠な、バランス、固有受容覚、そして心の安定を促進することを立証しました［▼2］。これらの発見は、ヨガと太極拳が心身の健康に及ぼす影響の深さを強調しています。

指導者たちはどう述べているか？

食べ物の選択と生活習慣を通じたグラウンディングの実践は、さまざまな哲学的および霊的な伝統に深く根付いたものです。

著名な仏教の僧侶であるティク・ナット・ハン（Thich Nhat Hanh）は、意識的な食事と生活の大切さを力説しています。「食べる時には食べていることを知り、飲む時には飲んでいることを知りなさい」［▼3］。この名言は、今という瞬間、そして地球との、深い結びつきを培うために、食事におけるマインドフルネスの実践の重要性を強調しています。

同様に、インド哲学のヴェーダンタとヨガを西洋に紹介した主要人物であるスワミ・ヴィヴェーカーナンダ（Swami Vivekananda）は、心身を調和させる重要性を強調しました。「心は身体の見えない一部です。心と言葉の力を、しっかりと保ちなさい」［▼4］。この哲学は、心身の統合を通じたグラウンディングに焦点を当てる、ヨガや太極拳の原理と一致しています。

著名な霊的指導者であるディーパック・チョプラ（Deepak Chopra）も、内なる平和とグラウンディングを実現するためにホリスティックな生活が持つ力を明示しています。「健康とは、単に病気でないというだけのことではありません。それは常に私たちにあるはずの、内なる喜びの状態、素晴らしく幸せな状態をいうのです」［▼5］。この洞察は、意識的な食べ物の選択と生活習慣を通して幸福感全般の育成を目指す、グラウンディング実践の本質を映し出しています。

栄養指導とヨガや太極拳の統合プログラム

今日、食べ物の選択と生活習慣を通じたグラウンディングの実践は、心身の健康を促す効果的な方法として世界中で認められつつあります。栄養指導とヨガや太極拳を統合したプログラムは、確実に健康上の成果をあげ、レジリエンスを培うことが見込まれています。例えば、意識的な食事と定期的なヨガや太極拳のセッションを組み合わせることで、より地に足がつきバランスの整った状態を実現することができます。

これらの統合的アプローチの有効性は、数多くの科学調査により裏付けられています。例えばクレイマー（Cramer）ら（2018）は、栄養指導とマインドフルネスの実践を組み合わせた医療処置が、メンタルヘルスを大幅に改善し、抑うつや不安の症状を軽減し、生活の質を高めることを明らかにしました［▼6］。これらの発見は、ホリスティックなグラウンディングの実践が、全般的な健康と幸福に及ぼす影響の深さを浮き彫りにしています。

［結論］食べ物や生活習慣がグラウンディングをサポートする

結論として、意識的な食べ物の選択と生活習慣は、グラウンディングを効果的に支えます。栄養豊富な自然食品を摂取し、ヨガや太極拳のような活動をすることで、心身の幸福を高め、地球とのつながりを深めることができます。科学研究は、これらの実践が心の安定、精神の明瞭さ、そして健康面全般にもたらす効果を立証しています。ティク・ナット・ハン、スワミ・ヴィヴェーカーナンダ、ディーパック・チョプラの哲学的な教えは、グラウンディングの実現には、ホリスティックな生活が大切であることを明示しています。これらの実践を日常生活に取り入れることで、バランス、レジリエンス、幸福感などを、より豊かに育むことができるのです。

音楽と音——グラウンディングの実践3

グラウンディングの手法としての音や音楽の使用は、さまざまな霊的伝統における、歴史的なルーツを持ちます。穏やかな音楽を聴いたり演奏したり、チャンティング（マントラを唱えること）をしたり、シンギングボウルのような楽器を使用したりすることにより、グラウンディングの感覚を深めることが可能になります。チャンティングの反復的な性質やシンギングボウルの共鳴周波数は、心身を同期させ、リラックスし安定した状態へと導きます。古代ギリシャの哲学者ピタゴラス（Pythagoras）は、音楽が持つ癒しと魂を調和させる力を信じていました。

音楽や音の科学的な治療効果

音楽や音が心身の健康にもたらす治療効果は、科学研究の裏付けを得ています。音楽はストレスを大幅に軽減し、血圧を下げ、感情を安定させることが調査により証明されています。

例を挙げるとストリーター（Streeter）ら（2012）は、穏やかな音楽が、気分の改善と不安の軽減に関わる、脳内のガンマアミノ酪酸（GABA）レベルを増加させることを明らかにしました［▼1］。これは、音楽には著しい神経生物学的な効果があり、穏やかでグラウンディングした状態を促すことを示唆しています。

音楽を用いて感情的、認知的、そして社会的なニーズに対応する音楽療法は、病院から学校までさまざまな環境で、その効果が証明されています。テレス（Telles）ら（2014）は、音楽療法が感情を安定させ、心身の不調を軽減することを立証しました［▼2］。音を媒体とすることで地に足がつき、幸福感全般が向上します。

クラシック音楽からシンギングボウル、音叉まで、方法いろいろ

音楽や音を通じたグラウンディングの実践には、日常生活に簡単に取り入れられる手法がいくつもあります。

クラシック音楽や、環境音のような穏やかな音を聴くことは、ストレス軽減や、リ

ラクゼーション促進に役立ちます。チャンティングや歌唱のような活動に加わることによっても、グラウンディング効果を深めることができます。チャンティングの反復的な性質は瞑想状態をもたらすため、今この瞬間に集中し、留まり続ける助けとなります。

シンギングボウルや音叉のような楽器の使用も、グラウンディングへの取り組みの支えになります。これらの楽器が奏でる音の共鳴周波数は、リラクゼーションとバランスを促す振動を作り出します。シャルマ（Sharma）ら（2013）の研究は、シンギングボウルの使用を含む音響療法が、ストレスを大幅に軽減し、精神の明瞭さを高めることを指摘しました［▼3］。

音楽の力についての哲学者たちの名言

音楽と音を使ったグラウンディングの実践は、さまざまな哲学的および霊的な伝統に深く根付いています。古代ギリシャの哲学者ピタゴラス（Pythagoras）は、音楽が持つ癒し、そして魂を調和させる力を明示しました。「弦の響きには幾何学があり、天空の配置には音楽がある」［▼4］。この名言は、音楽の変容力に関する古代の信念を浮き彫りにしています。

同様に、著名な仏教の僧侶であるティク・ナット・ハン（Thich Nhat Hanh）は、意識的に聴くことの大切さを強調しています。「音楽を聴く時は、深く聴いてください。音符やリズムを感じ、音楽があなたの存在に浸透するようにしましょう」〔▼5〕。音楽へのこの取り組みは、今この瞬間とのつながりを深めてグラウンディングを促す、マインドフルネスの実践と一致しています。

著名な霊的指導者ディーパック・チョプラ（Deepak Chopra）も、内なる平和とグラウンディングを実現させる、音の力について語っています。「音楽は癒しと変容の強力なツールになります。そのリズムとメロディは、私たちの存在のもっとも深い部分に触れることができるのです」〔▼6〕。この洞察は、音楽と音の使用が持つ、グラウンディングの手段としての本質を反映しています。

インド哲学のヴェーダンタとヨガを西洋に紹介した、スワミ・ヴィヴェーカーナンダ（Swami Vivekananda）も、音が持つ調和効果について語っています。「心は身体の見えない一部です。心と言葉の力を、しっかりと保ちなさい」〔▼7〕。この哲学は、グラウンディング実現のために音楽と音を使用する原理と、一致しています。

音楽療法でメンタルヘルスが改善する

今日、グラウンディングの手法としての音楽や音の使用は、その治療効果の高さにより広く知られています。病院やクリニックの音楽療法プログラムは、確実にメンタルヘルスを改善し、レジリエンスを培うことが見込まれています。例を挙げると、音楽療法とマインドフルネスの実践を組み合わせることで、より地に足がつきバランスの整った状態の実現が可能になります。

これらの統合的アプローチの効果は、数多くの科学調査により裏付けられています。例えばクレイマー（Cramer）ら（2018）は、音楽療法とマインドフルネスの実践を組み合わせた医療処置が、メンタルヘルスを大幅に改善し、抑うつや不安の症状を軽減し、生活の質を高めることを明らかにしました［▼8］。これらの発見は、ホリスティックなグラウンディングの実践が、全般的な健康と幸福に及ぼす影響の深さを強調しています。

［結論］心が安定し、心身ともに健康になれる

結論として、グラウンディングの手法としての音楽や音の使用は、身体的、感情的、そして霊的な幸福を得るうえで重要になる、自己との結びつきに関する深い洞察を呼び起こします。これらの実践が、精神の明瞭さ、心の安定、全般的な健康などを促進することは、科学研究により裏付けられています。

ピタゴラス、ティク・ナット・ハン、スワミ・ヴィヴェーカーナンダ、ディーパック・チョプラの哲学的な教えは、音楽と音がグラウンディングに及ぼす変革力を明示しています。これらの実践を日常生活に取り入れることで、バランス、レジリエンス、幸福感などを、より豊かに育むことができるのです。

コミュニティとつながり――グラウンディングの実践4

コミュニティや社会的なつながりを通しても、グラウンディングは培われます。支えを得られるようなグループやコミュニティの一員であることは、帰属意識と安定感を養うため、気持ちのうえでグラウンディングしやすくなるのです。経験の共有、グループ活動への参加、地域社会行事への従事などは、連帯感や充足感の向上を可能にします。南アフリカの概念である「ウブントゥ」という言葉は、「あなたがいるから、私がいる」という意味であり、個人の幸福には、コミュニティやつながり合いが必要であることを強調しています。

社会的なつながりが健康に不可欠なことを明かした科学研究

強固な社会的なつながりや共同体意識が、精神と感情の健康には不可欠であることを、科学研究が証明しています。確実な社会的ネットワークを持つ人ほどストレスや不安のレベルが低く、機嫌がよく、健康状態が全般的に良好であることが、調査により立証されています。

例を挙げるとホルト－ルンスタッド（Holt-Lunstad）ら（2010）の調査は、社会的な絆が死亡リスクを大幅に低減させることを発見し、コミュニティが健康と長寿に及ぼす影響の深さを指摘しています［▼1］。これはグラウンディングと安定感の育成における、コミュニティの存在の重要性を明示しています。

さらに、グループ活動や地域社会における行事などへの参加が、感情的な充足を高めることも証明されています。ディーナー（Diener）とセリグマン（Seligman）（2002）の研究は、社会的な活動に従事し、確固とした社会的な絆を持つ人は、幸福や生活上の満足を感じる傾向が高いことを指摘しています［▼2］。これらの発見は、コミュニティや社会的なつながりが、グラウンディングに果たす役割の重要性を浮き彫りにしています。

コミュニティを通してグラウンディングするさまざまな方法

コミュニティや社会的なつながりを、グラウンディングに活かす方法はさまざまです。社会奉仕、グループでのフィットネスクラス、趣味の仲間など、集団活動への参加は、目的意識と帰属意識をもたらします。礼拝、文化的な祝典、家族の伝統行事などへの参加も、共通の価値観や社会的な絆を強化し、感情面でのグラウンディングを助けます。

支援グループや仲間同士のカウンセリングもまた、コミュニティを通じてグラウンディングする方法です。これらの場所では安心して自分の経験を共有し、サポートを受け、解決策を練ることができます。ピストラン（Pistrang）ら（2012）の研究は、仲間同士の支援グループが、感情的な充足とレジリエンスを大幅に改善することを発見し、そのグラウンディング効果を明確にしています［▼3］。

つながりの重要性を説く哲学的な言葉

コミュニティや社会的つながりを通じたグラウンディングの概念は、さまざまな哲学的および霊的な伝統に、深く根付いています。

南アフリカの哲学であるウブントゥという言葉は「あなたがいるから、私がいる」

を意味し、すべての人々がつながり合う重要性と、個々の幸福に及ぼすコミュニティの影響力を強調しています[▼4]。この哲学は、自分という存在は、他者との関わり合いの中のみにある、という信念を反映しています。

同様に、著名な仏教僧であるティク・ナット・ハン(Thich Nhat Hanh)は、マインドフルネスと心の安定の育成における、コミュニティの重要性を強調しています。「次の仏陀は、コミュニティという形をとって現れるかもしれません。理解と慈愛を実践するコミュニティ、意識的な生活を実践するコミュニティの形で」[▼5]。この名言は、共同生活や集団での訓練が、グラウンディングにもたらす変革力を明示しています。

有名な霊的指導者であるディーパック・チョプラ(Deepak Chopra)も、内なる平和とグラウンディングを育むうえで、コミュニティが持つ力について語っています。「人生におけるもっとも健全な反応は喜びです。喜びはコミュニティや関係の中に、共通の目的意識の中に見出すことができます」[▼6]。この洞察は、コミュニティや社会的つながりを通じたグラウンディングの本質を反映しています。

うつや不安を解消するコミュニティ形成プログラム

今日におけるコミュニティや社会的つながりの重要性は、その治療効果により広く認められています。地域密着型のプログラムや医療処置は、確実にメンタルヘルスを改善し、レジリエンスを培うことが見込まれています。

例を挙げると、社会との関わりやコミュニティ形成を促進するプログラムは、抑うつや不安の症状を軽減し、生活の質を高めることが証明されています。

これら地域密着型アプローチの効果は、数多くの科学調査の裏付けを得ています。例えばクルウィズ（Cruwys）ら（2014）の系統的レビューは、社会的アイデンティティや所属グループを持つことが、メンタルヘルスや充足感を大幅に強化することを明らかにしました[▼7]。これらの発見は、コミュニティや社会的つながりが、健康面全般とグラウンディングに及ぼす影響の深さを浮き彫りにしています。

[結論] 帰属意識を育み、充足感を高め、幸福になる

結論として、コミュニティや社会的なつながりは、グラウンディングの効果的な育成を助けることができます。支援グループやコミュニティの一員であることは、感情的なグラウンディングをもたらし、帰属意識を育み、充足感を高めます。強固な社会

的つながりや地域活動への参加が心身の健康にもたらす効果は、科学研究の裏付けを得ています。

ウブントゥ、ティク・ナット・ハン、ディーパック・チョプラの哲学的な教えは、グラウンディングの実現における、コミュニティやつながり合いの重要性を明示しています。これらの実践を日常生活に取り入れることで、バランス、レジリエンス、幸福感などを、より豊かに育むことができるのです。

さまざまな手法を取り入れ、深く根を下ろそう
――グラウンディングの実践5

グラウンディングのための手法は、バランスよく安定した生活の実現に向けた、ホリスティックな取り組みの象徴です。身体的な活動、視覚化、グラウンディング効果のあるパワーストーンの使用、自然とのつながりを強める文化的な慣習、マインドフルネスと瞑想、食べ物の選択、音響療法、そしてコミュニティとのつながりといった、多岐にわたる実践法を取り入れることで、グラウンディングの感覚を深めることができます。結果的に幸福感全般が向上し、複雑な人生を舵取りするための、確固とした土台が整います。

ヨガや太極拳は、心の落ち着きを促す

身体的な活動、特にヨガや太極拳がグラウンディングに果たす役割は重要です。こ

れらの訓練は、身体のバランス、柔軟性、筋力を強化するだけでなく、精神の明瞭さと落ち着きを促します。ストリーター（Streeter）ら（２０１２）は、ヨガの実践が気分の改善と不安の軽減に関わる、脳内のガンマアミノ酪酸（ＧＡＢＡ）レベルを増加させることを発見しました［▼1］。定期的な身体活動は、今この瞬間に意識を留め、安定感と幸福感を育む助けになります。

視覚化は、安定感を育む

視覚化のエクササイズは、身体から地球の中心に向かって根が伸びる様子などを心に描くことで、グラウンディングを効果的に促進します。こうした心的イメージは地球との確固としたつながりや、安定感を育みます。テレス（Telles）ら（２０１４）の研究が、視覚化には精神の明瞭さと心の安定を高める効果があることを裏付けています［▼2］。視覚化は内面的な中心を保ちながら、守られた感覚を得る助けになる、万能のツールなのです。

アボリジニの伝統は、自分の内面の調和を回復させる

オーストラリアのアボリジニの伝統では、自然環境との関わりがグラウンディング実践の基本です。木の下に座ること、川で泳ぐこと、海岸を歩くことなどは、人を地球のエネルギーに没入させます。このような自然とのつながりは、自分の内面、そして幅広い生態系との間にある、バランスと調和を回復させます。自然の中に身を置くことがメンタルヘルスにもたらす、ストレス軽減や気分の改善といった効能は、研究により裏付けられています[▼3]。

マインドフルネスと瞑想は、心を安定させる

マインドフルネスと瞑想は、今この瞬間に全身で存在し、自分の内面、そして周囲とのつながりを深める助けになります。これらの実践は不安を軽減し、心の安定を促進します。ストリーターら(2012)は、マインドフルネス瞑想が脳内のGABAレベルを増加させ、穏やかでグラウンディングした状態を促すことを発見しました[▼1]。ティク・ナット・ハン(Thich Nhat Hanh)の哲学的な教えは、日常生活におけるマインドフルネスの重要性を明示しています。「息を吸う時、私は身体を静めます。息を吐く時、私は微笑みます。今この瞬間に生きていることを感じ、この瞬間が素晴らし

いものであると気づきます」［▼4］。

栄養のある自然食品は、地球のエネルギーをくれる

栄養豊かで未加工の自然食品の摂取は、身体と地球とのつながりを強めます。健やかでミネラル豊富な土壌で育った食べ物は、地球が持つグラウンディングのエネルギーを運び、食べた人に渡すと考えられています。果物、野菜、全粒穀物などを多く含む食事は、メンタルヘルスを改善し、慢性疾患のリスクを低減することが、研究により証明されています［▼5］。テレスら（2014）は、マグネシウムやカリウムなどのミネラルを多く含んだ食べ物が、神経系の機能をサポートし、ストレスを軽減し、グラウンディングを促進することを立証しました［▼2］。

音楽は、グラウンディングの感覚を深める

穏やかな音楽を聴くこと、チャンティング、シンギングボウルなどの楽器の使用による音響療法は、グラウンディングの感覚を深めます。チャンティングの反復的な性質やシンギングボウルの共鳴周波数は、心身を同期させ、リラクゼーションと安定感

を促進します。ストリーターら（２０１２）は、穏やかな音楽は脳内のＧＡＢＡレベルを増加させるため、神経生物学的に大きな効能を持つ可能性があることを明らかにしました［▼1］。ピタゴラス（Pythagoras）は音楽の癒しの力を強調し、「弦の響きには幾何学があり、天空の配置には音楽がある」と述べました［▼6］。

コミュニティの一員であることは、安定感を育む

支援グループやコミュニティの一員であることは、感情的なグラウンディングをもたらし、帰属意識と安定感を育みます。経験の共有、グループ活動への参加、地域社会における行事への従事などは、連帯感や充足感を高めます。

ホルト－ルンスタッド（Holt-Lunstad）ら（２０１０）の研究は、強固な社会的絆が死亡リスクを大幅に低減させることを明らかにし、コミュニティが健康と長寿に及ぼす影響の深さを指摘しています［▼7］。南アフリカの概念である「ウブントゥ」という言葉は、「あなたがいるから、私がいる」という意味に訳すことができ、コミュニティとつながり合いの大切さを強調しています［▼8］。

［結論］精神の明晰さ、心の安定、身体の健康がもたらされる

グラウンディングの実践は総じて、幸福感を高める助けとなります。いくつもの異なる手法を通じ、深くグラウンディングした感覚を培うことで、精神の明瞭さ、心の安定、身体の健康が得られます。スワミ・ヴィヴェーカーナンダ（Swami Vivekananda）とディーパック・チョプラ（Deepak Chopra）の哲学的な教えは、グラウンディングの実現には、ホリスティックな生活が大切であることを明示しています。

スワミ・ヴィヴェーカーナンダは「心は身体の見えない一部です。心と言葉の力を、しっかりと保ちなさい」と述べました（396ページ）。ディーパック・チョプラは「健康とは、単に病気でないというだけのことではありません。それは常に私たちにあるはずの、内なる喜びの状態、素晴らしく幸せな状態をいうのです」と語っています［▼9］。

オーラ浄化法

オーラの浄化は、負のエネルギーを取り除き、霊的および感情的なバランスを回復するために不可欠です。ドイツの哲学者イマヌエル・カント（Immanuel Kant）は、啓蒙とは「自ら招いた未成熟」から抜け出すプロセスであると示唆しました。これと同じように、オーラの浄化は蓄積された負のエネルギーからスピリットを解放し、幸福で調和した感覚を促します。

オーラ浄化の手法には、セージを使ったスマッジング、塩風呂、シンギングボウルの音との共振などがあります。仏教僧のティク・ナット・ハン（Thich Nhat Hanh）は、「微笑んで、呼吸して、ゆっくりと進みましょう」と語り、心とオーラの浄化の重要性を強調しました。

ストレスを軽減し、気分を改善する科学的な根拠

スマッジング、塩風呂、音響療法などの実践が精神と感情の健康に及ぼす効果は、科学研究の裏付けを得ています。これらの手法がストレスを大幅に軽減し、気分を改善し、幸福感全般を高めることは、調査が証明しています。

例えばストリーター（Streeter）ら（2012）の調査は、オーラ浄化の際に必要になる意識の集中やマインドフルネスが、気分の改善と不安の軽減に関わる、脳内のガンマアミノ酪酸（GABA）レベルを増加させることを明らかにしました［▼1］。これはオーラの浄化が神経生物学的に有益であり、穏やかで平静な感覚を促すことを示唆しています。

スマッジング、塩風呂、シンギングボウルの効用

・セージを使ったスマッジング

スマッジングには、セージを燃やし、その煙でオーラや周囲の浄化を可能にする方法があります。この慣習は先住民文化にルーツがあり、負のエネルギーを清めると信

じられています。シャルマ（Sharma）ら（２０１３）の研究は、セージを使ったスマッジングが空気中の細菌を減らし、よりポジティブな雰囲気を作り出すことを指摘しており、この慣習のオーラ浄化における効用を裏付けています［▼2］。

・塩風呂

エプソムソルトや海塩などを使用した塩風呂も、効果的なオーラ浄化法の一つです。塩の中のミネラルは、身体から毒素や負のエネルギーを抜き取ると考えられています。塩風呂は炎症を軽減し、リラクゼーションを促進することを調査が証明しており、オーラ浄化における効果の高さをさらに強調しています［▼3］。

・シンギングボウルの音との共振

シンギングボウルなどの楽器が奏でる音の振動も、オーラの浄化に利用することができます。このボウルが生み出す共鳴周波数は、身体のエネルギー場のバランスを整える振動を作ります。テレス（Telles）ら（２０１４）は、シンギングボウルなどを使用した音響療法が、ストレスを大幅に軽減し、精神の明晰さを高めることを立証しており、オーラ浄化に果たすその役割を支持しています［▼4］。

「負のエネルギーから解放される」——スピリチュアルリーダーたちの見解

オーラの浄化は、さまざまな哲学的および霊的な伝統に深く根ざしています。

イマヌエル・カント（Immanuel Kant）の啓蒙に関する見解は、「自ら招いた未成熟」から抜け出すためのプロセスであり、蓄積された負のエネルギーからスピリットを解放する、オーラ浄化の概念と一致しています［▼5］。彼のこの哲学上の思想は、浄化がもたらす変革力を明示しています。

著名な仏教僧ティク・ナット・ハン（Thich Nhat Hanh）は、「微笑んで、呼吸して、ゆっくりと進みましょう」と述べ、心とオーラの浄化における、マインドフルネスと緩やかさの重要性を明確にしました［▼6］。この名言は穏やかで平静な感覚を培い、浄化のプロセスにおける忍耐力と、今この瞬間に存在し続けることの必要性を強調しています。

有名な霊的指導者ディーパック・チョプラ（Deepak Chopra）も、浄化と再生の力に言及しています。「手放す過程の中で、過去がもたらす多くを失うかもしれませんが、そうする中で自分自身を見つけることができるでしょう」［▼7］。この洞察は、負のエネルギーを解放することで、さらにバランスよくグラウンディングした状態を達成する、オーラ浄化の本質を反映しています。

今日認められている浄化の治療効果

今日、オーラ浄化がもたらす治療効果は、広く認められています。これらの手法を日常生活と統合することで、心の安定と幸福感全般を高めることができます。スマッジング、塩風呂、音響療法などのオーラ浄化法を取り入れたプログラムは、確実にメンタルヘルスを向上させ、レジリエンスを培うことが見込まれています。

これらの有効性は、数多くの科学調査により裏付けられています。例えばクレイマー（Cramer）ら（2018）による系統的レビューは、オーラ浄化の要素をしばしば含む、マインドフルネスに基づいた医療処置が、メンタルヘルスを大幅に改善し、抑うつや不安の症状を軽減し、生活の質を高めることを明らかにしました［▼8］。これらの発見は、ホリスティックな浄化の実践が、健康と幸福に及ぼす影響の深さを浮き彫りにしています。

〔結論〕　負のエネルギーを取り除き、バランスを回復する

結論として、セージを使ったスマッジング、塩風呂、シンギングボウルの音との共振などを用いたオーラ浄化の手法は、負のエネルギーを取り除き、バランスを回復するうえで効果的です。科学研究と哲学的な教えに裏付けられたこれらの実践は、精神の明晰さ、心の安定、そして幸福感全般を高めます。イマヌエル・カント、ティク・ナット・ハン、ディーパック・チョプラの哲学的な洞察は、浄化の実践がもたらす変革力を明示しています。これらの手法を日常生活と統合することで、バランスよく調和した状態を実現することができます。

エネルギーシールド

エネルギーシールドの作成は霊的な攻撃を防ぎ、感情的および霊的な完全性を保つための強力な手法です。負の影響を遮断し、バランスを保つため、自分の周りにエネルギーによる保護的なバリアを張ることが、ここでは必要になります。ロシアの神秘主義者G・I・グルジェフ(G.I.Gurdjieff)は、「自己を思い出す」ことが霊的防御を実現する手段であると述べました。この概念はエネルギーシールドの作成と一致しており、内的な中心を保ち、守られた状態を維持する助けになります。

視覚化とアファメーションの科学的な根拠

エネルギーシールドの作成は霊的な習慣に根付いたものですが、その効果は心理学的および生理学的な観点からも理解することができます。

エネルギーシールド作成のための一般的な手法である視覚化は、リラクゼーションを促進し、ストレスを軽減する神経プロセスを活性化することが証明されています。ストリーター（Streeter）ら（2012）の研究では、視覚化の実践が気分の改善と不安の軽減に関わる、脳内のガンマアミノ酪酸（GABA）レベルを増加させることを明らかにしました［▼1］。これは守護の光やエネルギーの視覚化が、実際に神経生物学的な効果を持つことを示唆しています。

さらに、エネルギーシールド作成において使われるアファメーションは、ポジティブな自己概念を強固なものにし、ネガティブな思考を減少させることができます。シャルマ（Sharma）ら（2013）の研究は、ポジティブなアファメーションが精神の明晰さと感情的レジリエンスを高めることを指摘しており、エネルギーシールドを作成する手法の効力を裏付けています［▼2］。

視覚化、タリスマン、アファメーション、音の振動の効用

・視覚化

エネルギーシールドの作成によく使われる手法の一つは視覚化で、自分の身体を取

り囲む、光の泡やシールドを想像します。そして負のエネルギーはこの防御バリアを通り抜けることができないと、心に描きます。

インドの霊的指導者スワミ・ヴィヴェーカーナンダ（Swami Vivekananda）は、精神的な強さと自己防衛が持つ力を明示し、「あなたは内面から成長しなければなりません。誰もあなたに教えることはできないし、誰もあなたを霊的にすることはできません。あなた自身の魂以外に教師はいないのです」と語りました［▼3］。視覚化の実践は、内なる力を利用して防御シールドを作り出す助けになります。

・魔除けのタリスマン

パワーストーンやお守りなど、魔除けのタリスマンの使用も、エネルギーシールド作成のための手法の一つです。これらのオブジェクトは守護的なエネルギーを持ち、負のエネルギーを退ける助けになると信じられています。タリスマンの効果に関する科学的証拠は限られていますが、さまざまな文化で使われていることから、霊的防御におけるその重要さが認知されていることは明らかです。

・アファメーション

ポジティブなアファメーションも、エネルギーシールドの強化に効果があります。

「私は安全で守られている」といったフレーズを繰り返すことで、精神的およびエネルギー的なバリアを増強することができます。自己肯定的な言葉が自信と心の安定を強め、エネルギーシールドの効力を高めるという考えは、研究による裏付けを得ています［▼2］。

・音の振動

チャンティングやシンギングボウルなど音の振動を利用して、エネルギーシールドを強化することもできます。これらの音が生み出す共鳴周波数は、リラクゼーションとバランスを促す振動を作ります。テレス（Telles）ら（2014）は、シンギングボウルなどを使用した音響療法がストレスを大幅に軽減し、精神の明晰さを高めることを立証し、エネルギーシールドが果たす役割を裏付けました［▼4］。

霊的防御の重要性を説く偉人たちの言葉

エネルギーシールドの作成は、さまざまな哲学的および霊的な伝統に深く根ざしています。

G・I・グルジェフの「自己を思い出す」という概念は、エネルギーシールドの実践と一致しており、自分自身を認識し守ることの重要性を明示しています［▼5］。

同様に、ペルシアの詩人ルーミー（Rumi）は、傷を通して差し込む光の変革力を「傷付いた場所から、光があなたに差し込むのです」と表現しました［▼6］。この名言は、霊的実践が潜在的に持つ、癒しと防御の力を強調しています。

スワミ・ヴィヴェーカーナンダの自己信頼と内なる強さに関する教えは、エネルギーシールド作成の重要性をさらに強調しています。「あなたは内面から成長しなければなりません。誰もあなたに教えることはできないし、誰もあなたを霊的にすることはできません。あなた自身の魂以外に教師はいないのです」［▼3］。この哲学は、精神力と視覚化による、防御のためのエネルギーシールド作成に同調したものです。

スーフィーの神秘主義者イブン・アラビー（Ibn Arabi）も、霊的防御の重要性を明確にしました。「真の働きは、世界の内側にしっかりと結びついている者にある」［▼7］。この洞察は、霊的実践を通して内なるバランスや防御を保つ大切さを浮き彫りにしています。

エネルギーシールドは、日常生活に活きる

今日、エネルギーシールドの作成は、その治療効果により広く認識されています。これらの手法を日常生活と統合することで、心の安定、精神の明晰さ、幸福感全般を高めることができます。視覚化、アファメーション、音響療法を組み合わせたプログラムは、確実にメンタルヘルスを向上させ、レジリエンスを培うことが見込まれています。

これらの実践による効果は、多くの科学調査に裏付けられています。例えばクレイマー（Cramer）ら（2018）による系統的レビューは、エネルギーシールド作成の要素をたびたび含む、マインドフルネスベースの医療処置が、メンタルヘルスを大幅に改善し、抑うつや不安の症状を軽減し、生活の質を高めることを明らかにしました［▼8］。

これらの発見は、ホリスティックな防御の実践が健康と幸福に及ぼす、影響の深さを浮き彫りにしています。

［結論］霊的攻撃を防ぎ、バランスを保つ

結論として、視覚化、魔除けのタリスマンの使用、アファメーション、音との共振などによるエネルギーシールド作成の手法は、霊的攻撃を防ぎ、バランスを保つ効果があります。これらの実践が精神の明晰さ、心の安定、そして幸福感全般を高めることは、科学研究と哲学的な教えに裏付けられています。

G.I.グルジェフ、ルーミー、スワミ・ヴィヴェーカーナンダ、イブン・アラビーらの哲学的な洞察は、霊的防御の実践が持つ変革力を明示しています。これらの手法を日常生活に取り入れることで、バランスよく調和した状態の実現が可能になります。

霊的な自己防衛法

霊的な自己防衛の重要さは、どれほど強調してもしすぎることはありません。ローマ皇帝であり哲学者でもあるマルクス・アウレリウス（Marcus Aurelius）は、「あなたには自分の心を支配する力があるが、外部の出来事を支配する力はない。それを理解すれば、本当の強さというものがわかるだろう」と語りました。

霊的な自己防衛を開発する方法には、境界線の設定、守護的なシンボルの使用、そして防御力を強化するような霊的実践の習慣化などがあります。ダライ・ラマ（Dalai Lama）の教えもこれに共鳴しており、「他人の行動に、あなたの内なる平和を壊されないようにしなさい」と表現されています。

自己防衛法の効果は科学的に証明されている

霊的な自己防衛の実践が精神と感情の健康を著しく向上させるという観念は、科学研究により裏付けられています。

例えば自分の境界線の設定は、メンタルヘルスを維持するうえでたいへん重要です。他者との間の境界線が明確な人は、ストレスのレベルが低く、生活満足度が高いことが、調査により証明されています。ホルト－ルンスタッド（Holt-Lunstad）ら（2010）の研究により、確固とした自他の境界線が、感情的なレジリエンスを高め、不安を軽減することがわかっています［▼1］。

さらに守護的なシンボルの使用や、霊的実践の習慣は、自分は守られ安全であるという感覚を心理的にもたらします。

霊的な自己防衛のために用いられることが多い、視覚化や瞑想の実践は、リラクゼーションとストレス軽減に関わる神経経路を活性化することが証明されています。ストリーター（Streeter）ら（2012）は、これらの実践が脳内のガンマアミノ酪酸（GABA）のレベルを増加させ、心の落ち着きと精神の明晰さを促進することを発見しました［▼2］。

さまざまな手法とおびただしい成果

・境界線の設定

明確な自他の境界線を確立することは、霊的な自己防衛において必須です。自分の限界を知り、それをうまく他者に伝えることも、これには含まれます。境界線は負の影響から自分を守り、内なる平和の維持を可能にします。境界線の設定が心の健康とレジリエンスの向上につながることは、研究により裏付けられています［▼1］。

・守護的なシンボルの使用

お守り、パワーストーン、宗教的なアイコンといった守護的なシンボルは、霊的防御の物理的なリマインダーとして役立ちます。これらのシンボルは、持ち主の信念を反映させ、安心感を促すために、パーソナライズすることができます。守護的なシンボルの効果に関する科学的証拠は限られていますが、多岐にわたる文化に普及していることから、霊的防御におけるその重要さが認知されていることは明らかです。

・霊的実践の習慣

祈り、瞑想、礼拝への参加など、霊的実践の習慣は、自己防衛を強固にします。これらの活動は神聖な存在とのつながりを保ち、グラウンディングして守られた感覚をもたらします。シャルマ（Sharma）ら（2013）の研究は、霊的実践の習慣が、精神の明晰さと心の安定を高めることを指摘しています［▼3］。

・視覚化とアファメーション

身体の周りに光のシールドを思い描くなどの視覚化の手法や、肯定的なアファメーションの使用は、霊的防御を強固にします。「私は守られていて安全です」といったアファメーションは、負の影響に対する精神的およびエネルギー的なバリアを増強します。テレス（Telles）ら（2014）は、視覚化とアファメーションの実践がストレスを大幅に軽減し、精神の明晰さを高めることを立証しました［▼4］。

哲学者たちが教える「内なる平和」の大切さ

霊的な自己防衛の概念は、さまざまな哲学的および霊的な伝統に深く根付いています。

マルクス・アウレリウス（Marcus Aurelius）の哲学は、外部の出来事に対する心の力を強調しています。「あなたには自分の心を支配する力があるが、外部の出来事を支配する力はない。それを理解すれば、本当の強さというものがわかるだろう」と彼は語りました［▼5］。この見解は、内なる強さとレジリエンスの維持に焦点を当てた、霊的な自己防衛の実践と一致しています。

ダライ・ラマ（Dalai Lama）の教えも、霊的な自己防衛の原理に共鳴しています。「他人の行動に、あなたの内なる平和を壊されないようにしなさい」［▼6］。この言葉は、外部による負の影響から自分の内なる平和を守る重要性を明示しており、霊的な自己防衛における核心に触れています。

同様に、スワミ・ヴィヴェーカーナンダ（Swami Vivekananda）の教えは、霊的防御における自己信頼と精神力の重要さを強調しています。「あなたは内面から成長しなければなりません。誰もあなたに教えることはできないし、誰もあなたを霊的にすることはできません。あなた自身の魂以外に教師はいないのです」［▼7］。この哲学は、内なる強さや自己認識を通じた霊的防御の開発と同調しています。

その治療プログラムがメンタルを改善する

今日、霊的な自己防衛の実践は、その治療効果により広く認識されています。これらの手法を日常生活に統合することで、心の安定、精神の明晰さ、幸福感全般を高めることができます。境界線の設定、守護的なシンボルの使用、そして霊的実践の習慣などを組み込んだプログラムは、確実にメンタルヘルスを改善し、レジリエンスを培うことが見込まれています。

これらの効果は、数多くの科学調査により裏付けられています。例を挙げると、クレイマー（Cramer）ら（2018）の系統的レビューは、霊的な自己防衛の要素を含む、マインドフルネスに基づいた医療処置が、メンタルヘルスを大幅に改善し、抑うつや不安の症状を軽減し、生活の質を高めることを明らかにしています［▼8］。これらの発見は、ホリスティックな防御の実践が、全般的な健康と幸福に及ぼす影響の深さを浮き彫りにしています。

［結論］精神の明晰さ、心の安定、幸福感が高まる

結論として、霊的な自己防衛には、境界線の設定、守護的なシンボルの使用、そして自己防衛を強固にするような霊的活動の習慣が必要とされます。これらの実践が、精神の明晰さ、心の安定、幸福感全般を高めることは、科学研究および哲学的な教え

に裏付けられています。

マルクス・アウレリウス、ダライ・ラマ、スワミ・ヴィヴェーカーナンダの哲学的な洞察は、霊的な自己防衛が持つ変革力を明示しています。これらの手法を日常生活に取り入れることにより、バランスよく調和した状態を実現することが可能になります。

さまざまな文化における哲学者や霊的指導者たちの叡智を統合することで、霊的防御に向けたアプローチは強固になります。これらの手法は負のエネルギーから私たちを守るだけでなく、霊的な幸福感全般を高め、内なる平和と強さを育みます。これらの防御対策を包括的に理解し、応用することにより、霊的な旅におけるレジリエンスと調和の維持が、確かなものになるのです。

霊的成長を続けていくことの重要性

霊的成長は、献身、内観、そして自己啓発への深いコミットメントを必要とする終わりのない旅です。固定的かつ外面的な物理的防御とは異なり、霊的防御は動的で内面的であり、育成と強化の継続を必要とします。絶え間ない成長と学びのプロセスは、スピリットを負の影響から守り、人を高次の目的へとつなげます。

生きる理由を持つ者たれ――継続的な成長のために

ドイツの哲学者フリードリヒ・ニーチェ（Friedrich Nietzsche）は、「生きる理由を持つ者は、どんな状況にも耐えることができる」という有名な言葉を残しています［▼1］。この深遠な洞察は、明確な目的と方向性を持って生きることの重要性を明示しています。目的は、試練を乗り越えるための、強さとレジリエンスをもたらす指針となります。霊的成長の領域において、目的は継続的な成長と自己改善に人を駆り立てる原動力となります。

スピリチュアルリーダーたちの言葉

・スワミ・ヴィヴェーカーナンダ

スワミ・ヴィヴェーカーナンダ（Swami Vivekananda）は、自己実現と霊的実践を続けることの大切さを明示しました。彼は、「あなたは内面から成長しなければなりません。誰もあなたに教えることはできないし、誰もあなたを霊的にすることはできません。あなた自身の魂以外に教師はいないのです」と語っています［▼2］。これは霊的成長における、個人の努力と自己認識の必要性を強調しています。

・ダライ・ラマ

ダライ・ラマ（Dalai Lama）はその教えの中で、慈悲、マインドフルネス、そして永続的な自己啓発の重要性をしばしば強調しています。彼は「これが私のシンプルな宗教です。寺院は必要ありません。複雑な哲学も必要ありません。私たちの脳と心が寺院であり、思いやりが哲学なのです」と、語っています［▼3］。彼の言葉は霊的成長が、日々の行動や態度に根付いていることに気づかせてくれます。

・ティク・ナット・ハン

ベトナムの禅マスターである、ティク・ナット・ハン（Thich Nhat Hanh）は、マインドフルネスと今この瞬間に生きることの重要さを教えました。彼は「今この瞬間こそが、私たちが思い通りにできる唯一の時間です」と、語っています［▼4］。

継続的な霊的成長は、全身全霊で今この瞬間に存在し、この瞬間を生き抜き、人生の移ろいゆく本質を知り、そして人生の一瞬一瞬を成長の機会として受け入れることを必要とします。

続けることが効果的であるという科学的な調査

継続的な霊的成長の効能は、科学研究の裏付けを得ています。霊的実践の習慣がある人は、ストレスや不安を感じることが少なく、幸福感を覚える傾向が強いという調査が、Journal of Religion and Healthに掲載されました［▼5］。これは霊的発達を続けることが、心理的な回復力とメンタルヘルス全般を強化するという考えに一致しています。

ずっと実践していくとよい成長の方法

1. 瞑想とマインドフルネス

瞑想とマインドフルネスは、霊的成長の基礎となる訓練です。定期的な瞑想は心を静め、自己認識を高め、内なる自分につながる助けとなります。JAMA Internal Medicineのメタ分析は、瞑想プログラムがストレスを大幅に軽減し、幸福感を高めることを明らかにしました[▼6]。

2. 祈りと内省

日々の祈りと内省は、霊的な信念や価値観とのつながりを保つ助けになります。祈りの習慣により内観、感謝、そして高次の存在からの導きを求める時間が得られます。祈りは平和と結びつきの感覚を育み、メンタルヘルスにポジティブな影響を与えることを、調査が証明しています[▼7]。

3. 聖典の学び

さまざまな霊的伝統における聖典を読み、学ぶことにより、成長を続ける支えとなる、深遠な洞察と指針が得られます。バガヴァッド・ギーター、聖書、コーラン、仏陀の教えなどの聖典は、時代と文化を超越した叡智をもたらします。

4. 奉仕と思いやり

他者への奉仕と思いやりの実行は、霊的に成長するための強力な方法です。マハトマ・ガンジー(Mahatma Gandhi)は、「自分を見つける最良の方法は、他者への奉仕に没頭することです」と語っています[▼8]。奉仕は共感、謙虚さ、そして一体感を育みます。

5. コミュニティと交友

霊的なコミュニティの一員であることは、支援、励まし、そして共に学ぶという経験をもたらします。これは霊的な旅における、動機や責任を保つ助けとなります。霊的なコミュニティからの社会的な支援は、幸福感を高め、人生のストレスに対するクッションとなることが、研究により指摘されています[▼9]。

6. 継続的な学びと教育

霊的な成長には、学びや新しい経験に対し心を開き続けることが要求されます。霊的発達に特化したワークショップ、リトリート、セミナーへの参加などが、これに含まれます。生涯学習は心を活発に保ち、スピリットに命を吹き込みます。

文化や伝統的宗教は成長の重要性をこう説いてきた

歴史を通じて、さまざまな文化と伝統が、継続的な霊的成長の重要性を明示してきました。

1. 古代ギリシャ

デルフィの格言「汝自身を知れ」は、ギリシャ哲学の中核をなすものです。ソクラテスは「省みられない人生は、生きるに値しない」という有名な言葉を残しました〔▼10〕。これは充実した人生を送るためには、自省と人間的成長が重要であることを強調しています。

2. 仏教

仏教では、継続的な霊的発達の概念は、正見、正思、正語、正業《しょうごう》、正命《しょうみょう》、正精進、正念、正定《しょうじょう》からなる、八正道《はっしょうどう》に表現されています〔▼11〕。これらの実践は、啓蒙と終わりのない霊的成長へと人を導きます。

3. ヒンドゥー教

ヒンドゥー教の聖典であるバガヴァッド・ギーターは、霊的成長の実現における、無私の行動、献身、知識の重要性を明示しています。クリシュナはアルジュナに「義務を果たし、成功や失敗に執着することを捨てなさい。この心の平静さこそがヨガと呼ばれるものです」と助言しました［▼12］。この言葉は霊的実践には、執着しないこと、そして努力を続けることが大切であると教えています。

4．キリスト教

キリスト教においては、継続的な霊的成長と変容が、聖化の過程に含まれます。使徒パウロは「この世の型に倣ってはなりません。むしろ、心を新たにすることにより自分を変えなさい」と書き記しています［▼13］。この言葉は霊的発展の永続的な性質と、常に新しく変わり続ける必要性を強調しています。

今私たちが日常に応用できること

現代社会における霊的成長は、日常生活に統合し、実際的な応用を通じて継続することができます。

1．ジャーナリング

霊的な日記を書き続けることは、自身の成長、洞察、経験の記録に役立ちます。

ジャーナリングは内省と、霊的な旅への理解を深める場を与えてくれます。

2. 自然とのつながり

自然の中で過ごす時間は、畏敬、驚き、結びつきの感覚などを育てることにより、霊的成長を促します。自然散策、ガーデニング、屋外での瞑想は、実践法として効果的です。

3. 芸術と創造性

絵画、執筆、音楽などのクリエイティブな活動は、霊的な表現と成長の一形態です。創造性は、内なる風景の探求と魂の表現を可能にします。

4. 心身の訓練

ヨガ、太極拳、気功などの実践は、身体の動きと霊的な意識を統合します。これらの訓練は、身体と心とスピリットを結びつけることにより、ホリスティックな成長を促します。

〔結論〕成長を続けていくことの素晴らしい結果

霊的成長の継続は、霊的防御を強固に保ち、幸福感全般を実現するうえで不可欠です。これには生涯学習、自省、そして霊的実践を日常生活に統合するという、コミットメントが要求されます。哲学者や霊的指導者たちの教えは、科学研究の裏付けと一致しており、霊的発達の継続がもたらす効力の深さを強調しています。この旅を受け入れることで、レジリエンスが高まり、生きる意味と目的が見つかり、自身の属するコミュニティと世界に対し積極的な貢献ができるようになります。

霊的防御の必要性といろいろな手法

霊的防御は、さまざまな見えない力に直面した際、自身の安全を維持するために必要不可欠です。歴史を通じ、異なる文化における多くの哲学者や霊的指導者たちが、霊的な攻撃から自分を守る重要性を論じてきました。ここではさまざまな防御策、グラウンディングの手法、オーラ浄化法、エネルギーシールド作成、そして霊的自己防衛の全般的な意義について掘り下げて見ていきます。

哲学者やスピリチュアルリーダーたちによる霊的防衛の核心

霊的防御の必要性は、歴史的および哲学的な背景に深く根付いています。マルクス・アウレリウス（Marcus Aurelius）のような哲学者や、ダライ・ラマ（Dalai Lama）、ティク・ナット・ハン（Thich Nhat Hanh）、スワミ・ヴィヴェーカーナンダ（Swami Vivekananda）などの霊的指導者たちは、内なる強さとレジリエンスを維持することの重要性を力説してきました。

ストア派の哲学者であるマルクス・アウレリウス（Marcus Aurelius）は、外部の出来事に対する心の力を信頼しており、「あなたには自分の心を支配する力があるが、外部の出来事を支配する力はない。それを理解すれば、本当の強さというものがわかるだろう」と述べています［▼1］。この見解は、霊的防御に精神力が果たす役割の大きさを浮き彫りにしています。

平和とマインドフルネスの象徴であるダライ・ラマ（Dalai Lama）は、「他人の行動に、あなたの内なる平和を壊されないようにしなさい」と助言しています［▼2］。彼の教えは、自分の外部の負のエネルギーから、内なる静けさを守ることの重要性を明確にしており、霊的自己防衛の核心に触れています。

同様に、スワミ・ヴィヴェーカーナンダ（Swami Vivekananda）は、「あなたは内面から成長しなければなりません。誰もあなたに教えることはできないし、誰もあなたを霊的にすることはできません。あなた自身の魂以外に教師はいないのです」と述べ、心の強さによる自己防衛の力を際立たせています［▼3］。これらの哲学的な洞察は、霊的防御実践の基盤を形成するものであり、内なる強さとレジリエンスの重要性を明確にしています。

グラウンディングのための技術あれこれ

防御策とグラウンディングの手法は、霊的防御に欠くことのできない要素です。グラウンディングのための技術は、地球とのつながりを確立し、安定とバランスを培います。ヨガ、太極拳、意識的な歩行瞑想の実践は、グラウンディング法として効果的であり、心身の健康を促進します。ストリーター（Streeter）ら（2012）は、ヨガが気分の改善と不安の軽減に関わる、脳内のガンマアミノ酪酸（GABA）レベルを増加させることを発見しました［▼4］。この研究は、感情と精神の安定維持における、グラウンディング手法の重要性を明示しています。

自分の身体から地球の中心へと根が伸びる様子を想像するといった視覚化エクササイズも、グラウンディングに重要な役割を果たします。これらのエクササイズは、地球との確固としたつながりや安定を育み、内面的な中心を保ちながら、守られた感覚を得る助けになります。テレス（Telles）ら（2014）の研究は、視覚化が精神の明晰さと心の安定を高めることを裏付けています［▼5］。

オーラ浄化で負のエネルギーを取り除く

セージでのスマッジング、塩風呂、シンギングボウルの音の振動などによるオーラ浄化法は、負のエネルギーを取り除き、バランスを回復するうえで必須です。ドイツの哲学者イマヌエル・カント（Immanuel Kant）は、啓蒙とは「自ら招いた未成熟」から抜け出すプロセスであると示唆しました［▼6］。同様にオーラの浄化は、蓄積された負のエネルギーから精神を解放し、幸福感と調和を促進します。

セージでのスマッジングは、先住民文化に根ざした慣習であり、負のエネルギーを清めると信じられています。シャルマ（Sharma）ら（2013）の研究は、セージを使ったスマッジングが空気中の細菌を減らし、よりポジティブな雰囲気を作り出すことを指摘しており、オーラ浄化におけるその有益性を裏付けています［▼7］。また、特にエプソムソルトや海塩を使用した塩風呂は、身体から毒素や負のエネルギーを抜き取るため、オーラ浄化の効果を高めます。塩風呂は炎症を軽減し、リラクゼーションを促進することが、調査により証明されています［▼8］。

シンギングボウルなどの楽器が生み出す音の振動は、リラクゼーションとバランスを促進します。テレスら（2014）の研究は、シンギングボウルなどを使用した音響療法が、ストレスを大幅に軽減し、精神の明晰さを高めることを立証し、そのオーラ浄化に果たす役割を裏付けました［▼5］。

視覚化でエネルギーシールドを作り、アファメーションで強化

エネルギーシールド作成には、負の影響を払いのけてバランスを保つため、自分の周りにエネルギーの防御バリアを張ることなどが必要とされます。これは「自己を思い出す」ことの必要性を語ったG．I．グルジェフ（G.I.Gurdjieff）が力説する、自己認識と防御の概念に根ざしています［▼9］。光の泡で身体を囲む様子などを想像する視覚化は、エネルギーシールド作成の一般的な手法です。

スワミ・ヴィヴェーカーナンダが強調した精神力と自己信頼は、これに沿ったものです。「あなたは内面から成長しなければなりません。誰もあなたに教えることはできないし、誰もあなたを霊的にすることはできません。あなた自身の魂以外に教師はいないのです」と彼は語っています［▼3］。

ポジティブなアファメーションによるエネルギーシールドの強化も、効果的な方法です。視覚化とアファメーションの実践がストレスを大幅に軽減し、精神の明晰さを高めることは、研究により裏付けられています［▼5］。

霊的な自己防衛に不可欠な方法

霊的な自己防衛は、負のエネルギーから自分を守り、内なる平和を保つことを目的とするさまざまな手法を網羅しています。自分の境界線を設定すること、霊的実践を習慣化すること、守護的なシンボルを使用することなどは、霊的な自己防衛において不可欠です。マルクス・アウレリウスが述べた外部の出来事に対する心の強さの哲学と、ダライ・ラマによる内なる平和に関する教えは、これらの実践の重要さを明示しています［▼1］［▼2］。

習慣が強固な防御をもたらす

霊的実践の習慣化、例えば祈り、瞑想、礼拝への参加は、霊的防御を強固なものにし、聖なる存在とのつながりを維持します。シャルマら（2013）の研究は、霊的実践の習慣が精神の明晰さと心の安定を高め、霊的な自己防衛を助けることを指摘しています［▼7］。

日常生活に取り入れたプログラムの成果

現代社会における霊的防御の重要さは、その治療効果により広く認識されています。これらの手法を日常生活に統合することで、心の安定、精神の明晰さ、幸福感全般を高めることができます。境界線の設定、守護的なシンボルの使用、そして霊的実践の習慣化を取り入れたプログラムは、メンタルヘルスの改善とレジリエンスの育成において、確実に成果をあげることが見込まれています。

これらの実践の効果は、数多くの科学調査の裏付けを得ています。例えば、クレイマー（Cramer）ら（2018）の体系的レビューは、霊的な自己防衛の要素を多く含む、マインドフルネスに基づいた医療処置が、メンタルヘルスを大幅に改善し、不安や抑うつの症状を軽減し、生活の質を高めることを明らかにしました［▼10］。これらの発見はホリスティックな防御の実践が、全般的な健康と幸福に及ぼす影響の深さを浮き彫りにしています。

[結論] あれこれアプローチしていこう

結論として、霊的防御とは、さまざまな見えない力に直面した際に、自身の安全を維持するための多面的なアプローチを意味します。グラウンディングの手法、オーラ浄化法、エネルギーシールドの作成、そして霊的な自己防衛などはすべて、この取り組みにおける必須要素です。マルクス・アウレリウス、ダライ・ラマ、ティク・ナット・ハン、スワミ・ヴィヴェーカーナンダの哲学的な洞察は、霊的防御の実現における、内なる強さ、レジリエンス、そして自己認識の重要性を強調しています。科学研究に裏付けられたこれらの実践は、精神の明晰さ、心の安定、幸福感全般を高めます。これらの手法を日常生活に統合することで、バランス、レジリエンス、調和の感覚が育まれ、複雑な人生を舵取りするための、頑丈な霊的防御の基盤が整うのです。

Ⅲ 霊的統合へのレッスン

第6章

霊的探求をするうえで乗り越えるべきこと

――サアラ

地球人が無気力・無関心から目を覚ます時

霊的侵害がこうして地球社会をダメにする

さて、すべての霊的な生き物にとって、「記憶」つまり「情報」こそが、もっとも重要な誇りであり財産です。この広い宇宙のあらゆる次元において、たくさんの生き物たちが経験してきたすべてのことは、宇宙の共有財産として永遠に保持されます。それなのに、個人が生きた証である記憶をはく奪する行為は、考えられないほど卑劣な霊的侵害です。

今までの地球人は、大切な記憶をはく奪されたせいで、何度も同じカルマを抱えて生きなければならず、同じような経験を何度も繰り返すばかりです。そのせいで、人間としての部分が成長することさえままならず、可能性が劇的に広がることもありませんでした。

このような人生を数百回も繰り返してきたのですから、大いに諦め、失望し、無気力、無関心に陥るのは当然です。この無気力、無関心こそが社会を腐敗の方向に向けてしまった一つの原因でもあります。

常に意識は力であり、エネルギーです。その意識が向かうところにこそ、エネルギーが集まります。

つまり、社会に対して私たち地球人が無関心で無意識な状態になってしまうと、私たちのための社会ではなくなるのは当然です。私たちが活気に満ちた生活を送るための、エネルギー溢れる社会は実現しません。むしろ、社会はポジティブな活力を失い、犯罪、陰謀、欺瞞、搾取、貧困、差別といった、ネガティブなエネルギーが蔓延する腐敗した社会になってしまいます。

そして、社会は私たち一人ひとりの内面の投影でもあります。ですから、多くの人が社会に対して無関心になれば、社会も殺伐として、そこに暮らす者同士も無関心になり、希薄な関係性しか作れない発展性のない社会になります。

今こそ癒しのチャンス

だからこそ、地球に生きるすべての魂には癒しが必要であることを、アントワンと私は伝えたいのです。

癒しとは、心の理解です。これを東洋思想では得心と言います。頭で理解できても、心から納得することや、心から許すことができないことはたくさんあります。しかし、理屈の問題ではなく、心で理解することによって、すべては癒され、受け入れ、知恵となって自分自身を支える大きな力となります。

心の理解を促すのは、霊的統合です。人々が霊的統合に向かおうとする時、恐怖と不安で固く閉じていた心がほぐされます。そして、人はおのずと成長の方向へと向かいます。一人ひとりが成長し始めれば、もう今のままの社会を維持することは不可能になり、腐敗した社会は崩壊します。

実は、癒しを必要としているのは、私たち地球人ばかりではありません。私たちを育み、生かしてくれている地球そのものにも同様に癒しが必要です。

このように言うと、地球を癒さなければなどと間違った認識を持つ人が増えそうですが、そういうことではありません。惑星も含めて、すべての生命には、自らを癒す力があり、そうすることが大きなイニシエーションです。したがってアントワンも私も皆さんがご自身を癒すための手引きを行うことはできても、最終的に自分を癒すのは自分しかいないことを理解してください。

また、地球をめぐる環境と言える太陽系のすべての生き物たち、星たちも大きなサイクルの終焉の時を迎えて、すべてを癒す時が来ています。

そのために、私たちは今、究極の癒しと心の理解のチャンスを与えられています。これから先は、今までとは違います。今までうまくいかなかったとしても、これからはうまくいきます。今まで、一度も成功したことがなかったとしても、今からは成功できるのです。もう過去の繰り返しを生きる必要はありません。

このように大切な「今」、地球人が、無気力状態から目を覚まし、過去を脱ぎ捨て、一人ひとりが真の幸福を求めて真の霊的探究の道を歩むことによって、初めて現実世界が大きく変化します。

真の「スピリチュアル」とは何か？

見えない世界についての単なる知識なのか？

1980年代初頭に、ごくわずかながら、精神世界と言われるジャンルの本が、日本でも手に入るようになりました。おそらく、その時の皆さんの新鮮な好奇心と驚きは、あっという間に、そこに書かれているさまざまな知識を吸収させ、さらにもっと知りたいという欲求が高まったことでしょう。

あれから40年も過ぎた今では、かなりの人が、いわゆる、目に見えない世界のことを探求する必要性を感じるようになっています。

それは、多くの人が社会の在り方や、社会で生きるうえで必要な概念や、教育されてきた常識や良識に対して、それが自分自身の人生を豊かにすることも、自分や家族を幸福にすることもないのだと気づいたからです。

そして、新しい可能性を求め、新しい概念を模索しようとしている人たちが、唯物的な価値観から、精神的価値の方向へと目を向け始めていることを示しています。

一方、一言で「精神世界」「スピリチュアル」と言われる事柄の中には、宗教、占い、セラピー、引き寄せ、催眠、透視、霊感、除霊、サイキック、瞑想、ヨガ、修行……など多岐に及ぶさまざまなことが含まれています。そのうえ、一つの事柄にもさまざまな意見があるので、情報はすでに飽和状態です。

そのため、何を信じたらよいのかわからず、単なる知識収集に終わってしまう人が多くいます。

諦めてしまった人たちも含めて本当は、知った知識を、自分の生活向上のため、自分の可能性に気づいて開拓するため、自分自身の成長のために活用したいと望んでいるはずです。

しかし、実際にはスピリチュアルな事柄について、学んだ知識を日常生活に活かそうとして取り組んでも何も変わらない、また、セラピーやカウンセリングなどを受けても、その瞬間は、気持ちが楽になったような気がしても、根本的な改善には至らないという経験をしています。

まるで生まれ変わったようになる

こうなってしまう理由は、いくつかありますが、これは、霊的なことに取り組むうえで、おそらく最初に直面する困難と言えるでしょう。

そして、この段階ですでに多くの人にとって、「スピリチュアル」と言われるさまざまな事柄は、本質的には今までの社会的概念と何ら変わらない、単なる知識の植え付けに過ぎなくなっています。

宗教が人を救うことができなかったように、一般的に「スピリチュアル」と言われるような事柄も、結局のところ、根本的な問題解決や、人々の心の成長と安らぎに貢献できるものではないということです。

なぜなら、多くの教えやガイダンスは、人々を、人生の中で経験するべき、大切な現実世界から引き離し、浮ついた虚構の世界へと閉じ込めてしまうようなトラップだからです。

もちろん、本来の「スピリチュアル」つまり「霊的な叡智」は、決してそうではありません。

皆さんが望んでいるのは、まるで生まれ変わったように、あるいは、別人になったように、深いところから癒され、価値観も概念も大きく変化するような経験を得ること、また、自分の中から際限のない力や勇気が湧いていきて、自分自身の可能性を確信することができ、人生が希望に満ちていることを実感できることではないでしょうか。

本来の「霊的な叡智」は、私たちに霊的統合を促し、まさにそのような状態へと導いてくれるものです。

霊的な記憶がよみがえる時がやってきた

私は、生まれた時から常に周囲の大人たちに「スピリチュアルとは何か」を伝える必要性を感じてきました。そして、ようやく話ができるようになった2歳頃から、**スピリチュアルは科学であること、霊的探究とは、科学的な探求であること**を伝え続けてきました。

結果はご想像通り、惨憺たるものでした。周囲の大人たちは、私の話を理解できずに、常に私の異常性について話し合い、何とか病気に仕立て上げることで納得しようとしていました。

3歳の時、連れていかれた小児精神科で、ついに「自閉症」という立派な病名をいただくことになりました。このことによって、大人たちは、混乱から解放され、自分たちが正しかったことを立証するに至ったようです。

もちろん、そんなことで私の霊格が納得することはありません。以降も変わらず、大人たちの間違った認識を何とか正そうとして、その都度孤立や孤独を突き付けられながら惨敗に終わりました。

私がその頃周囲の人たちに伝えていたことは、今、皆さんにお伝えしていることと何ら変わりがありません。今で言うところの量子物理学や理論物理学の分野で語られていることであり、また、今では陰謀論や、都市伝説と言われるような、歴史的真実も話していました。

そして、このような話に対して強い抵抗感を持ったり、拒絶しようとしたりする人たちは、私の両親や親せきや、身近な大人ばかりではありません。今日に至るまで、たくさんのそうした人たちと出会ってきました。

しかし、今こうしてアントワンや私の話を受け入れようと、この本を読んでいるような人たちが増えてきているのは、やはり大きなサイクルの終焉を迎えるにあたって、銀河系全体も、太陽系も、そして地球においても、それぞれ、そこに流れるエネルギーの振動数が変化している影響を受けているからです。

この影響で、皆さん自身の霊格に刻まれた霊的な記憶とアクセスするチャンスが出てきていること、それはまだ無意識下で起きているかもしれません。あるいはフラッシュバックのように瞬間的な記憶としてよみがえっている人たちもいます。

また、そのことがきっかけとなって、霊的な感覚も徐々に取り戻されています。そのために、歪んだ虚構の世界で蔓延している似非《えせ》スピリチュアルな世界観や、教えに対して「何かがおかしい」「何かが欠けている」「これは真実ではない」といったことを感じ取っています。そして、真の意味の霊的探究を強く求める人たちが徐々に増えてきています。

スピリチュアルと融合した「本物の科学」が生み出すもの

さて、皆さんの中でよみがえった霊的な記憶は、すべての細胞の水が共有していま
す。

皆さんの肉体は約70％が水です。そして、皆さんのヒューマンエネルギーフィール
ドも水で満たされています。この宇宙の99・999％がプラズマ、つまり水だと説い
ている地球の科学者は正しいのです。

その水は、すべてをつなぎ、すべての情報を共有することができます。ですから、
皆さん自身も常に宇宙の一部として機能し、情報を共有しています。

つまり、皆さんは宇宙の一部であり、また、すべての宇宙のあらゆる情報とアクセ
ス可能な小宇宙とも言えるのです。

このような私たちが、スピリチュアルな取り組みをするということは、小宇宙であ

る自分自身に秘められた謎を解き明かすことであり、それはすなわち、まだ知られていない科学への限りない挑戦とも言えるでしょう。

私たちは、地球社会の間違った科学によって、私たち自身に備わっている多くの機能を封じ込め、私たちの可能性をことごとく封印された状態で生きています。

本来の科学は、私たちがそれに依存にして生きるためのものではなく、広大な宇宙の森羅万象を支え、私たち自身の生命と、無限の好奇心を根底から支える美しい法則を紐解き、私たち自身の潜在的な力を解き放つためのものであり、それはまさにスピリチュアルな探求に他ならないのです。

もちろん、そのためには必要な基礎知識があります。しかし、地球上の教育ではその基礎的な学びの機会も奪い取られてきました。そのため、科学的な根拠のない似非スピリチュアルでも、受け入れられてきました。

しかし、地球上に素晴らしい科学的遺産を遺された、村上和雄博士が「サムシンググレート」という言葉で表現された通り、どんな分野であっても、科学者たちがその研究の道を極めようとする時に直面する、「偉大なる叡智の世界」があります。それは、これまでの常識を覆す圧倒的な叡智であり、そこには何らかの意図が働いていると感じざるを得ないのです。

今、科学者たちは、まさにその「偉大なる叡智の世界」へとつながる扉に手をかけ、大きく開こうとしています。そうすることによって、この地球社会において、科学と霊的世界、つまりスピリチュアルが融合し、その知識は誰にでも当たり前のように認識できるものとなるはずです。

科学は、特定の誰かにだけ当てはまるものではありません。万人に等しく当てはまり、等しく作用しています。ですから、真の意味でのフェアな社会は、人々が霊的探究を進めた時に始まる、このような「本物の科学」が多くの技術を生み出した時に実現するのです。

ストレスマネジメントが重要

探求のきっかけは何か？

あなたが初めて霊的なことに関心を持ったのは、何がきっかけだったのでしょう。思い出してみると、それは自分にとって何らかのストレスにさらされている状態だったのではないでしょうか。

例えば、両親に自分の価値を認めてもらえずに苦しい思いをしてきた。何をやってもうまくいかずに、自己肯定することができない。常に強迫観念的な罪の意識に捕らわれてきた。過酷な労働を強いられて生きていることが嫌になってしまった。どこに行っても理不尽な扱いを受け続ける、などなど。

これらのことが原因となって、何らかの強いストレスを感じ続けていたことがきっかけで、あなたの意識を現実から引き離して、空想の世界へと現実逃避させます。それでも、もちろんあなたはそれで苦痛から完全に救われるわけではありません。

再び現実の世界に引き戻されると、「なぜ自分ばかりがこんな目にあうのか？」「なぜ世の中でこんなことが許されるのか？」「なぜ私は人より劣って生まれてきたのか？」「なぜ私の才能を誰も認めてくれないのか？」など、「なぜ」の連続の中で答えが見つからないままに苦しみ続けることになります。このような中で、必死な思いで、自分自身の苦しみを解決して、自分を救い上げようとした時に、多くの人は霊的な世界へと関心を持つようになります。

霊的な視点で見ると、実は、ここが人生の明暗を分ける大きな分かれ道となります。このような疑問は、魂が探求しようとしてきた深いテーマであるカルマと関係します。私たちは、この物理的現実世界に生きながら、多くの疑問を持ち、理解できないことに悩み、苦しみ、葛藤します。このように苦しみから逃れるために新たな知恵を得ようとすることが霊的探究への強い衝動となります。

カルマの清算

ここで、似非スピリチュアルの罠にはまってしまうと、袋小路に入ってしまったように、先に進むことができずに、被害者意識を持つようになってしまうこともあります。

しかし、真の霊的探究の道を歩むことができれば、魂が過去のいくつもの人生を通しても解決することができずに持ち越してきたカルマに気づき、その答えとなる叡智を得ることができるでしょう。

ここでもう一度「カルマ」についておさらいしておきます。

カルマとは、それぞれの魂が知ろうとしている課題を指す言葉であり、決して過去に犯した過ちを贖《あがな》うという意味ではありません。

つまり、**私たちが知りたいと強く求めることがカルマです。**

私たちの霊格は、人格の思い通りにならない、理想通りではない現実を作り、人格がその現実を経験することによって、落胆し、なぜこのようなことが起きるのか？ なぜこのような経験を強いられるのか？ といった純粋な疑問を抱かせます。

しかし、この疑問に対する答えは、現実的な出来事を解決する策を見つけることではありません。

自分の内面の不調和が作り出す現実に直面することによって、現実と意識の間の相関性を見つけて、自身の内面の不調和の原因となるトラウマや、コンプレックスに気づき、深い傷を癒すこと、また、コンプレックスを解決するための知恵を得て、心で理解することによって、それぞれが求める現実を実現化して、幸福を経験することがカルマの清算です。

快ストレスと不快ストレス

さて、霊的探究の道に至るきっかけがストレスであると伝えましたが、ストレスは、人の肉体にとっても、精神にとってもよくない影響を与え、あらゆる病気の元になっていることは、誰でも知っています。このようなリスクの高いストレスを不快ストレスと言います。

一方、快ストレスと呼ばれる、人の成長や満足のため、また新しい可能性に挑戦する時に必要なストレスもあります。

例えば、現実的に問題を抱えているからこそ、何とか解決するための知恵を得ようとしたり、満足のいく結果を出せないからこそ、改めて学んだり、技術を磨いたりして自分にとって誇りに思える結果を出そうとしたりする時にかかるストレスや、新しいことに挑戦する時に必要な忍耐や、努力を継続する時にかかるストレスです。

私たちは、非常に不自然かつ歪んだ社会の中で生きていますから、誰でもストレスを抱えています。だからこそ、自分が抱えているストレスをマネジメントして、快ストレスとして自分の成長や、新しい可能性へと向かう力にしていく必要があります。

前者の不快ストレスは、自分の満足や成長に関係ないことを何度も繰り返すことで、好奇心も未来に希望を持つこともできない状態の時に起きるストレスですが、この場合は、長期的、もしくは無期限で断続的に続く大きな苦痛を伴います。

その結果、肉体ではストレス反応と言われる状態が頻発していることになります。

快ストレスでも、不快ストレスでも、肉体的に起きていることには変わりはありませんが、快ストレスの場合には、自分の意志によって不快感ではなく、目的意識を持って取り組むことに対する誇りへと変換することができますから、長い間ストレス反応が続くことはなく、したがって、ストレス反応によって分泌されるコルチゾールに脳がさらされ続けることや、状況に変化が起きないために、断続的に何度もコルチゾールにさらされることはありません。

特に、社会不安を多くの人が抱えている今は、多くの人が不快ストレスに長期的にさらされていることは、人々の肉体的、精神的、心理的な状況を見ればわかります。認知症を一つ挙げてみても、昭和初期の頃、こんなに多くの老人が認知症になって、介護が必要になるということはありませんでした。

その頃の日本は、敗戦後の何もない悲惨な状況にありましたが、そこで力強く生きた人々は、日本の誇りをかけて復興するという強い目的意識があったはずです。そのために、不快ストレスが快ストレスにとなって、強さを発揮することを促していたはずです。

昨今、認知症になるのは、必ずしも老人ではありません。若年性の認知症になっている人もかなり増えています。それは、社会が末期的な状況を呈していて、目的を持てない人々が増えていることを示しているのではないでしょうか。

不快ストレスは脳にどんな影響を及ぼすのか？

不快ストレスが続くことによって、どんな症状が現れるのか、ここで具体的に見ていきましょう。

ストレス反応に対して、特に重要な関わりを持つのは、脳の海馬、扁桃体、視床下部です。

海馬はストレスに対して非常に脆弱で、心理的、肉体的ストレスから、長期的にストレスがかかったときに分泌される副腎皮質ホルモンであるコルチゾールにさらされると、神経細胞が萎縮してしまいます。そのために、記憶障害、学習能力の低下が起こり、また、感情の抑制が効かなくなってしまいます。

これが多くの人に認知症やうつ病などを引き起こしている原因と言えるでしょう。

扁桃体は、情緒や感情の処理や、恐怖に関する記憶形成に関わり、私たちのセキュリティーシステムの一部を担っています。ですから、特に危機的状況下で不安や恐怖反応を起こす役割があります。しかし、あまりにも不安が多すぎたり、逆に命の危険があるような恐怖が少ないと、本来危険ではないことに対して恐怖を感じたり、危険に対するリスクが高くても、不安を感じなかったりする誤作動を起こします。

視床下部は、自律神経機能の調整を行う中枢で、交感神経と副交感神経機能や、内分泌機能を調整しています。また、摂食行動や性行動や睡眠などの本能的な行動の中枢であり、不安や怒りの制御を促す中枢でもあります。また、ストレス反応の中枢で、ストレスに応じて種々の神経ペプチドやホルモンを産生して分泌します。ここでも、長期的にストレスがかかり続けると、自律神経失調症や、摂食障害、性行動の異常や、睡眠障害を起こす原因となります。また、ホルモン異常からなるさまざまな症状が起きる原因ともなっています。

これらのことから、現代医学では解明されていないさまざまな病気の原因は、長期的に断続するストレス反応によって、コルチゾールや、その受容体であるグルココルチコイドにさらされ続け、神経ペプチドや、ホルモン類の異常が起きることにあると考えられます。

立ち向かう力をつけるコツ

何がストレスの原因になるかは、個人によって大きな違いがあります。同じ困難な状況下に置かれても、大きなストレスを感じることなく、むしろ好奇心を持って突破しようとする人たちもいれば、恐怖反応を起こしてしまい、ストレスにさらされ続けるために、困難に立ち向かう力をそがれてしまう人たちもいます。

この違いは、思考の違いと言ってしまえばそれまでですが、その思考の違いは、視座の違いでもあります。高い視座を持って物事を俯瞰して見ることができ、自分自身にとって、その困難に立ち向かうことがどんな意味を持つかを理解することができれば、ストレスは快ストレスへと変化して、長期的にコルチゾールにさらされることもなくなります。

ですから、何が起きているのかということよりも、そのことをどう捉えるかによって、不快ストレスを快ストレスに変えて、肉体を健全に保つことができるわけです。

霊的探究は、いくつもの課題をクリアしていくゲームのようなものですから、ストレスマネジメントができなければ、健康を維持することが困難になります。

ことに、自分に潜在している深いトラウマやコンプレックスに対峙するのは、かなりストレスがかかることですから、霊的視点を持って、取り組むためのモチベーションを確立しておく必要があります。

知識だけでは不十分、トレーニングが鍵となる

冒頭でお伝えしたように、霊的なことに興味を持つきっかけとなるのは、大概の場合、困難な現実に直面して大きなストレスを抱えたり、自分自身の内面に困難を抱えたりしていて、やはり大きなストレスを感じているという状態です。

人はその困難から逃れるために、新しい視座を獲得しようとして、霊的世界の扉を開こうとします。

しかし、本を読んだり、人の話を聞いたりしただけでは、一時的には新しい視座を獲得したように思えても、その視座が完全に自分のものとして定着せずに、再び困難に直面するようなことが起きるのは当然です。私たちが物理的肉体を持って現実世界

に生きているのは、あらゆることを知識レベルではなく、肉体を使った経験を通して会得しようとしているからです。

　したがって、新しい視座を完全に自分のものとするには、多くの経験を通してトレーニングしていく必要があります。

　そのために、自身の霊格は、自らを困難な状況に直面させて、トレーニングの機会を与えてくれます。

　それに応えて実力をつけていくためには、当然、持久力や柔軟性や忍耐力が必要となります。そして、このような「辛い状況を必ず好転させる！」という強い動機が必要であり、このことを明確に、自分自身に約束してあげることが、さらに揺るぎない動機となって、維持していくために役に立つでしょう。

　自分との約束をちゃんと守ることを何度も自分に言い聞かせてあげてください。諦めさえしなければ、実現する力は誰にでも十分にあるのですから。

思考を変えて、不快を快に

こうして揺るぎない動機があれば、大概の困難は、うまく快ストレスとなって、自身の成長の架け橋となってくれます。

しかし、人間は生きていればさまざまな出来事に遭遇し、混乱したり、気持ちが揺らいだりすることもあるのは当然です。

また、人には思考の癖というものがあります。特に、不安なことばかりを考えてしまったり、人からの評価ばかり気にしてしまったり、間違えることを恐れて先に進むことができず、思考が堂々めぐりしてよいアイデアにたどり着かないといった思考の癖があると、不快ストレスを快ストレスに変えることが難しくなります。

環境を変えて思考を変える法

エピジェネティクスという医学分野では、ＤＮＡは人間の思考によって大きく影響を受けていることがわかり、さらに、人間の思考は周囲の環境から大きく影響を受けていることも説いています。

これは私たちにとって非常にありがたい発見だと言えます。

今までDNAは、セントラルドグマとされ、誰も逆らうことはできない、いうなれば宿命のようなものであったわけで、遺伝的な病気を避けることはできないと思われてきました。しかし、思考の仕方によって、遺伝的な情報をオフにすることが可能だとわかったのです。

それでも、変えようと思っても、人の思考癖はなかなか変えられるものではありません。しかし、その思考は、環境の変化によって変えられることが科学的に証明されたのですから、この手を使うことは、私たちにとって大きく可能性を広げることになるはずです。

私たちをめぐる環境はいろいろあります。それらすべてを変えることはもちろん難しいことですが、変えられる部分を工夫して変えていくことはできるはずです。

例えば、もっとも身近なところで言えば、いつもなら決して選ばないような服を着る、家の模様替えをする、自分の寝具を変える、キッチンのレイアウトを大きく変えてみる……などなど思いつくことをやってみるだけでも、気持ちも思考も変わります。

もちろん、思いきって住んだことがない地域に引っ越しをする、転職する、結婚もしくは離婚をするなど、大きく環境を変えれば、それだけ物事に対する見方も感じ方も大きく変化して、思考も変わるはずです。

何より新しい自分に気づく可能性が高くなります。


このやり方は、たくさんの医学博士が、健康増進のためだけではなく、自分の夢や願いを叶えるためにも非常に効果的であると言っています。

できれば、人のアドバイスを受けて、その通りに服を選んだり、家の模様替えをしたりするのがよいでしょう。人はそれぞれ自分では気がつかないパターンを持っているので、新しい服を選んだつもりでも、なんとなく傾向が同じだったりしてしまいがちだからです。

こうして、自分が無理に頑張るという方法でなく、楽しくマネジメントできる方法を利用して、霊的探究を進めることは、とても重要だということを、すでに2300年ほど前に、実は仏陀も説いているのです。

社会的価値観から霊的価値観へ

自分と向き合う時間がもたらす意識の変化

この本で紹介する瞑想やマインドフルネスなど、さまざまな技法を毎日の生活に取り入れ、静かに自分自身と向き合う時間を作ると、これまでの自分とは違う新しい自分を感じ始めるでしょう。

自分の意識を認識するように心がけることによって、エネルギーが自分に向けられるので、自分自身に活力がよみがえります。

なぜなら、意識＝エネルギーだからです。

すると、徐々に自分の感じ方や考え方が変化していくのがわかります。今まで気づかなかったことに気づくようになったり、気にしていなかったことが気になるようになったりします。反対に今まで気になっていたことや、こだわっていたことに対して、まったく関心がなくなったりすることもあるでしょう。

このような意識の変化が物事に対する見方や捉え方を変えて、やがて価値観を大きく変化させていきます。

こうなると、今まで気が合っていた友人と気が合わなくなったり、家族との価値観が違ってきたりしてお互いを理解できなくなり、次第に言い争うような場面が増えるのを避けて、会話がなくなったり、距離を置くようになってしまったりします。

こうしてお互いに孤独を感じるようになると、自分が選択した道がこれでよかったのかと少し不安になるかもしれません。家族だけではなく、周囲の誰とも本音で話をすることができなくなると、ますます迷いが強くなり、心に葛藤が生じるかもしれません。

このように霊的探究を始めた人が経験する、周囲の人たちとの違いは、社会的概念やルールに基づく価値観と、霊的価値との違いを表しています。

早く行って席を確保しようVS座るべき席が与えられる

多くの人は、より効率的に安全を獲得しようとして生きています。そのために、自分では気づけないうちに、エコノミックなマインドになっています。

例えば、社会のルールを守るためには時間や労力が必要な場合、誰も見ていなければそのルールを無視しても特に何とも思わない。他人に迷惑でなければ、人からの評価がなければ、道徳観や律儀さを欠いた行為でも問題とは思わない。このような考え方は、まさにエコノミックな思考です。

人は生活に疲れてくると、このように意識がどんどん小さな世界へと閉じこもっていきます。

少しでも安い買い物をしよう、人より早く行ってよい席を確保しよう、このような行為は、社会では当然のことかもしれません。

しかし、この世界で起きるすべてのことが必然であり、それを受け入れようとする霊的な感覚を持つと、急いで行くために、日常の生活を乱雑にはしょって行わなければばならなくなるより、ゆっくりと落ち着いて物事を進めていけば、もっともよいタイミングで到着して、自分が座るべき席が与えられることに気づきます。

また、少しでも安くというような感覚が、すべてに波及していて、得るべき豊かさまでも制限しているということにも気づくようになります。

必要なものはすべて与えられる

「清貧」という言葉があります。この言葉の裏には常に意地の悪いエイリアンたちの顔がちらつくのは、私だけでなくアントワンも同じだと思います。

宇宙の精神的に進化した文明において「貧しい」という概念はありません。宇宙は水で満たされ、その水がすべての調和を図るための叡智を持っています。ですから、必然の世界に身をゆだねて生きることで、必要なすべてのものは与えられます。

出会いも、別れも、チャンスも、時間も、お金も、物質も……何もかもです。

しかし、この社会は争奪戦を繰り広げる世界ですから、そのような意識の渦に巻き込まれると、自分も何か特別なことをしなければ、あるいは、人からの評価を獲得しなければ、社会が求める基準をクリアしなければ、必要な物事が手に入らないと思わされてしまいます。

社会というものは、常に善悪、優劣、正否や、歪んだ道徳観などで人を評価して、その評価に値する代償を与えるけれど、それ以上のものは与えません。

しかし、自分自身の内側からエネルギーが泉のように湧き出るように感じられると、おのずと社会意識が崩壊していきます。そして、そのような社会に対する概念は、まったくの幻想であると気づきます。

目に見えない世界には、あらゆる可能性がすでに存在していて、すべての人が欲しいものを十分に手に入れても有り余るほどの豊かさも、その可能性には含まれています。そのことを感じ取れるようになれば、もう周囲の人とのギャップに悩むこともなくなり、自分は自分らしく自然体でいることができるようになります。

しかし、そこに至るまでは、周囲の人たちとのギャップや、社会に対する不信感などで心が折れそうになることもあるでしょう。そんな時には、必ずこのような境地に至ることができることを信じて続けてみてください。

あなたが、そのことを周囲の人たちに証明する時が来るでしょう。

悪い環境となる人との関係を絶ちなさい

どうして地球人はおとなしく従ってきたのか?

私は、今回地球人として生まれてくる以前から、地球人たちが、特定のエイリアン種族たちによって、奴隷のような扱いを受けていることも、彼らがどのようにして地球人にそれを知られることなく、長い間搾取し続けてきたのかについても、たくさんの情報を得てはいたものの、なぜ地球人がそのことに気づこうとさえしないのか、また、なぜこれほどまでに搾取され続けているのに、おとなしく従ってきたのかという点については、実感を伴う理解は得られていませんでした。

しかし、皆さんと同じように実際、地球人という立場で経験してきたことを通して、これらの理由を理解することができました。

今の地球社会は、まだ「お金」に依存しなければならない社会であり、そもそも、その「お金の仕組み」が、必ず誰かが「不足」を担うことになる、ゼロサムゲームであること。そして、画一的な価値観を押し付けられたうえで、合理性とスピードを競い合うような**評価社会で生きるためには、ほとんどの人が霊的な感性を失い、霊的な尊厳を自ら捨てざるを得ない**ことを、私は知りました。

また、このような社会の仕組みを維持するために、人々は、無意識のうちに互いを監視し、監督し合うことを強いられている社会の仕組みにも当然のように順応し、貢献しています。歪んだ社会の歪んだルールを守れない人たちは、その人の意見がたとえ正しくても、当たり前に社会に罰せられ、排除されることになるからです。

当然、家庭でも、親は子供が社会から排除されずに済むように不自然な教育をします。私自身も排除されないための訓練を、両親や親せきや、身近な年長者たちから受けてきました。

そのため、誰もが、もっとも自分を愛してくれて、無条件で肯定してもらえるはずの両親からさえ常にジャッジされ、条件付きの偽善的な愛を経験してしまうことによって、殺伐とした人間関係しか経験することができずに育ちます。

つまり、そのつもりがなくても、ほとんどの親子が利害関係になっているわけです。

皆さんも、この点に関してはまったく同じように感じているのではないでしょうか。そして、今この本を読んでくださっている皆さんは、このような家庭の在り方や社会に対して違和感を持ったり、生きにくさを感じたりしてこられたのではないでしょうか。

それでも、もちろん社会の中で立派に活躍している人たちはたくさんいます。むしろ、社会に対して何か釈然としない違和感を覚えたり、健全な危機感を持ったりしている人たちの方が、社会で活躍されているのかもしれません。

「心の発達」に周囲の環境が大切な理由

このような社会で必死に生きているうちに、多くの人は、霊的な尊厳がはく奪されていることに気づくこともなく、今日が無事であればよしとするような生き方が当然だと思うようになります。

また、これまで築き上げた社会的な立場や、権利などを維持するためには、事実であっても、都合の悪いことを事実と受け入れようとすることさえ拒否するようになってしまいます。

こうした保身がすべての優先順位のトップになるほど、この世界は、大きな歪みを抱えた危険な世界だということです。


さて、家族の中でさえこのような関係性しか経験できないとすれば、人はいつ心の発達を促されるチャンスを与えられるのでしょうか。

「心の発達」というものがいくつになっても必要であること。そして、生涯人間は成長の可能性があること。これらのことに気づいた時、初めてその人には心を育成するためのチャンスが与えられていることに気づくでしょう。

先述した通り、人間の思考にとって、また、心身の健康にとって、その人の周囲の環境が非常に重要です。

満天の星空を眺めながら、他者の悪口を言う人はいないでしょう。美しく調和した富士山が澄んだ青空に浮かび上がる姿を見て、日常の些細なことを思い出してイライラする人もいないでしょう。

しかし、常に満天の星を見ることはできません。また、常にクリアな富士山の姿を見ることもできません。

そこでもっとも注意しなければならないのは人間関係なのです。このことに関しては、仏陀も「六方礼経《ろっぽうらいきょう》」の中で説かれています。

その中では、もし、自分の目指すところを達成したいと願い、そのために自分を成長させたいのであれば、自分にとって悪い影響、つまり、悪い環境となる人との関係を断ちなさい。しかし、同じ地域に住んでいたら、避けることはできないでしょう。その場合には、距離を置きなさいと仏陀は言っています。

一般的に崇高な教えは、誰とでも仲よくしなさいと説かれていそうなイメージを持ってしまいがちです。

しかし、本来の霊的探究とは科学的な探求ですから、物事が例外なくどう作用するのかを理解して、それを自分の人生に活用することを意味します。

避けるべき人と友とすべき人——仏陀の教え

仏陀が言うところの避けるべき人、つまり悪い環境になる人とは、以下のような人を指しています。

1 自分の利益は多く取るのに、人に対しては多くを与えない人。
2 口ばかり調子のよいことを言って、実行しない、約束を守らない人。
3 裏表がある不誠実な人。調子のよいことを言っていながら陰で悪口を言う人。
4 放蕩を好む人。酒、たばこ、薬物、異性関係、芸能や芸術に耽《ふけ》る人。

仏陀は、反対に本物の友とはこのような4つのタイプの人だとも言っています。

1 あなたが危険にさらされている時、あるいは困っている時に身を挺《てい》して守ってくれる人。助けてくれる人。

2　すべてを分かち合える人。
3　的確な意見を伝えてくれる人。
4　親身になって考えてくれる人、心配してくれる人。

これは、仏陀の教えですから、皆さんがどう理解して、どう判断するかはそれぞれの経験と考え方によるところでしょう。そもそも仏陀の教えは決して押し付けないというのが基本です。

私は、この教えは言葉以上に深いところを突いた教えだと感じます。同時に非常に難しい教えでもあり、短絡的、もしくは安直に理解できるものではないと感じます。

だからこそ、なぜ仏陀はこのように教えたのかという問いに答えを出そうとすることが、人生において一つの指針となると思いますので、ここに挙げておきます。

「弱者救済」の落とし穴

人間関係は、人生について回る大きな課題です。一つ言えるのは、自分がなりたいと思わないタイプの人とは、距離を置くことがよいということです。反対に、自分が尊敬できて、目標となるような人のそばにいることがよい環境と言えるのではないでしょうか。

ところが、社会は「弱者救済」という幻想をスローガンのように掲げて、裏では常に弱者を作り続けるような仕組みです。そのトラップにはまって、**困っている人を助けることがよいことであるように思い込み、周囲に困っている人ばかりを引き寄せている人**が非常に多く見られます。そのために社会の健全な成長、発展、進化といったことを遅らせています。

困っている人は、困る原因となる問題を内面に抱えています。その問題に自ら気づいて取り組み、解決しなければ、誰がどんなふうに助けたとしても、同じことを繰り返すだけです。

もし、真の意味で助けになろうとするのであれば、その人が内面に抱えている問題に気づいた時に誠実に伝えて、その人自身の力で解決し、現実的な問題も実際に自分自身の力で解決できるのだということを理解できるように見守ることです。

人が心の成長のために、自分自身の内面的な問題を解決して、深い傷を癒すチャンスがないままにいると、自分よりも弱くて未熟な人には優越感を持つ個性ができるので、親切にできるかもしれません。でも、それは見せかけの親切でしかないのです。その反面、優れた人に対しては、コンプレックスを刺激されるので、壁を作ったり、避けてしまったりする傾向があります。そして、気づくと自分の周囲の人間関係が悪い環境になってしまっていることが多くあるのではないでしょうか。

これでは、自分自身の霊格につながる道を閉ざしてしまうことになります。ご自身の周囲の人間関係を「よい環境」にすることは、決して簡単ではないかもしれません、しかし、挑戦するかいがあることは、すでに十分に科学が証明しています。

第7章

そして、集合的な目覚めへ

——サアラ

生き残っても、死んでも役割がある

社会に共鳴を引き起こそう

あなたが目に見えない神秘的な世界に興味を持つようになってから、現在に至るまでには、すでにご自身に多くの変化が起きたと感じているのではないでしょうか。そして、今社会が大きく変化し始めたことを実感できるようになると、自分の魂が、社会に対して何らかの役割を持って生まれてきたのではないかと思うようになっているかもしれません。

それは正しい感覚と言えるでしょう。人間一人ひとりが小宇宙であると表現することができると言いましたが、皆さんの意識は、脳の灰白質《かいはくしつ》から送り出される信号を受けて、世界中にその波を波及させています。

しかし、日常的な思考の波は、人々の感情的な波、ネガティブなイマジネーションの波など、違った周波数を持つ波で混沌とした世界に飲み込まれて、すぐに打ち消されてしまっているかもしれません。

この状態では、自分は社会に対して何の影響力も持たず、現実は常に自分の思い通りにはいかないものであると感じるかもしれません。

でもそれが、一人ではなく、数人でもなく、多くの人が、これまで本書で紹介してきたような取り組みを行い、自分自身の奥深いところに、深淵なる光を見出すことができたら、その光は、波となって広がり、社会全体に対して、まさに共鳴効果と言われる現象を起こすことになるでしょう。

政治改革や国連などが行う世界規模の改革がもしも起きたとしても、それは非常に大きなお金と労力と時間がかかることです。まして、そんなことを期待している人は、本書の読者には、おそらく誰もいないでしょう。

つまり、今回の大きな改革は、今までとはまったく違う、かなり広範囲の宇宙とともに次元上昇を伴う一大イベントですから、そのような現実的なやり方だけでは起き得ないことです。

地球の科学レベルが今必死で追いかけている科学的な理解と、古代から伝えられてきた霊的な教えが融合されることによって、人々がどのように生きて、どのような取り組みをするべきなのか、また、その取り組みによってどのようなプロセスをたどって進化に向かうのか、徐々にはっきりしてくるでしょう。

新しい社会は意識革命で興る

近々本格的に始まる進化へのプロセスにおいて、おそらく、これから2027年までの間に、たくさんの困難な出来事を私たちは突破してゆかなければならないでしょう。天変地異も然り、生物兵器を使ったさまざまな伝染病、食糧難、人々の狂気……地獄絵図のような光景を見るかもしれません。

もちろん、これらすべてが決定されているわけではありません。アントワンと私は、できるだけ大難が小難に変わるように、奇跡のようなコンビネーションで仕事を進めています。しかし、私たちだけでは当然不十分です。

時代はすでに水瓶座時代へと移行しています。水瓶座は依存を嫌い、自立した者同士の公平な分かち合いを促します。

ですから、今回の進化は、誰か特殊な能力を持つ人たちだけが、特別な役割を持っていて、それをまっとうすればよいわけではありません。

しかも、今までの社会で権力を独占し、巨大なパワーを握ってきた人たちや、彼らをコントロールしてきたエイリアンたちは、この世界が進化することを阻害しているのです。

今は、最先端科学を理解できる人たちを増やしていくこと、そして、何より霊的統合に向かって、日常的に、霊的取り組みを実践する人たちが一人でも多くいることが必要です。

2024年~2027年の間に、世界の人口は、最大限多くても1/3になる可能性は依然として続いています。

そして、すでにこの段階で自分が生き残って、非常に過酷なプロセスに貢献できるのか、それとも、死んで霊格に戻り、新たな選択をするのか、漠然と予想できているのではないでしょうか。

もちろん、どちらの選択も優劣、良し悪しなどの問題ではなく、それぞれの霊格が決めたことですから、その人にとって、最善最良なる選択をしているはずです。どちらにしても、それを受け入れることは霊的統合に向けての第一歩と言えるのです。

そして、死というプロセスを選択した人たちは、それを受け入れて、肉体を脱ぎ捨てなければできない役割をまっとうすることが、その人たちの道であることも覚えておく必要があるでしょう。

その結果、多くの人が望む調和と豊かさに満ちた社会へと目覚ましく変化していくことになります。新しい社会は、政治や経済によるパワーの革命ではなく、こうした意識革命によって興ります。

そして、この新しい社会は、決して今の時間的、物理的延長線上に現れるのではなく、新しい次元の新しい世界に私たちの意識が創造する社会なのです。

つまり、地球に生きる私たち一人ひとりの霊的統合が一刻も早く進むことが、進化と改革のためには、特に重要であるということを意味しています。

それでは、ここで個人が霊的統合に向かって体験するプロセスについて、もう少し詳しく見ていきましょう。

霊的統合への過酷なプロセス

受け止めるべきは過去生の加害者としての経験

「イナンナの冥界下り」についてお話ししましたが、これは、「覚醒」に向けて、個人が経験する自分の中の二元性の統合についての話です。

私たちは、二元性の中で生きている限り、すべての人の中に、陰と陽、光と闇、ポジティブとネガティブ、善と悪、加害者と被害者……といった二元性の両極を持っています。

通常は、評価社会の中で生きるために、人から攻撃されたり、否定されたり、阻害されたりしないように、できるだけ、片側しか表現しないようにしています。

しかし、私たちの魂は、自分に内包しているこの二極をどちらも経験することによって、理解を促し、進化に向かうタイミングで美しくこの二極を統合できるように備えてきました。

皆さんは被害者であった経験から、深く傷ついていると認識することは容易なようですが、加害者、闇、悪……といった側面も必ず経験しています。しかし、自分の理想とする自己像とはかけ離れている自分を受け入れることは、非常に難しいことです。しかも、すでに忘れてしまっている過去生でのこととなると、あえて思い出そうとすることも、想像することもないのは当然です。

実は、誰にとっても、闇、悪、加害者といった側面の方が、より深い心の闇となって、今回の人生に強い影響を与えています。

もし皆さんが、長い間、魂に抱えてきた深い傷を感じているのであれば、それは被害者側の経験によるものではなく、加害者としての経験からくる場合が非常に多いことを覚えておかれるとよいでしょう。ここが紐解かれて初めて、私たちの中で深い癒しが起こるからです。

自分が一つのテーマに対して、両側面の経験を持っていることを受け止めることができると、頭での理解ではなく、心の理解が促され、自然にバランスしようとします。

個人における光と闇の統合

それにしてもなぜ、私たちの霊格は、このような過酷な経験を人格にさせようとするのでしょうか。

そもそもどんな人の中にも、残酷な側面と、非常に思いやり深い側面があることはすでに述べてきましたが、その相克する二つの要素が、自分の中で葛藤を作り、迷い、苦しむ原因となってきました。しかし、このような迷いは、私たちに「知りたい」という強いモチベーションを与えてきたのです。

仏陀は、人間の最大の苦しみは「無明《むみょう》」つまり知らないことにあると説いています。本書で仏陀の教えを引用するのは、アントワンや私が仏教に傾倒しているからではなく、古代仏教と言われる、仏陀の教えは、他の厳格なスピリチュアル集団が説く教えと多くの共通点があり、それはまさに科学だからです。

さて、私たちは、知っていることを悩んだり、迷ったりすることはありません。知恵がないから悩み苦しむわけです。そして、私たちは苦しい時、何とか解決するためのよい方法や、よい智恵を知りたいと願います。それを知ることができれば、迷いもなくなります。

こうして私たちは、「知りたい」と願うことで新たな知恵を獲得し、成長することにつなげてきました。つまり、私たちの中で相克する二つの要素によって葛藤することとは無駄ではなく、私たちを成長に導いてきたわけです。

一方で、このような両極を持つからこそ、どちらも表現する機会が与えられて、苦しい経験もしてきました。

その目的は、ただ知恵を得るというためだけではなく、両方の立場を経験して、理解することによって、そのテーマに対して評価を手放し、自在性を獲得するためです。そして、どちらかに偏ることのないバランス、つまり中立なポイントをマスターするためです。

この中立なポイントを「ゼロポイント」と言います。

この世界が終焉に向かっている今、私たちは自分自身の内なる神である霊格へと帰還しなければなりません。そのための唯一の帰路は、このような二極がバランスした時に獲得することができる、意識の中立なポイント、ゼロポイントに存在します。

これがまさに、個人の霊的統合に向けて最初に目指す「光と闇の統合」です。

「放蕩息子」と呼ばれるイニシエーション

周波数の高いエネルギーを使うための通過儀礼

さて、このようにして私たちがどんな時にもバランスよくする感覚をマスターし、自在性を獲得するということは、常に「今、ここ、この瞬間」に意識をフォーカスすることができる状態になることを意味しています。

お伝えしたようにこのポイントは、高い山の登山口のように、自分自身の最高峰の意識であり、守護神とも言える霊格につながる、もしくは霊格に還るルートの入り口です。

ゼロポイントに意識をフォーカスすると、意識はまるでエレベーターにでも乗っているように、その目的に応じて必要な周波数帯域を選択してくれます。

例えば、「起承転結」といった、現実的な時系列を必要とする思考をしている時には電波領域（300KHz〜300GHz）、根拠のないイマジネーションの世界で空想しているような状態や、リラックスした瞑想状態の時には赤外線領域（3THz〜30THz）、直感的に何かを感じ取ることができたり、予知夢のように時間を超えて情報を獲得することができたりする領域は可視光線領域（31THz〜800THz）、より深い叡智とつながるような状態は紫外線領域（801THz〜3×10¹⁵Hz）、完全なる悟りの状態に入る放射線領域（3×10¹⁶Hz〜3×10¹⁹Hz）、というように、それぞれ周波数の違う領域の波を脳の中の灰白質から放出して、その波が水を介して世界とつながることによって、意識のレベルを自在に使い分けることができるようになります。


また、これは意識上に起きるグレードの違いばかりではなく、私たちに備わっているまだ使われていないさまざまな機能を呼び起こし、使うことが可能になることも意味しています。

それは例えば、テレパシーによるコミュニケーションや、リモートビューイング、予知能力、地球外のエイリアンや、高次元の存在とのコミュニケーション、同時に何か所にも出現する能力……などです。

しかし、このように周波数の高いエネルギーを使うには、より多くの出力を必要とします。そのために、ゼロポイントを見出した後に、「放蕩息子」というちょっとユニークな言われ方をするイニシエーションを体験することになります。

イエスが語ったこの逸話に隠された深い意味

新約聖書の中の「ルカによる福音書」15章11～32節に、イエスが語った放蕩息子についての記述があります。

この非常にシンプルに伝えられた記述について、科学的に捉えて説明する人は、もちろん誰もいませんでした。なぜなら、人間にはまだ使われていないたくさんの機能があることも、それを使えるようにするために、何が必要であるかについても、また、そのポテンシャルを開くプロセスにおいて、どんなことが起きるかについても、決して知らせたくない堕天使たち、サタンたち、またエイリアンたちが封印してきたからです。

つまりこの放蕩息子の話は、実は、一般的に言われている意味以外にも、深い意味が込められた比喩でもあるのです。

では、イエスが語ったこの逸話について、隠された意味を探っていきましょう。

「放蕩息子」は、資産家の父親の次男です。以下太字は、聖書からの抜粋です。


弟はある日、「父よ、あなたの財産のうちで私がいただく分を分けてください」と言います。父は、二人の息子にそれぞれ財産を分け与えました。

それから何日もたたないうちに、弟はそれらをすべてまとめて家を出て、遠いところへ行きました。


ここまでのところは、私たちが個としての魂を持ち、人間としての肉体をもらい受けて、父の世界、つまり霊的世界（放射線領域）からもっとも離れた物理的現実世界（電波領域）に生まれてくる場面を表現しています。

私たちは、人生を通して探求するべき課題と、そのために必要な経験を作り出すもとになるすべての可能性、そして、その人生において使おうとしている能力や才能を、まるでぎっしりと詰まった財産のように与えられて旅に出たわけです。

そこで放蕩に身を持ち崩して財産を使い果たしてしまいました。

これは、私たちが肉体を持って現実世界に生まれてきたことによって、生まれてくる前の記憶を失ってしまう様を表現しています。初めは、希望に胸を膨らませ、何事にも好奇心を持って、意欲的に取り組みますが、世俗的な幻想は、私たちを霊的探究の道からどんどん引き離して、まるで放蕩に耽るような状態だと表現されました。

弟が何もかも失った後、その地方に大飢饉があったので、彼は食べるものも得ることができなくなりました。

現実的な世界での欲望を満たすために、さまざまなことに取り組んだことは、もちろん悪いことではありません。それは、彼自身が望んだ現実世界でやるべきことをやり尽くしたということで、すべては必然です。次男は、私たちすべての人々の象徴です。

私たちが、今生きているこの世界を経験し尽くすと、大飢餓が起きて食べるものがなくなる。というのは、この世界が崩壊に向かい、もう得るものがなくなることを示しています。また、霊的な探求をすっかり忘れて、物理的な物や権利や名誉、手柄などを獲得することに夢中になってしまうと、私たちを根底から支えている生命エネルギーが枯渇していくことも表しています。

生命エネルギーが尽き、ゼロポイントに向かう

そこで、その地方のある人のところに行って身を寄せることにしましたが、その人は、彼を畑に行かせて、豚の世話をさせました。彼は、豚の餌を食べてでもお腹を満たしたいと思うほどに空腹でしたが、誰も何も与えてくれませんでした。

放蕩の限りを尽くした彼は、世俗的な欲求を満たすために何もかもやり尽くしたことを象徴しています。そんな彼は、命が尽きるほど空腹、つまり生命エネルギーを使い果たしました。この状況は、父の家から、つまり霊的な世界からもっとも遠い世界で、私たちがこれから経験することになる「世界の終末」の状態だと言うこともでき

るでしょう。
この時を迎えると、何もかもが反転を起こします。彼が豚の世話をするというのは、彼が食していたものの世話をする立場になるわけです。つまり、もっとも高いところにいた者が低いところに落ちて、低いところにいた者が高みに昇るということで、すべてが二元性を極めたことによって反転し、ゼロポイントに向かう様を表しています。

そこで初めて、彼は自分の本心に気づいて言いました。「父のところには、食べものが余っている雇い人が大勢いるのに、私はここで飢え死にしようとしている。立って、父のところへ行ってこう言おう。父よ、私は天に対しても、あなたに向かっても罪を犯しました。もうあなたの息子と呼ばれる資格はありません。どうぞ、雇い人の一人同様にしてください」

この部分は、彼が陥っていた評価への恐れを手放した様です。つまり、宗教上で言われてきた「最後の審判」をも受けて立とうとする高潔さを持ったことで、「本心に気づいた」つまり、自分自身の内に宿る神なる意識、霊格に気づき、ゼロポイントに向かったことを示しています。

エネルギーが突き抜ける強烈なイニシエーション

息子は立ち上がり、父の家に向かいました。

この部分は非常に重要です。すでに生命エネルギーが尽きているような状況であったのに、立ち上がり、父の家に向かうことができたのは、意識がゼロポイントを捉えたことで、今まで自分が放出してきた感情のエネルギーや、思考のエネルギーなどが自分のもとに戻ってくるというイニシエーションを受けます。

人は、何かにつけて、思い通りにならないことを何かのせいにしてしまいます。両親のせい、上司のせい、夫や妻のせい、友人や兄弟のせい、チャンスがないから、お金がないから、時間がないから……と、何かと自分以外のせいにすることで、本来自分に選択権があり、創造する権利があるにもかかわらず、その権利をそれらに譲ってきました。それは、自分自身の非常に力強い、感情や思考のエネルギーを自分以外のものに与えてきたことを意味しています。

これはイナンナの冥界下りの物語の中で、イナンナが7つのゲートを通過するたびに、自分の権威をエレシュキガルの僕《しもべ》に渡し神通力を使い果たしていくプロセスと同じ意味を持っています。

聖書の息子が、自分の非を認めるのは、自分の中に相克する二つの要素を認めることを意味し、その中立なポイント、ゼロポイントを捉えて、立ち上がることを意味しています。

父は、まだ遠く離れたところにいる息子を見つけて、哀れに思って走り寄り、その首を抱いて接吻《せっぷん》しました。

息子は父に言いました。「父よ、私は天に対しても、あなたに向かっても罪を犯しました。もうあなたの息子と呼ばれる資格はありません」

ここで最初の自己統合が起きることを示しています。

この時、まだ遠くにいる息子を父の方から見出して走り寄るとありますが、これは次に起きる「ディセンション」というイニシエーションについての記述です。

つまり、ゼロポイントを捉えた意識は、すべてを覚悟して引き受けた「磔《はりつけ》」状態となります。そうなると、霊格の方から人格へと降りてくるという現象が起きます。この時、まるで被雷したように、天頂のクラウンチャクラから、強烈なエネルギーが背骨に沿って衝撃とともに自分の肉体を突き抜けるような感覚で、全身に強烈な電気ショックを受けたような感覚を受けます。

霊格は、非常に周波数の高い、肉体にとってはリスクの高いエネルギーです。それが脳天を突き破って全身を突き抜けるのですから、被雷と言うよりも、被爆と言った方が正しいかもしれません。

その結果、内分泌系はすべて破壊されてしまったようになり、全身が風船のように膨らみ、ところどころに地図状に真っ赤なあざが浮かびあがります。

個人差はあるものの、肉体が落ち着くまでに2か月以上かかるケースもあります。


しかし、父は、僕たちに言いつけました。「さあ、早く、最上の衣服を出してきてこの子に着せ、指輪を手にはめ、履物を足に履かせなさい。また、肥えた子牛を引いてきてほふりなさい。食べて祝おうではないか。この息子が死んでいたのに生き返り、いなくなっていたのに見つかったのだから」。そうして祝宴を開きました。

さて、このイニシエーションを「放蕩息子」と呼びます。実はこの時に、かつて自分が、被害者意識や、罪の意識、などから放出してきたエネルギーが魂の被膜を突き破って帰ってくると同時に、魂が抱えてきた深い傷が原因で持っていた感情のパターンを、すべて経験し尽くし、感じ尽くすようなことが起きます。

この時には、猛烈なエネルギーの波が、四方八方から一斉に突き刺さる矢のように戻ってくるので、強烈な痛みと、雷に打たれたような衝撃と、津波のように押し寄せる感情の強いエネルギーを同時に味わうことになります。

こうして、イナンナが手放した権威の象徴を、ここで再び取り戻します。

この部分では、父が「最上の衣服、指輪、履物、肥えた子牛」を与えて祝福すると言っていますが、多くの経験を通して知恵を獲得した息子である人格に対して、最上の権威を霊格が与えることを示しています。

ここからは、今まで使えなかった機能を少しずつ使えるようになっていくための訓練がスタートします。

兄は何を象徴しているのか？

畑で仕事をしていた兄が帰路につき、家に近づくと、音楽や人々の談笑の声が聞こえたので、一人の僕を呼んで、「いったい何事か？」と尋ねました。

僕は、「あなたの兄弟がお帰りになりました。喜んだ父上が肥えた子牛をほふらせなさったのです」と伝えました。

兄はそれを聞いて怒り、家に入ろうとしませんでした。父が兄のもとに出てきてなだめると、兄は父に言いました。「私は何年間もあなたに仕えて、一度でもあなたの言つけに背いたことはなかったのに、友達と楽しむために子山羊一匹もくださったことはありません。それなのに、遊女どもと一緒にあなたの財産を食いつぶしたあなたの息子が帰ってくると、そのために肥えた子牛をほふるのですか」

すると父は兄に言います。「子よ、あなたはいつも私とともにいるし、また、私のものはすべてあなたのものだ。しかし、あなたの弟は、死んでいたのに生き返り、いなくなっていたのに見つかったのだから、喜び祝うのは当たり前ではないか」

ここで登場する兄は、弟と同じように人間としての肉体を得て父のもとを離れたはずなのに、善悪などの概念に捕らわれて、片方の側しか表現せずにいます。つまり、自分独自の霊的探究のために与えられているはずの、非常に純粋な好奇心に従わず、何もしていない状態を示しています。

そのために、兄は新しい知恵を得ることができず、自分の手で獲得した権威がない状態の人たちの象徴です。

この「放蕩息子」の逸話をイエスが話したと聖書に記述されていますから、イエスは原始キリスト教と言われるような教えを伝えていたことを、ここではっきり示していると言えるのではないでしょうか。

この教えの中では、自分自身の内にこそ救済者、つまり神が存在しているので、外側の神を信仰して、自分の霊的な権利を譲り渡してはいけないと教えています。

コレクティヴがすべての知恵を集結させる

本来、死後に経験するイニシエーション

もう一つとても重要な霊的なイニシエーションがあります。これは、多くの人が亡くなった後に経験することになるイニシエーションでもあります。

しかし、進化を達成するために、飛躍的な変化をしようとしている今、生きた状態で、これまで魂が引き受けてきたすべての人生の、すべての経験を今、ここ、この瞬間の私というゼロポイントに集結させるイニシエーションです。これをアントワンは、「コレクティヴ（COLLECTIVE）」と呼んでいます。

このイニシエーションは、先述した「放蕩息子」や「デイセンション」という激し

いイニシエーションに比べると、非常に厳かで静かなイニシエーションではありますが、その人の意識を飛躍的に高みに昇らせます。

一つ一つの人生が360度方向から、美しい七色のリボン状の虹のように今、ここ、この瞬間に存在している自分に向かって集まってきて、自分の中でコアを作ります。その間、とても静かではありますが、確固たる威厳と誇りを持った状態で柔らかく強い存在になったような感覚があります。

このコレクティヴと言われるイニシエーションを通過することによって、多くの困難に対しても柔軟に対応し、常に客観的な視点で、自分をどの意識レベルにフォーカスさせるべきか判断し、自分に備わったあらゆる機能を適宜駆使して前進していく力を与えてくれます。

これは、タロットカードの大アルカナカード9番THE HERMITの意味するところです。

カルマを清算し、ゼロポイント意識を得るチャンス

いよいよもっとも困難なプロセスが直前まで迫っている今、急速に霊的統合に向かわせられるような流れが起きています。したがって、このようなイニシエーションを通過して、霊的統合を果たす人たちが急速に増えていくことでしょう。

また、霊的統合を果たした人たちが形成する美しい意識のグリッド（エネルギーが流れる立体的な網状の回路）が活性化することによって、今の腐敗した社会や、この社会を利用して、地球人を長い間支配し続け、搾取し続けてきた存在たちにも非常に大きな影響を与えることになります。

冒頭でお伝えしたように、彼らを排除することはできません。しかし、彼らとの間に調和を作ることは、まさにこの世界の進化を意味しています。霊的統合を進めていけばいくほど、一方では、激しい争いと崩壊が起きるかもしれません。

しかし、私たちの意識の美しいグリッドが、反対勢力のグリッドと調和して、さらに美しいグリッドを形成することができれば、互いを補い合う関係しか作ることがで

きなくなり、もう二度と戦争も支配も搾取も起きることはありません。

私たちは今、カルマを清算して、ゼロポイント意識を獲得するための、たくさんのチャンスが現実的に与えられているはずです。このチャンスは、楽しく心地よいチャンスとは言えないものでしょう。むしろ、避けられるものなら避けて通りたいと思うような苦しく辛い感情を伴うものかもしれません。

しかし、このようなチャンスを利用しない限り、すでに記憶を失ってしまった過去の人生から持ち越している課題に気づくことは、そう簡単ではありません。

もしも、このことを理解して、より多くの人がカルマ清算とゼロポイント意識の獲得のために取り組めば、そのプロセスは促進されて急速に進むことになります。

統合のためには、対極する側面がバランスを保つことが必要ですから、皆さんの霊的統合が進めば進むほど、反対勢力の作り出すグリッドによる、古い社会や概念や価値観の崩壊も促進されていくでしょう。

そのような中で、死を選択する人たちも、生きることを選択した人たちも、それぞれ自分の道に気づいてシフトしていく時が近づいていています。

生きても死んでも、宇宙の壮大な進化の渦の中に存在し続けることに違いはありません。それぞれが、みな自分の選択に誇りを持って、力強く歩むために必要なすべてが準備されているのです。

終章

宇宙の叡智とつながるために

――アントワン・シュバリエ

霊的統合のさまざまな恩恵

霊的に統合することは、単なる心身の健康を超えて、ホリスティックな幸福感を実現するうえで不可欠です。霊的統合とは自分の価値観、信念、行動、そして内なる経験を、より高次の目的や、深みのある人生観と一致させることを指します。これらの一致は、時に困難で不安定な人生の舵取りに必要な、意義、つながり、内なる平和などを育みます。

霊的統合は、心が深く満たされるような、生きる目的や意味を培う助けとなります。宗教、霊性、または個人的な価値観などを通じ、自己を超越した何かとつながることで、人は生きることの方向性や動機を見出すことができます。目的意識は生きる羅針盤のような役割を果たし、自身の核となる信念や価値観に沿った形での、決断や行動へと導いてくれます。

霊性は多くの場合、試練の意味を理解し、それに対処するための枠組みをもたらします。人生に困難が訪れた時、統合された人々は霊的な信念や実践を活かして、レジリエンスを育てることができます。目の前の課題がより大きな計画の一部であると信じて安らぎを得たり、自分の手には負えない状況でのコントロールの放棄を学んだりすることが、これには含まれるかもしれません。

また、瞑想や祈り、マインドフルネスといった霊的実践も、ストレスを軽減し、内なる静けさをもたらすことで、心の安定を促すことができます。

霊的に統合すると多くの場合、一連の道徳的もしくは倫理的な原則に、忠実な振る舞いをするようになります。こうした倫理的な基盤は、意思決定の基準を明確にするだけでなく、責任感や誠実さを養います。これらの原則に従って生きることで、自尊心や他者から寄せられる敬意が高まり、ポジティブな自己像や満ち足りた人間関係を築くことができます。

霊的統合は、他者や広い世界との一体感を高めます。こうしたつながり合いの意識は、共感、思いやり、そして地球規模での連帯感などを呼び起こし、より有意義で協力的な関係の構築につながります。また自分のコミュニティやより大きな世界に、積極的に貢献をするようになるため、自分の行動には影響力があるという考えが強化されます。

霊的統合の実現には、仕事や人間関係、個人的成長など、人生のさまざまな側面のバランスをとることが、しばしば要求されます。内なる調和と言動の一致に重きを置くため、自分の振る舞いが霊的信念に沿っているかを、絶えず確認する必要が出てくるからです。こうしたバランスが燃え尽き症候群や内的葛藤を防ぎ、長い目で見て持続可能な幸福感を促します。

霊的統合の最大の恩恵はおそらく、内なる平和と充実感が得られることでしょう。人生が霊的な信念と調和している時、外的状況に左右されることのない深い満足感があります。内なる平和は、現代生活のストレスや不安に対する強力な解毒剤となり、困難に直面しても変わらない幸福感の維持を可能にします。

これは終わることのない成長への旅路

霊的統合は、固定された状態ではなく、終わることのない成長と変容の動的なプロセスです。自己反省、人間的な成長、そして理解を深めるための努力などが、統合には必要とされます。霊的な進化とともに視点の変化が起こり、より啓発された生き方へと人は導かれます。このような成長は、自分の潜在能力を最大限に発揮し、自己に忠実な人生を送るために不可欠です。

したがって、霊的統合は個人の幸福のためだけでなく、社会に積極的に貢献するうえでも重要です。それは目的意識、バランス、そして充実感に満ちた人生を育み、優雅に忍耐強く、困難を乗り越えることを可能にします。霊的統合は、自分自身や世界に対する理解を深めるための、絶え間ない成長を支える旅なのです。

霊的な統合は単なる防御メカニズムではなく、存在の本質との深い結びつきを意味しています。それは内なる自己が大宇宙と調和し、個人と宇宙の間の境界が溶け去り、より深い真実が明らかになった状態です。霊的統合は単に受動的な状態ではなく、普遍的な意識との能動的な関わりであり、物理的そして精神的な領域の限界を超越したものなのです。霊的な調和を得た時、あなたは時間や空間の制約を超えた、力と叡智の源にアクセスすることができます。

あなたのスピリットは普遍的意識の延長として、過去、現在、そして未来における経験の流れと、本質的に結びついています。このつながりが、物質世界に心が捕らわれていると、見逃したり誤解したりするかもしれない真実を知覚する力を与えてくれるのです。

………著名な科学者たちが伝えていること

霊的統合の概念は、世界最高の思想家や科学者たちの多くからも、賛同を得ています。

例えばアルベルト・アインシュタインは、宇宙の相互関係、そしてより突きつめた存在の真実を理解するために、霊性が持つ役割について語っています。

「私たちが経験できるもっとも美しく深遠な感情は、神秘的なものに対する感動です。これこそが、すべての真の科学の源です。この感情がわからず、もはや驚きや畏敬の念を抱くことができない人は、死んでいるも同然なのです」

アインシュタインが神秘主義を科学的真理の追求の中心とみなしたことは、より大きな知識と理解への道として、霊的に統合することの重要性を強調しています。

個人と宇宙との結びつきの深さに関する考えは、現代科学、中でも量子物理学の分野において支持されています。

世界的に知られる物理学者のニールス・ボーアは、「私たちが現実と呼ぶものは、現実として見ることができないものから成り立っている」という、有名な言葉を残しました。この逆説的な発言は、もっとも根本的なレベルにおいて、現実は固定された物体ではなく、相互につながった可能性の網であるという量子的な理解を反映しています。この見解は、意識自体が現実を形作るうえで重要な役割を果たすという含みを持ち、世界中の霊的伝統に深く共鳴しています。

また、やはり大きな影響力を持つ物理学者のデビッド・ボームは、この考えをさらに進め、宇宙とは相互に結びついた一つの全体であり、すべての部分が宇宙全体を隠れた形、言い換えれば「含意的な形」で内包しているとする、「含意秩序」の理論を提唱しました。ボームは、私たちの日常の経験は「明示的秩序」であり、より深い含意秩序の現れに過ぎないと考えていました。彼はこう述べています。

「ある意味、人間は宇宙の縮図である。したがって人間が何であるかは、宇宙への手掛かりである」

この視点は、自己を理解すること、すなわち霊的統合を達成することにより、宇宙全体の働きについての洞察が得られるという霊的な見解と一致しています。

世界の指導者たちが述べていること

世界のリーダーや思想家たちもまた、生命や存在についての理解を深めるためには、霊的統合が重要であると認めてきました。

20世紀にもっとも影響力がある霊的指導者の一人であったマハトマ・ガンジーは、普遍的な真実に沿う生き方が持つ力を信じていました。「司法の裁判所よりも高い裁判所があります。それは良心の裁判所です。そして、それは他のすべての裁判所に取って代わるものなのです」と彼は述べています。ガンジーが強調した良心の最優先性は、各人の中の普遍的意識の声として理解され、霊的統合と倫理的生活とのつながりの深さを示しています。

同様に、心理学の先駆者であるカール・ユングは、個々の意識を超越した、人間の経験と元型の共有貯蔵庫である「集合的無意識」の概念を探究しました。ユングは、霊的に成長するためには自己のこれら無意識の側面を、明確な意識に統合する必要があると考えていました。彼はこう述べています。

「外を見る者は夢を見る。内を見る者は目を覚ます」

ユングにとって霊的統合の旅は、完全さを手に入れ、宇宙における自分の立ち位置を理解するうえで不可欠でした。

アボリジニに伝わる叡智「ユニバーサル・ロー」

意識を解明するための科学研究も、脳が宇宙を知覚して相互作用する力と霊性との関係を、探求し始めています。神経神学という分野は、脳機能と霊的体験との関係を調べており、深い瞑想や霊的な状態にある時、特定の脳の領域が活性化されることを証明しました。この研究は、共感、思いやり、そして連帯感に関わる脳機能を、霊的実践が強化する可能性を示唆しています。著名な神経科学者アンドリュー・ニューバーグは次のように述べています。

「脳がどのように機能するかを見ると、霊的な探求は人間の経験の本質的な部分であることがわかり始めます」

つまり霊的統合とは単なる防御メカニズムではなく、宇宙でもっとも奥行きのある真実にあなたを結びつける、深遠な存在状態を意味しているのです。それは普遍的意識と調和し、自己と宇宙との区別を曖昧にし、より広大で奥深い現実を明らかにするプロセスです。この状態は、心の限界を超えて、時間も限界もない叡智の源泉とのアクセスを可能にします。霊的統合を育むことで、物質世界の幻想から身を守るだけでなく、より偉大な目的、洞察、そして宇宙と調和した人生を送る力を自分に与えることができるのです。

この考えを明確にするもっとも深遠な教えの一つは、オーストラリアのアボリジニの人々に古代から伝わる、「ユニバーサル・ロー（普遍的な知恵）」と呼ばれる、宇宙についての非常に霊的な理解です。

この知識体系は、人類が利用できるもっとも深遠でホリスティックな叡智のシステムの一つとされており、霊的に統合されること、そして超自然的かつ精神的な攻撃に対する免疫力があるということの真の意味について、比類のない洞察を提供しています。ユニバーサル・ローは、単なる信念の集合ではなく、万物のつながり合いを体現する、生きた経験です。この叡智の伝承によると、宇宙に存在するすべてが複雑な関係網の一部であり、あらゆる行動や思考は宇宙全体に反響していきます。

こうした自然法則と霊的な真実に沿うことで、いかなる形の危害や欺瞞の影響も受けない、霊的免疫力のある状態が実現されるのです。この状態は単なる生命維持を超え、真の霊的な自信と啓発に向かう道へと続いていきます。

心と身体の医学における第一人者のディーパック・チョプラ博士はこう述べています。

「霊的世界とは意識の領域であり、すべてがつながっていて、自分と宇宙の間に分離は存在しないのです」

このつながり合いこそが、霊的統合がもたらす防御がなぜ、並外れて強力であるかを理解する手掛かりです。

自分のスピリットと同調している時、あなたは本質的に純粋で真摯な力と一つになっており、騙されたり惑わされたりすることはありません。アボリジニのユニバーサル・ローの概念はこの心情を反映しており、真の霊的防御はこうした普遍的な原則を理解し、それに沿った生き方をすることから始まると明示しています。

ここでいう調和とは単に受動的な状態ではなく、世界と積極的に関わり、宇宙を束ねる自然や霊性の法則に合致した人生を自分の意志で選ぶことを意味します。

ダライ・ラマのような霊的指導者の教えも、内なる平和やレジリエンスを育むための、霊的実践の重要性に光を当てています。「霊性は宗教から来るのではなく、私たちの魂から来るのです」と、彼はたびたび語ってきました。この言葉は、真の防御は魂が高次の霊的現実と結びつくことにより、内側からもたらされるという考えを明示しています。

アボリジニの叡智であるユニバーサル・ローはこの見解を補完しており、魂が普遍的な真理と同調することで、霊的及び超自然的な攻撃に対する強力なシールドを作り上げる方法を理解するための基盤を提供しています。このシールドは単なる負のエネルギーに対するバリアではなく、優雅かつ賢明に、複雑な人生を乗り越えていく技能を高める、変革の力です。

霊的攻撃から守られるだけではない

科学的に見ると霊的統合の概念は、意識というものを明確にし、脳が通常の感覚経験を超えた情報を処理する力を調べるための研究と、関連付けることができます。量子物理学と意識に関する研究は、心が物質的な世界に制約されてはおらず、はるかに深いレベルで宇宙と影響を与え合うことができると示唆しています。

物理学者デビッド・ボームの「全体性と含意秩序」に関する研究は、宇宙とは相互につながった広大な網であり、すべての部分が全体を反映するという考えを支持しています。この科学的な見解は霊的な教えと一致しており、スピリットの叡智と知識は無限であり、本質的に保護機能があると主張しています。アボリジニのユニバーサル・ローの知識は、これらの科学的洞察を深遠な霊的認識に統合し、科学と霊性の橋渡しとなるホリスティックな現実の見方をもたらしています。

したがって、霊的統合とは単なる防御メカニズムではなく、常により高次の現実との交わりの中にいる状態です。この状態は、深い明晰さと目的意識を伴い、物質世界の幻想を消し去り、あらゆる存在を根底で束ねる真理を露わにすることが特徴です。

アボリジニのユニバーサル・ローの知識は、自然界と宇宙の秩序に深く根ざした霊的調和への道を提示することで、統合した状態を強めます。この道は、厳格な一連の規則ではなく、普遍的意識とのつながりを深め続けるための、変化に富んだ成長と進化のプロセスです。統合を果たした状態になると、単に霊的および超自然的な攻撃から守られるだけでなく、それらを超越し、自分の真の本質と宇宙における立ち位置を突きつめて理解する力を得ることができます。

こうして叡智の源に触れる

霊的統合を育むことで、単なる防御を超えた力強いシールドが創造され、あなたは奥行きのある理解と揺らぐことのない自信を持って、人生の舵取りができるようになります。この自信はあなたが、自分という存在の源であり、同時に自分の旅の究極の目的地でもある、普遍的意識というより大きな全体の一部である、と知ることから生まれます。

霊的統合を深めるにつれて、あなたは宇宙のリズムにますます同調し、優雅さ、知恵、そして確固とした目的意識を持って人生を歩む能力を得ることができます。これこそが霊的な免疫力の真の本質です。それはユニバーサル・ローと調和し、あなたが意味のある、充実した人生を送り、宇宙全体と深い結びつきを持つ力を与えてくれるのです。

内なる自己が大宇宙と調和すると、個人と宇宙との境界が溶け去り、より深い真実が明らかになります。霊的な調和を得た時、あなたは心身の領域の制約を超えた、力と叡智の源に触れます。霊的調和は時間や空間に限定されず、あなたが知識の源泉にアクセスすることを可能にします。

あなたのスピリットは普遍的意識の延長として、過去、現在、そして未来における経験の流れと、本質的に結びついています。このつながりが、物質世界に心が捕らわれていると、見逃したり誤解したりするかもしれない真実を知覚する力を与えてくれるのです。

おわりに
新しい世界を私たち地球人の手で……サアラ

今まさに戦いはクライマックスに向かって急速に進んでいます。そのために、状況は刻々と変化しています。

そして、「上の如く下も然り」ですから、地球上で起きていることは、宇宙でも起きています。

地球では、EU各国のEUに対する不信感と、NATOに対する不信感と反発、そしてBRICSの進展など、新しい風が吹き始め、古くて湿った重たい空気を何とか動かそうとしているように感じます。

アメリカ大統領選挙をめぐって起きたさまざまな出来事が象徴するように、闇の組織を動かして、自分たちの権力や財力を蓄えてきたカバールたちが、仕えてきた悪魔や堕天使たちから、そろそろリストラされる時が近づいていることも、十分感じられます。

このタイミングで再びトランプ氏が大統領に返り咲くことも、非常に重要な意味を持っています。

日本の報道ばかり見聞きしていると、プーチンは極悪非道な悪魔であり、トランプは世界を破滅に追いやる可能性がある危険人物であるかのように報じられていますから、当然そのように思い込み、トランプ当選の報道とともに落胆した人たちも少なくないのではないでしょうか。

しかし、これらの報道が中立ではないことに、多くの人が気づく時が近づいています。

なぜなら、皆さんの意識が高みに昇ることによって、すべての欺瞞を見破る力が備わるからです。そして、「霊的統合」を果たすことによって、腐敗した社会の陰に隠れてきた深淵なる宇宙の揺るぎない営みへと皆さんの意識が融合しようとしているからです。

さて、これらの社会的、政治的なこととは別に、地球自身の変容という重要なプロセスを迎えていることも事実です。

しかし、それはノアの箱舟のように、全人類を抹殺するようなことでもなければ、ハルマゲドンのようなことでもありません。

もし、多くの人が「霊的統合」を果たすことができれば、もう堕天使や、悪魔や、邪悪なエイリアンたちによって地球人類の進化を阻害されることもなくなり、地球自身の進化と変容は、非常にスムーズな形で起きることになります。


私たちにとって、もちろん、戦うことそのものは、決して私たちの目的ではありません。戦いに勝利した後にこそ、本当の目的が待っています。

それは、これまで支配してきた招かれざるものたちが残した、社会の残骸を片付け、新しい世界を地球人の手で作り上げるための準備であり、また、すでに皆さんの魂の記憶にある、地球に生きているすべての生き物が調和する新しい世界の設計図に基づいて、社会を構築することです。

そして何よりも、これらの仕事を成し遂げるために、国境や文化や人種を越えて、すべての人が心一つにつながることです。

これがもっとも難しいことかもしれません。「バベルの塔」の呪縛は、意外と強固ですから、この呪詛を解くためには、一人ひとりが「霊的統合」を果たすしか他に方法はありません。

そのために、小宇宙である皆さんお一人お一人が、社会的な概念を手放し、日常を霊的実践によって満たし、評価のない愛の世界に生きようとすることです。

「生きとし生けるすべての人たちが幸せでありますように」

この願いが実現する世界を一緒に作りましょう！

Saarahat

5. Koenig, H. G., McCullough, M. E., & Larson, D. B. (2001). Handbook of Religion and Health. Oxford University Press.

6. Goyal, M., et al. (2014). Meditation programs for psychological stress and well-being: A systematic review and meta-analysis. *JAMA Internal Medicine*, 174(3), 357-368.

7. Masters, K. S., & Spielmans, G. I. (2007). Prayer and health: Review, meta-analysis, and research agenda. *Journal of Behavioral Medicine*, 30(4), 329-338.

8. Gandhi, M. K. (1948). "The Story of My Experiments with Truth."

9. Diener, E., & Seligman, M. E. P. (2002). Very Happy People. *Psychological Science*, 13(1), 81-84.

10. Plato. "Apology." Retrieved from the works of Plato.

11. Buddha. (500 BCE). "The Dhammapada."

12. Vyasa. "Bhagavad Gita." Retrieved from the ancient texts.

13. The Bible. Romans 12:2. Retrieved from the Holy Bible.

霊的防御の必要性といろいろな手法（p.446）

1. Aurelius, M. (2006). *Meditations*. Penguin Classics.

2. Dalai Lama. (2005). *The Art of Happiness*. Riverhead Books.

3. Vivekananda, S. (1989). *The Complete Works of Swami Vivekananda* (Vol. 1). Kolkata: Advaita Ashrama.

4. Streeter, C. C., Gerbarg, P. L., Saper, R. B., Ciraulo, D. A., & Brown, R. P. (2012). Effects of yoga on the autonomic nervous system, gamma-aminobutyric-acid, and allostasis in epilepsy, depression, and post-traumatic stress disorder. *Medical Hypotheses, 78*(5), 571-579.

5. Telles, S., Naveen, K. V., & Dash, M. (2014). Yoga reduces symptoms of distress in tsunami survivors in the Andaman Islands. *Evidence-Based Complementary and Alternative Medicine, 2014*, 197950.

6. Kant, I. (1784). What is Enlightenment? Retrieved from https://www.gutenberg.org/files/46856/46856-h/46856-h.htm

7. Sharma, M., & Haider, T. (2013). Yoga as an alternative and complementary therapy for patients with asthma. *Journal of Evidence-Based Complementary & Alternative Medicine, 18*(1), 59-62.

8. Cramer, H., Lauche, R., Anheyer, D., Pilkington, K., de Manincor, M., Dobos, G., & Ward, L. (2018). Yoga for anxiety: A systematic review and meta-analysis of randomized controlled trials. *Depression and Anxiety, 35*(9), 830-843.

9. Gurdjieff, G. I. (2002). *Beelzebub's Tales to His Grandson: All and Everything*. Penguin Books.

10. Cramer, H., Lauche, R., Anheyer, D., Pilkington, K., de Manincor, M., Dobos, G., & Ward, L. (2018). Mindfulness-based stress reduction for chronic pain conditions: A systematic review and meta-analysis. *Journal of Pain, 19*(1), 3-13.

Holt-Lunstad, J., Smith, T. B., & Layton, J. B. (2010). Social relationships and mortality risk: A meta-analytic review. *PLOS Medicine, 7*(7), e1000316.

Chopra, D. (2010). *Reinventing the Body, Resurrecting the Soul: How to Create a New You*. Harmony.

Ubuntu. (2021). Ubuntu philosophy: "I am because we are." Retrieved from https://www.ubuntufoundation.org/ubuntu-philosophy.

Rumi, J. (2004). *The Essential Rumi*. HarperOne.

7. Ibn Arabi. (2004). *The Bezels of Wisdom*. Paulist Press.3. *4.

8. Cramer, H., Lauche, R., Anheyer, D., Pilkington, K., de Manincor, M., Dobos, G., & Ward, L. (2018). Yoga for anxiety: A systematic review and meta-analysis of randomized controlled trials. *Depression and Anxiety, 35*(9), 830-843.

Kant, I. (1784). What is Enlightenment? Retrieved from https://www.gutenberg.org/files/46856/46856-h/46856-h.htm

Nhat Hanh, T. (2011). *Peace Is Every Step: The Path of Mindfulness in Everyday Life*. Bantam.

Pythagoras. (1918). *Fragments*. In The Sacred Writings of Pythagoras.

Ubuntu. (2021). Ubuntu philosophy: "I am because we are." Retrieved from https://www.ubuntufoundation.org/ubuntu-philosophy.

Chopra, D. (2010). *Reinventing the Body, Resurrecting the Soul: How to Create a New You*. Harmony.

霊的な自己防衛法 (p.430)

1. Holt-Lunstad, J., Smith, T. B., & Layton, J. B. (2010). Social relationships and mortality risk: A meta-analytic review. *PLOS Medicine, 7*(7), e1000316.

2. Streeter, C. C., Gerbarg, P. L., Saper, R. B., Ciraulo, D. A., & Brown, R. P. (2012). Effects of yoga on the autonomic nervous system, gamma-aminobutyric-acid, and allostasis in epilepsy, depression, and post-traumatic stress disorder. *Medical Hypotheses, 78*(5), 571-579.

3. Sharma, M., & Haider, T. (2013). Yoga as an alternative and complementary therapy for patients with asthma. *Journal of Evidence-Based Complementary & Alternative Medicine, 18*(1), 59-62.

4. Telles, S., Naveen, K. V., & Dash, M. (2014). Yoga reduces symptoms of distress in tsunami survivors in the Andaman Islands. *Evidence-Based Complementary and Alternative Medicine, 2014*, 197950.

5. Aurelius, M. (2006). *Meditations*. Penguin Classics.

6. Dalai Lama. (2005). *The Art of Happiness*. Riverhead Books.

7. Vivekananda, S. (1989). *The Complete Works of Swami Vivekananda* (Vol. 1). Kolkata: Advaita Ashrama.

8. Cramer, H., Lauche, R., Anheyer, D., Pilkington, K., de Manincor, M., Dobos, G., & Ward, L. (2018). Yoga for anxiety: A systematic review and meta-analysis of randomized controlled trials. *Depression and Anxiety, 35*(9), 830-843.

Chopra, D. (2010). *Reinventing the Body, Resurrecting the Soul: How to Create a New You*. Harmony.

Pythagoras. (1918). *Fragments*. In The Sacred Writings of Pythagoras.

Ubuntu. (2021). Ubuntu philosophy: "I am because we are." Retrieved from https://www.ubuntufoundation.org/ubuntu-philosophy.

Nhat Hanh, T. (2011). *Peace Is Every Step: The Path of Mindfulness in Everyday Life*. Bantam.

Rumi, J. (2004). *The Essential Rumi*. HarperOne.

Gurdjieff, G. I. (2002). *Beelzebub's Tales to His Grandson: All and Everything*. Penguin Books.

霊的成長を続けていくことの重要性 (p.437)

1. Nietzsche, F. (1889). "Twilight of the Idols."

2. Vivekananda, S. (1896). "Lectures from Colombo to Almora."

3. Dalai Lama. "The Art of Happiness." Retrieved from the teachings of the Dalai Lama.

4. Nhat Hanh, T. (1991). "Peace Is Every Step: The Path of Mindfulness in Everyday Life."

Writings of Pythagoras.

7. Holt-Lunstad, J., Smith, T. B., & Layton, J. B. (2010). Social relationships and mortality risk: A meta-analytic review. *PLOS Medicine, 7*(7), e1000316.

8. Ubuntu. (2021). Ubuntu philosophy: "I am because we are." Retrieved from https://www.ubuntufoundation.org/ubuntu-philosophy.

9. Chopra, D. (2010). *Reinventing the Body, Resurrecting the Soul: How to Create a New You*. Harmony.

Diener, E., & Seligman, M. E. P. (2002). Very happy people. *Psychological Science, 13*(1), 81-84.

Pistrang, N., Barker, C., & Humphreys, K. (2012). Mutual help groups for mental health problems: A review of effectiveness. *American Journal of Community Psychology, 50*(1-2), 121-131.

Cruwys, T., Haslam, S. A., Dingle, G. A., Haslam, C., & Jetten, J. (2014). Depression and social identity: An integrative review. *Personality and Social Psychology Review, 18*(3), 215-238.

オーラ浄化法（p.417）

1. Streeter, C. C., Gerbarg, P. L., Saper, R. B., Ciraulo, D. A., & Brown, R. P. (2012). Effects of yoga on the autonomic nervous system, gamma-aminobutyric-acid, and allostasis in epilepsy, depression, and post-traumatic stress disorder. *Medical Hypotheses, 78*(5), 571-579.

2. Sharma, M., & Haider, T. (2013). Yoga as an alternative and complementary therapy for patients with asthma. *Journal of Evidence-Based Complementary & Alternative Medicine, 18*(1), 59-62.

3. Cramer, H., Lauche, R., Anheyer, D., Pilkington, K., de Manincor, M., Dobos, G., & Ward, L. (2018). Yoga for anxiety: A systematic review and meta-analysis of randomized controlled trials. *Depression and Anxiety, 35*(9), 830-843.

4. Telles, S., Naveen, K. V., & Dash, M. (2014). Yoga reduces symptoms of distress in tsunami survivors in the Andaman Islands. *Evidence-Based Complementary and Alternative Medicine, 2014*, 197950.

5. Kant, I. (1784). What is Enlightenment? Retrieved from https://www.gutenberg.org/files/46856/46856-h/46856-h.htm

6. Nhat Hanh, T. (2011). *Peace Is Every Step: The Path of Mindfulness in Everyday Life*. Bantam.

7. Chopra, D. (2010). *Reinventing the Body, Resurrecting the Soul: How to Create a New You*. Harmony.

8. Cramer, H., Lauche, R., Anheyer, D., Pilkington, K., de Manincor, M., Dobos, G., & Ward, L. (2018). Mindfulness-based stress reduction for chronic pain conditions: A systematic review and meta-analysis. *Journal of Pain, 19*(1), 3-13.4.

エネルギーシールド（p.423）

1. Streeter, C. C., Gerbarg, P. L., Saper, R. B., Ciraulo, D. A., & Brown, R. P. (2012). Effects of yoga on the autonomic nervous system, gamma-aminobutyric-acid, and allostasis in epilepsy, depression, and post-traumatic stress disorder. *Medical Hypotheses, 78*(5), 571-579.

2. Sharma, M., & Haider, T. (2013). Yoga as an alternative and complementary therapy for patients with asthma. *Journal of Evidence-Based Complementary & Alternative Medicine, 18*(1), 59-62.

3. Vivekananda, S. (1989). *The Complete Works of Swami Vivekananda* (Vol. 1). Kolkata: Advaita Ashrama.

4. Telles, S., Naveen, K. V., & Dash, M. (2014). Yoga reduces symptoms of distress in tsunami survivors in the Andaman Islands. *Evidence-Based Complementary and Alternative Medicine, 2014*, 197950.

5. Gurdjieff, G. I. (2002). *Beelzebub's Tales to His Grandson: All and Everything*. Penguin Books.

6. Rumi, J. (2004). *The Essential Rumi*. HarperOne.

Depression and Anxiety, 35(9), 830-843.

Gandhi, M. (2008). *The Essential Gandhi: An Anthology of His Writings on His Life, Work, and Ideas* (L. Fischer, Ed.). New York, NY: Vintage.

Kabat-Zinn, J. (2003). *Mindfulness-Based Interventions in Context: Past, Present, and Future*. Clinical Psychology: Science and Practice, 10(2), 144-156.

Chopra, D. (2012). *The Spontaneous Fulfillment of Desire: Harnessing the Infinite Power of Coincidence*. Harmony.

コミュニティとつながり
――グラウンディングの実践4 (p.405)

1. Holt-Lunstad, J., Smith, T. B., & Layton, J. B. (2010). Social relationships and mortality risk: A meta-analytic review. *PLOS Medicine, 7*(7), e1000316.

2. Diener, E., & Seligman, M. E. P. (2002). Very happy people. *Psychological Science, 13*(1), 81-84.

3. Pistrang, N., Barker, C., & Humphreys, K. (2012). Mutual help groups for mental health problems: A review of effectiveness. *American Journal of Community Psychology, 50*(1-2), 121-131.

4. Ubuntu. (2021). Ubuntu philosophy: "I am because we are." Retrieved from https://www.ubuntufoundation.org/ubuntu-philosophy.

5. Nhat Hanh, T. (2011). *Peace Is Every Step: The Path of Mindfulness in Everyday Life*. Bantam.

6. Chopra, D. (2010). *Reinventing the Body, Resurrecting the Soul: How to Create a New You*. Harmony.

7. Cruwys, T., Haslam, S. A., Dingle, G. A., Haslam, C., & Jetten, J. (2014). Depression and social identity: An integrative review. *Personality and Social Psychology Review, 18*(3), 215-238.

Vivekananda, S. (1989). *The Complete Works of Swami Vivekananda* (Vol. 1). Kolkata: Advaita Ashrama.

Gandhi, M. (2008). *The Essential Gandhi: An Anthology of His Writings on His Life, Work, and Ideas* (L. Fischer, Ed.). New York, NY: Vintage.

Kabat-Zinn, J. (2003). *Mindfulness-Based Interventions in Context: Past, Present, and Future*. Clinical Psychology: Science and Practice, 10(2), 144-156.

Chopra, D. (2012). *The Spontaneous Fulfillment of Desire: Harnessing the Infinite Power of Coincidence*. Harmony.

Pythagoras. (1918). *Fragments*. In The Sacred Writings of Pythagoras.

さまざまな手法を取り入れ、深く根を下ろそう
――グラウンディングの実践5 (p.411)

1. Streeter, C. C., Gerbarg, P. L., Saper, R. B., Ciraulo, D. A., & Brown, R. P. (2012). Effects of yoga on the autonomic nervous system, gamma-aminobutyric-acid, and allostasis in epilepsy, depression, and post-traumatic stress disorder. *Medical Hypotheses, 78*(5), 571-579.

2. Telles, S., Naveen, K. V., & Dash, M. (2014). Yoga reduces symptoms of distress in tsunami survivors in the Andaman Islands. *Evidence-Based Complementary and Alternative Medicine, 2014*, 197950.

3. Sharma, M., & Haider, T. (2013). Yoga as an alternative and complementary therapy for patients with asthma. *Journal of Evidence-Based Complementary & Alternative Medicine, 18*(1), 59-62.

4. Nhat Hanh, T. (2011). *Peace Is Every Step: The Path of Mindfulness in Everyday Life*. Bantam.

5. Cramer, H., Lauche, R., Anheyer, D., Pilkington, K., de Manincor, M., Dobos, G., & Ward, L. (2018). Yoga for anxiety: A systematic review and meta-analysis of randomized controlled trials. *Depression and Anxiety, 35*(9), 830-843.

6. Pythagoras. (1918). *Fragments*. In The Sacred

8. Cramer, H., Lauche, R., Anheyer, D., Pilkington, K., de Manincor, M., Dobos, G., & Ward, L. (2018). Yoga for anxiety: A systematic review and meta-analysis of randomized controlled trials. *Depression and Anxiety, 35*(9), 830-843.

Kabat-Zinn, J. (2003). *Mindfulness-Based Interventions in Context: Past, Present, and Future*. Clinical Psychology: Science and Practice, 10(2), 144-156.

食べ物の選択と生活習慣
——グラウンディングの実践2（p.393）

1. Streeter, C. C., Gerbarg, P. L., Saper, R. B., Ciraulo, D. A., & Brown, R. P. (2012). Effects of yoga on the autonomic nervous system, gamma-aminobutyric-acid, and allostasis in epilepsy, depression, and post-traumatic stress disorder. *Medical Hypotheses, 78*(5), 571-579.

2. Telles, S., Naveen, K. V., & Dash, M. (2014). Yoga reduces symptoms of distress in tsunami survivors in the Andaman Islands. *Evidence-Based Complementary and Alternative Medicine, 2014*, 197950.

3. Nhat Hanh, T. (2011). *Peace Is Every Step: The Path of Mindfulness in Everyday Life*. Bantam.

4. Vivekananda, S. (1989). *The Complete Works of Swami Vivekananda* (Vol. 1). Kolkata: Advaita Ashrama.

5. Chopra, D. (2010). *Reinventing the Body, Resurrecting the Soul: How to Create a New You*. Harmony.

6. Cramer, H., Lauche, R., Anheyer, D., Pilkington, K., de Manincor, M., Dobos, G., & Ward, L. (2018). Yoga for anxiety: A systematic review and meta-analysis of randomized controlled trials. *Depression and Anxiety, 35*(9), 830-843.

Sharma, M., & Haider, T. (2013). Yoga as an alternative and complementary therapy for patients with asthma. *Journal of Evidence-Based Complementary & Alternative Medicine, 18*(1), 59-62.

Gandhi, M. (2008). *The Essential Gandhi: An Anthology of His Writings on His Life, Work, and Ideas* (L. Fischer, Ed.). New York, NY: Vintage.

Kabat-Zinn, J. (2003). *Mindfulness-Based Interventions in Context: Past, Present, and Future*. Clinical Psychology: Science and Practice, 10(2), 144-156.

Chopra, D. (2012). *The Spontaneous Fulfillment of Desire: Harnessing the Infinite Power of Coincidence*. Harmony.

音楽と音——グラウンディングの実践3（p.399）

1. Streeter, C. C., Gerbarg, P. L., Saper, R. B., Ciraulo, D. A., & Brown, R. P. (2012). Effects of yoga on the autonomic nervous system, gamma-aminobutyric-acid, and allostasis in epilepsy, depression, and post-traumatic stress disorder. *Medical Hypotheses, 78*(5), 571-579.

2. Telles, S., Naveen, K. V., & Dash, M. (2014). Yoga reduces symptoms of distress in tsunami survivors in the Andaman Islands. *Evidence-Based Complementary and Alternative Medicine, 2014*, 197950.

3. Sharma, M., & Haider, T. (2013). Yoga as an alternative and complementary therapy for patients with asthma. *Journal of Evidence-Based Complementary & Alternative Medicine, 18*(1), 59-62.

4. Pythagoras. (1918). *Fragments*. In The Sacred Writings of Pythagoras.

5. Nhat Hanh, T. (2011). *Peace Is Every Step: The Path of Mindfulness in Everyday Life*. Bantam.

6. Chopra, D. (2010). *Reinventing the Body, Resurrecting the Soul: How to Create a New You*. Harmony.

7. Vivekananda, S. (1989). *The Complete Works of Swami Vivekananda* (Vol. 1). Kolkata: Advaita Ashrama.

8. Cramer, H., Lauche, R., Anheyer, D., Pilkington, K., de Manincor, M., Dobos, G., & Ward, L. (2018). Yoga for anxiety: A systematic review and meta-analysis of randomized controlled trials.

Medical Hypotheses, 78(5), 571-579.

2. Telles, S., Naveen, K. V., & Dash, M. (2014). Yoga reduces symptoms of distress in tsunami survivors in the Andaman Islands. *Evidence-Based Complementary and Alternative Medicine, 2014*, 197950.

3. Sharma, M., & Haider, T. (2013). Yoga as an alternative and complementary therapy for patients with asthma. *Journal of Evidence-Based Complementary & Alternative Medicine, 18*(1), 59-62.

4. Vivekananda, S. (1989). *The Complete Works of Swami Vivekananda* (Vol. 1). Kolkata: Advaita Ashrama.

5. Gandhi, M. (2008). *The Essential Gandhi: An Anthology of His Writings on His Life, Work, and Ideas* (L. Fischer, Ed.). New York, NY: Vintage.

6. Cramer, H., Lauche, R., Anheyer, D., Pilkington, K., de Manincor, M., Dobos, G., & Ward, L. (2018). Yoga for anxiety: A systematic review and meta-analysis of randomized controlled trials. *Depression and Anxiety, 35*(9), 830-843.

オーストラリアのアボリジニ文化
——伝統文化とグラウンディング6（p.377）

1. Telles, S., Naveen, K. V., & Dash, M. (2014). Yoga reduces symptoms of distress in tsunami survivors in the Andaman Islands. *Evidence-Based Complementary and Alternative Medicine, 2014*, 197950.

2. Sharma, M., & Haider, T. (2013). Yoga as an alternative and complementary therapy for patients with asthma. *Journal of Evidence-Based Complementary & Alternative Medicine, 18*(1), 59-62.

3. Streeter, C. C., Gerbarg, P. L., Saper, R. B., Ciraulo, D. A., & Brown, R. P. (2012). Effects of yoga on the autonomic nervous system, gamma-aminobutyric-acid, and allostasis in epilepsy, depression, and post-traumatic stress disorder. *Medical Hypotheses, 78*(5), 571-579.

4. Cramer, H., Lauche, R., Anheyer, D., Pilkington, K., de Manincor, M., Dobos, G., & Ward, L. (2018). Yoga for anxiety: A systematic review and meta-analysis of randomized controlled trials. *Depression and Anxiety, 35*(9), 830-843.

5. Vivekananda, S. (1989). *The Complete Works of Swami Vivekananda* (Vol. 1). Kolkata: Advaita Ashrama.

Gandhi, M. (2008). *The Essential Gandhi: An Anthology of His Writings on His Life, Work, and Ideas* (L. Fischer, Ed.). New York, NY: Vintage.g.

マインドフルネスと瞑想
——グラウンディングの実践1（p.386）

1. Streeter, C. C., Gerbarg, P. L., Saper, R. B., Ciraulo, D. A., & Brown, R. P. (2012). Effects of yoga on the autonomic nervous system, gamma-aminobutyric-acid, and allostasis in epilepsy, depression, and post-traumatic stress disorder. *Medical Hypotheses, 78*(5), 571-579.

2. Telles, S., Naveen, K. V., & Dash, M. (2014). Yoga reduces symptoms of distress in tsunami survivors in the Andaman Islands. *Evidence-Based Complementary and Alternative Medicine, 2014*, 197950.

3. Sharma, M., & Haider, T. (2013). Yoga as an alternative and complementary therapy for patients with asthma. *Journal of Evidence-Based Complementary & Alternative Medicine, 18*(1), 59-62.

4. Nhat Hanh, T. (1999). *The Miracle of Mindfulness: An Introduction to the Practice of Meditation*. Beacon Press.

5. Chopra, D. (2012). *The Spontaneous Fulfillment of Desire: Harnessing the Infinite Power of Coincidence*. Harmony.

6. Vivekananda, S. (1989). *The Complete Works of Swami Vivekananda* (Vol. 1). Kolkata: Advaita Ashrama.

7. Gandhi, M. (2008). *The Essential Gandhi: An Anthology of His Writings on His Life, Work, and Ideas* (L. Fischer, Ed.). New York, NY: Vintage.

ネイテイブアメリカンの叡智
――伝統文化とグラウンディング1 (p.343)

1. Chief Seattle. (1854). Speech attributed to Chief Seattle.

2. Chevalier, G., Sinatra, S. T., Oschman, J. L., & Sokal, P. (2012). Earthing: Health implications of reconnecting the human body to the Earth's surface electrons. *Journal of Environmental and Public Health*, 2012, 291541.

3. Black Elk. (1932). "Black Elk Speaks."

4. Eastman, C. A. (1911). "The Soul of the Indian."

5. Bowler, D. E., Buyung-Ali, L. M., Knight, T. M., & Pullin, A. S. (2010). A systematic review of evidence for the added benefits to health of exposure to natural environments. *BMC Public Health*, 10, 456.

6. Oschman, J. L. (2007). Can electrons act as antioxidants? A review and commentary. *The Journal of Alternative and Complementary Medicine*, 13(9), 955-967.

禅修行
――伝統文化とグラウンディング2 (p.351)

1. Dogen. (13th century). "Shobogenzo." Retrieved from the teachings of Dogen.

2. Nhat Hanh, T. (1991). "Peace Is Every Step: The Path of Mindfulness in Everyday Life." Bantam.

3. Hölzel, B. K., et al. (2011). Mindfulness practice leads to increases in regional brain gray matter density. *Psychiatry Research: Neuroimaging*, 191(1), 36-43.

4. Davidson, R. J., & Lutz, A. (2008). Buddha's Brain: Neuroplasticity and Meditation. *IEEE Signal Processing Magazine*, 25(1), 176-174.

アフリカのウブントゥ哲学
――伝統文化とグラウンディング3 (p.358)

1. Tutu, D. (1999). "No Future Without Forgiveness."

2. Bittman, B. B., Berk, L. S., Felten, D. L., Westengard, J., Simonton, O. C., Pappas, J., & Ninehouser, M. (2001). Composite effects of group drumming music therapy on modulation of neuroendocrine-immune parameters in normal subjects. *Alternative Therapies in Health and Medicine*, 7(1), 38-47.

3. Uchino, B. N. (2009). Understanding the links between social support and physical health: A life-span perspective with emphasis on the separability of perceived and received support. *Perspectives on Psychological Science*, 4(3), 236-255.

4. Mandela, N. (2006). "Long Walk to Freedom: The Autobiography of Nelson Mandela."

5. Nkrumah, K. (1963). «Africa Must Unite.»

道 教
――伝統文化とグラウンディング4 (p.365)

1. Wayne, P. M., Kaptchuk, T. J., Kerr, C. E., et al. (2013). Tai Chi and Mind-Body Therapies in the Management of Chronic Pain. *Rheumatic Disease Clinics of North America, 37*(1), 1-15.

2. Rakel, D. (2018). *Integrative Medicine* (4th ed.). Philadelphia, PA: Elsevier.

3. Jahnke, R., Larkey, L., Rogers, C., Etnier, J., & Lin, F. (2010). A comprehensive review of health benefits of qigong and tai chi. *American Journal of Health Promotion, 24*(6), e1-e25.

4. Lao Tzu. (1997). *Tao Te Ching* (S. Mitchell, Trans.). New York, NY: Harper Perennial Modern Classics.

5. Chuang Tzu. (1996). *The Book of Chuang Tzu* (M. Palmer, Trans.). London, UK: Penguin Classics.

ヒンドゥーのヨガ
――伝統文化とグラウンディング5 (p.371)

1. Streeter, C. C., Gerbarg, P. L., Saper, R. B., Ciraulo, D. A., & Brown, R. P. (2012). Effects of yoga on the autonomic nervous system, gamma-aminobutyric-acid, and allostasis in epilepsy, depression, and post-traumatic stress disorder.

4. Chief Seattle. (1854). Speech attributed to Chief Seattle.

5. Dogen. "Shobogenzo." Retrieved from the teachings of Dogen.

6. Lao Tzu. "Tao Te Ching." Retrieved from the ancient texts.

7. Vivekananda, S. (1896). "Lectures from Colombo to Almora."

8. Gurdjieff, G.I. (1913). "Beelzebub's Tales to His Grandson."

9. Kant, I. (1784). "What is Enlightenment?"

10. Aurelius, M. (180 AD). "Meditations."

身体をグラウンディングさせる方法 (p.329)

1. Oschman, J. L. (2007). Energy Medicine: The Scientific Basis. Elsevier.

2. Chevalier, G., Sinatra, S. T., Oschman, J. L., & Sokal, P. (2012). Earthing: Health implications of reconnecting the human body to the Earth's surface electrons. *Journal of Environmental and Public Health*, 2012, 291541.

3. Sinatra, S. T., Oschman, J. L., & Zucker, M. (2014). Earthing: The most important health discovery ever? Basic Health Publications.

4. Hippocrates. (460-370 BC). "On Airs, Waters, and Places."

5. Sackville-West, V. (1937). "In Your Garden."

6. Lowry, C. A., Hollis, J. H., de Vries, A., Pan, B., Brunet, L. R., Hunt, J. R., ... & Rook, G. A. (2007). Identification of an immune-responsive mesolimbocortical serotonergic system: potential role in regulation of emotional behavior. *Neuroscience*, 146(2), 756-772.

7. Chief Seattle. (1854). Speech attributed to Chief Seattle.

8. Dogen. (1240). "Shobogenzo."

Kim, J. H., Lee, Y. S., & Yang, J. S. (2012). Effects of hematite nanoparticles on the growth and metabolic activity of plants. *Environmental Science and Pollution Research*, 19(7), 2863-2871.

Oschman, J. L., Chevalier, G., & Brown, R. (2015). The effects of grounding (earthing) on inflammation, the immune response, wound healing, and prevention and treatment of chronic inflammatory and autoimmune diseases. *Journal of Inflammation Research*, 8, 83-96.

Kabat-Zinn, J. (1990). Full Catastrophe Living: Using the Wisdom of Your Body and Mind to Face Stress, Pain, and Illness. Dell Publishing.

Field, T. (2016). Yoga research review. *Complementary Therapies in Clinical Practice*, 24, 145-161.

Metz, T. (2007). Ubuntu as a moral theory and human rights in South Africa. *African Human Rights Law Journal*, 7(2), 250-271.

グラウンディングのための視覚化エクササイズ (p.338)

1. Kosslyn, S. M., Ganis, G., & Thompson, W. L. (2001). Neural foundations of imagery. *Nature Reviews Neuroscience, 2*(9), 635-642.

2. Rakel, D. (2018). *Integrative Medicine* (4th ed.). Philadelphia, PA: Elsevier.

3. Jerath, R., Beveridge, C., & Barnes, V. A. (2016). Self-regulation of breathing as a primary treatment for anxiety. *Applied Psychophysiology and Biofeedback, 40*(2), 107-115.

4. Nhat Hanh, T. (1999). *The Miracle of Mindfulness: An Introduction to the Practice of Meditation*. Boston, MA: Beacon Press.

5. Chopra, D. (2012). *The Spontaneous Fulfillment of Desire: Harnessing the Infinite Power of Coincidence*. New York, NY: Harmony.

6. Koenig, H. G. (2012). Religion, spirituality, and health: The research and clinical implications. *ISRN Psychiatry*, 2012, 278730.

7. Hameroff, S., & Penrose, R. (2014). Consciousness in the universe: A review of the 'Orch OR' theory. *Physics of Life Reviews*, 11(1), 39-78.

8. Jung, C. G. (1981). *The Archetypes and the Collective Unconscious*. Princeton University Press.

9. Davidson, R. J., & Lutz, A. (2008). Buddha's brain: Neuroplasticity and meditation. *IEEE Signal Processing Magazine*, 25(1), 176-174.

10. Macy, J. (1991). *World as Lover, World as Self*. Parallax Press.

11. Nussbaum, M. C. (2011). *Creating Capabilities: The Human Development Approach*. Harvard University Press.

12. Senge, P. M., Smith, B., Kruschwitz, N., Laur, J., & Schley, S. (2008). *The Necessary Revolution: How Individuals and Organizations Are Working Together to Create a Sustainable World*. Doubleday.

意識とスピリチュアルヒーリングの関係 (p.307)

1. Hameroff, S., & Penrose, R. (2014). Consciousness in the universe: A review of the 'Orch OR' theory. *Physics of Life Reviews*, 11(1), 39-78.

2. Wilber, K. (2000). *Integral Psychology: Consciousness, Spirit, Psychology, Therapy*. Shambhala Publications.

3. Jung, C. G. (1968). *The Archetypes and the Collective Unconscious*. Princeton University Press.

4. Lazar, S. W., Kerr, C. E., Wasserman, R. H., et al. (2005). Meditation experience is associated with increased cortical thickness. *NeuroReport*, 16(17), 1893-1897.

5. Hameroff, S., & Penrose, R. (1996). Orchestrated reduction of quantum coherence in brain microtubules: A model for consciousness. *Mathematics and Computers in Simulation*, 40(3-4), 453-480.

6. Aspect, A., Dalibard, J., & Roger, G. (1982). Experimental test of Bell's inequalities using time-varying analyzers. *Physical Review Letters*, 49(25), 1804-1807.

7. Jung, C. G. (1981). *The Archetypes and the Collective Unconscious*. Princeton University Press.

8. Dillbeck, M. C., Banus, C. B., Polanzi, C., & Landrith III, G. S. (1988). Test of a field hypothesis of consciousness and social change: The Transcendental Meditation and TM-Sidhi program and decreased urban crime. *The Journal of Mind and Behavior*, 9(4), 457-486.

9. Hölzel, B. K., et al. (2011). Mindfulness practice leads to increases in regional brain gray matter density. *Psychiatry Research: Neuroimaging*, 191(1), 36-43.

10. Baldwin, A. L., & Schwartz, G. E. (2006). Personal interaction with a Reiki practitioner decreases noise-induced microvascular damage in an animal model. *Journal of Alternative and Complementary Medicine*, 12(1), 15-22.

第5章 霊的防御の手法

霊的攻撃から身を守るテクニック (p.314)

1. Plato. "Phaedrus." Retrieved from the works of Plato.

2. Shankaracharya, A. "Vivekachudamani."

3. Descartes, R. (1637). "Discourse on the Method."

17. Seeman, T. E., Dubin, L. F., & Seeman, M. (2003). Religiosity/spirituality and health: A critical review of the evidence for biological pathways. American Psychologist, 58(1), 53-63.

18. Black, D. S., et al. (2013). Mindfulness meditation and improvement in sleep quality and daytime impairment among older adults with sleep disturbances: A randomized clinical trial. JAMA Internal Medicine, 173(7), 588-594.

19. Lavretsky, H., et al. (2011). Complementary use of mindfulness meditation to prevent late-life mood and cognitive disorders. Current Psychiatry Reports, 13(4), 270-276.

集合意識と 100 匹目のサル実験 (p.293)

1. Watson, L. (1986). *Lifetide: The Biology of the Unconscious*. Coronet Books.

2. Gladwell, M. (2000). *The Tipping Point: How Little Things Can Make a Big Difference*. Little, Brown, and Company.

3. Durkheim, E. (1995). *The Elementary Forms of Religious Life*. Free Press.

4. Jung, C. G. (1981). *The Archetypes and the Collective Unconscious*. Princeton University Press.

5. Kabat-Zinn, J. (2003). Mindfulness-based interventions in context: Past, present, and future. *Clinical Psychology: Science and Practice*, 10(2), 144-156.

6. Dillbeck, M. C., Banus, C. B., Polanzi, C., & Landrith III, G. S. (1988). Test of a field hypothesis of consciousness and social change: The Transcendental Meditation and TM-Sidhi program and decreased urban crime. *The Journal of Mind and Behavior*, 9(4), 457-486.

7. Schonert-Reichl, K. A., & Lawlor, M. S. (2010). The effects of a mindfulness-based education program on pre-and early adolescents' well-being and social and emotional competence. *Mindfulness*, 1, 137-151.

8. Piliavin, J. A., & Charng, H. W. (1990). Altruism: A review of recent theory and research. *Annual Review of Sociology*, 16(1), 27-65.

9. László, E. (2007). *Science and the Reenchantment of the Cosmos: The Rise of the Integral Vision of Reality*. Inner Traditions.

10. Clayton, S. D., & Brook, A. T. (2005). Can psychology help save the world? A model for conservation psychology. *Analyses of Social Issues and Public Policy*, 5(1), 87-102.

11. McAdam, D. (1982). *Political Process and the Development of Black Insurgency, 1930-1970*. University of Chicago Press.

12. Rizzolatti, G., & Craighero, L. (2004). The mirror-neuron system. *Annual Review of Neuroscience*, 27, 169-192.

13. Radin, D. I. (2006). *Entangled Minds: Extrasensory Experiences in a Quantum Reality*. Paraview Pocket Books.

霊的統合を 統一場理論と考える (p.300)

1. Greene, B. (1999). *The Elegant Universe: Superstrings, Hidden Dimensions, and the Quest for the Ultimate Theory*. W.W. Norton & Company.

2. ATLAS Collaboration. (2012). Observation of a new particle in the search for the Standard Model Higgs boson with the ATLAS detector at the LHC. *Physics Letters B*, 716(1), 1-29.

3. Lazar, S. W., Kerr, C. E., Wasserman, R. H., Gray, J. R., Greve, D. N., Treadway, M. T., ... & Fischl, B. (2005). Meditation experience is associated with increased cortical thickness. *Neuroreport*, 16(17), 1893.

4. Field, T. (2011). Yoga clinical research review. *Complementary Therapies in Clinical Practice*, 17(1), 1-8.

5. Kabat-Zinn, J. (2003). Mindfulness-based interventions in context: Past, present, and future. *Clinical Psychology: Science and Practice*, 10(2), 144-156.

Theory and Measurement*. Princeton University Press.

8. Penrose, R. (1989). *The Emperor's New Mind: Concerning Computers, Minds, and the Laws of Physics*. Oxford University Press.

9. Chopra, D. (1989). *Quantum Healing: Exploring the Frontiers of Mind/Body Medicine*. Bantam Books.

10. Liboff, A. R. (2004). Toward an electromagnetic paradigm for biology and medicine. *Journal of Alternative and Complementary Medicine*, 10(1), 41-47.

11. Shannon, C. E. (1948). A mathematical theory of communication. *Bell System Technical Journal*, 27(3), 379-423.

12. Prigogine, I. (1980). *From Being to Becoming: Time and Complexity in the Physical Sciences*. W.H. Freeman and Company.

量子物理学、神経生物学、形而上学における調査研究（p.270）

1. Einstein, A., Podolsky, B., & Rosen, N. (1935). Can quantum-mechanical description of physical reality be considered complete? *Physical Review*, 47(10), 777-780.

2. Bell, J. S. (1964). On the Einstein-Podolsky-Rosen paradox. *Physics Physique Физика*, 1(3), 195-200.

3. Bohm, D. (1951). *Quantum Theory*. Prentice-Hall.

4. Young, T. (1804). The Bakerian Lecture: Experiments and Calculations Relative to Physical Optics. *Philosophical Transactions of the Royal Society of London*, 94, 1-16.

5. Bohr, N. (1928). The quantum postulate and the recent development of atomic theory. *Nature*, 121, 580-590.

6. Wheeler, J. A. (1978). The 'past' and the 'delayed-choice' double-slit experiment. *Mathematical Foundations of Quantum Theory*, 9, 48-62.

7. Newberg, A. B., & d'Aquili, E. G. (2001). *Why God Won't Go Away: Brain Science and the Biology of Belief*. Ballantine Books.

8. Lazar, S. W., Kerr, C. E., Wasserman, R. H., Gray, J. R., Greve, D. N., Treadway, M. T., ... & Fischl, B. (2005). Meditation experience is associated with increased cortical thickness. *NeuroReport*, 16(17), 1893-1897.

9. Davidson, R. J., & Lutz, A. (2008). Buddha's brain: Neuroplasticity and meditation. *IEEE Signal Processing Magazine*, 25(1), 176-174.

10. Beauregard, M., & O'Leary, D. (2007). *The Spiritual Brain: A Neuroscientist's Case for the Existence of the Soul*. HarperOne.

11. Vestergaard-Poulsen, P., et al. (2009). Long-term meditation is associated with increased gray matter density in the brain stem. *NeuroReport*, 20(2), 170-174.

12. Hölzel, B. K., et al. (2011). Mindfulness practice leads to increases in regional brain gray matter density. *Psychiatry Research: Neuroimaging*, 191(1), 36-43.

13. Newberg, A. B., & Waldman, M. R. (2006). The neurological basis of spirituality and religious experiences. *Journal of Consciousness Studies*, 13(10-11), 250-275.

14. Lutz, A., Dunne, J. D., & Davidson, R. J. (2007). Meditation and the neuroscience of consciousness. In P. D. Zelazo, M. Moscovitch, & E. Thompson (Eds.), *The Cambridge Companion to Consciousness* (pp. 499-551). Cambridge University Press.

15. Newberg, A. B., & Waldman, M. R. (2009). How God Changes Your Brain: Breakthrough Findings from a Leading Neuroscientist. Ballantine Books.

16. Goyal, M., et al. (2014). Meditation programs for psychological stress and well-being: A systematic review and meta-analysis. JAMA Internal Medicine, 174(3), 357-368.

paradox. Physics Physique Физика, 1(3), 195-200.

6. Bohm, D. (1951). Quantum Theory. Prentice-Hall.

7. Bohr, N. (1928). The quantum postulate and the recent development of atomic theory. Nature, 121, 580-590.

8. Young, T. (1804). The Bakerian Lecture: Experiments and Calculations Relative to Physical Optics. Philosophical Transactions of the Royal Society of London, 94, 1-16.

9. Wheeler, J. A. (1978). The 'past' and the 'delayed-choice' double-slit experiment. Mathematical Foundations of Quantum Theory, 9, 48-62.

10. Newberg, A. B., & d'Aquili, E. G. (2001). Why God Won't Go Away: Brain Science and the Biology of Belief. Ballantine Books.

11. Lazar, S. W., Kerr, C. E., Wasserman, R. H., Gray, J. R., Greve, D. N., Treadway, M. T., ... & Fischl, B. (2005). Meditation experience is associated with increased cortical thickness. NeuroReport, 16(17), 1893-1897.

12. Beauregard, M., & O'Leary, D. (2007). The Spiritual Brain: A Neuroscientist's Case for the Existence of the Soul. HarperOne.

13. Davidson, R. J., & Lutz, A. (2008). Buddha's brain: Neuroplasticity and meditation. IEEE Signal Processing Magazine, 25(1), 176-174.

14. Vestergaard-Poulsen, P., et al. (2009). Long-term meditation is associated with increased gray matter density in the brain stem. NeuroReport, 20(2), 170-174.

15. Hölzel, B. K., et al. (2011). Mindfulness practice leads to increases in regional brain gray matter density. Psychiatry Research: Neuroimaging, 191(1), 36-43.

16. Newberg, A. B., & Waldman, M. R. (2009). How God Changes Your Brain: Breakthrough Findings from a Leading Neuroscientist. Ballantine Books.

17. Goyal, M., et al. (2014). Meditation programs for psychological stress and well-being: A systematic review and meta-analysis. JAMA Internal Medicine, 174(3), 357-368.

18. Black, D. S., et al. (2013). Mindfulness meditation and improvement in sleep quality and daytime impairment among older adults with sleep disturbances: A randomized clinical trial. JAMA Internal Medicine, 173(7), 588-594.

19. Seeman, T. E., Dubin, L. F., & Seeman, M. (2003). Religiosity/spirituality and health: A critical review of the evidence for biological pathways. *American Psychologist*, 58(1), 53-63.

20. Lavretsky, H., et al. (2011). Complementary use of mindfulness meditation to prevent late-life mood and cognitive disorders. *Current Psychiatry Reports*, 13(4), 270-276.

量子もつれと霊的な教えについての調査研究 (p.262)

1. Einstein, A., Podolsky, B., & Rosen, N. (1935). Can quantum-mechanical description of physical reality be considered complete? *Physical Review*, 47(10), 777-780.

2. Aspect, A., Dalibard, J., & Roger, G. (1982). Experimental test of Bell's inequalities using time-varying analyzers. *Physical Review Letters*, 49(25), 1804-1807.

3. Bell, J. S. (1964). On the Einstein Podolsky Rosen paradox. *Physics Physique Физика*, 1(3), 195-200.

4. Lama, D., & Bercholz, S. (1998). *The Way to Freedom: Core Teachings of Tibetan Buddhism*. HarperCollins.

5. Targ, R., & Puthoff, H. E. (1974). Information transmission under conditions of sensory shielding. *Nature*, 251(5476), 602-607.

6. Laszlo, E. (2004). *Science and the Akashic Field: An Integral Theory of Everything*. Inner Traditions/Bear & Co.

7. Wheeler, J. A., & Zurek, W. H. (1983). *Quantum

Alternative and Complementary Medicine*, 14(1), 27-37.

4. Yang, Y., Verkuilen, J., Rosengren, K. S., Mariani, R. A., Reed, M., Grubisich, S. A., & Woods, J. A. (2007). Effects of a Taiji and Qigong intervention on the antibody response to influenza vaccine in older adults. *The American Journal of Chinese Medicine*, 35(04), 597-607.

5. Lee, M. S., Pittler, M. H., & Ernst, E. (2009). Is Tai Chi an effective adjunct in cancer care? A systematic review of controlled clinical trials. *Supportive Care in Cancer*, 15(6), 597-601.

6. Wang, C. W., Chan, C. H., Ho, R. T., Chan, J. S., & Ng, S. M. (2014). Managing stress and anxiety through Qigong exercise in healthy adults: A systematic review and meta-analysis of randomized controlled trials. *BMC Complementary and Alternative Medicine*, 14(1), 8.

7. Chan, C. L. W., Wang, C. W., Ho, R. T. H., Ng, S. M., Chan, J. S. M., & Ho, A. H. Y. (2012). Qigong exercise for the treatment of fibromyalgia: a systematic review of randomized controlled trials. *Journal of Alternative and Complementary Medicine*, 18(7), 641-646.

8. Yeung, A., Yang, M. G., & Fong, S. S. (2012). Effects of qigong on depressed elders with chronic illness. *International Journal of Geriatric Psychiatry*, 27(7), 718-720.

9. Lam, L. C., Chau, R. C., Wong, B. M., Fung, A. W., Tam, C. C., Leung, G. T., ... & Kwok, T. C. (2011). A 1-year randomized controlled trial comparing mind body exercise (Tai Chi/Qigong) with stretching and toning exercise on cognitive function in older Chinese adults at risk of cognitive decline. *Journal of the American Medical Directors Association*, 12(3), 234-241.

10. Kwok, T. C., Lam, L. C., Wong, S. Y., Chau, R. M., Yuen, K. S., Ho, F. K., & Chan, W. M. (2013). Effectiveness of Tai Chi as a therapeutic exercise in improving bone mineral density and muscle strength in postmenopausal women: A systematic review and meta-analysis. *Journal of Alternative and Complementary Medicine*, 19(3), 264-270.

11. Li, F., Harmer, P., Fisher, K. J., McAuley, E., Chaumeton, N., Eckstrom, E., & Wilson, N. L. (2007). Tai Chi and fall reductions in older adults: a randomized controlled trial. *Journal of Gerontology: Medical Sciences*, 62(7), 886-892.

12. Hartfiel, N., Havenhand, J., Khalsa, S. B. S., Clarke, G., & Krayer, A. (2011). The effectiveness of yoga for the improvement of well-being and resilience to stress in the workplace. *Scandinavian Journal of Work, Environment & Health*, 37(1), 70-76.

13. Chen, H. H., Yeh, M. L., & Lee, F. Y. (2006). The effects of Baduanjin Qigong in the prevention of bone loss for middle-aged women. *The American Journal of Chinese Medicine*, 34(05), 741-747.

第4章　スピリチュアルの科学

実践効果は科学的にどう説明されているのか？（p.254）

1. Koenig, H. G., McCullough, M. E., & Larson, D. B. (2001). Handbook of Religion and Health. Oxford University Press.

2. Powell, L. H., Shahabi, L., & Thoresen, C. E. (2003). Religion and spirituality: Linkages to physical health. American Psychologist, 58(1), 36-52.

3. VanderWeele, T. J. (2017). On the promotion of human flourishing. Proceedings of the National Academy of Sciences, 114(31), 8148-8156.

4. Aspect, A., Dalibard, J., & Roger, G. (1982). Experimental test of Bell's inequalities using time-varying analyzers. Physical Review Letters, 49(25), 1804-1807.

5. Bell, J. S. (1964). On the Einstein Podolsky Rosen

Effectiveness of acupuncture for low back pain: a systematic review. *Spine*, 33(23), E887-E900.

7. Han, J. S. (2004). Acupuncture and endorphins. *Neuroscience Letters*, 361(1-3), 258-261.

8. Cheng, R. S. (2009). Neurobiological mechanisms of acupuncture for some common illnesses: a clinician's perspective. *Journal of Acupuncture and Meridian Studies*, 2(1), 46-50.

9. Zijlstra, F. J., van den Berg-de Lange, I., Huygen, F. J., & Klein, J. (2003). Anti-inflammatory actions of acupuncture. *Mediators of Inflammation*, 12(2), 59-69.

10. Smith, C. A., Hay, P. P., Macpherson, H., & Avila, C. (2010). Acupuncture for depression. *Cochrane Database of Systematic Reviews*, (1), CD004046.

11. Zhang, Z. J., Chen, H. Y., Yip, K. C., Ng, R., & Wong, V. T. (2010). The effectiveness and safety of acupuncture therapy in depressive disorders: Systematic review and meta-analysis. *Journal of Affective Disorders*, 124(1-2), 9-21.

12. Hui, K. K., Liu, J., Makris, N., Gollub, R. L., Chen, A. J., Moore, C. I., ... & Kwong, K. K. (2000). Acupuncture modulates the limbic system and subcortical gray structures of the human brain: evidence from fMRI studies in normal subjects. *Human Brain Mapping*, 9(1), 13-25.

13. Chen, L. P., Zhang, J. R., Ji, C., Lu, X. H., Feng, Y., & Shi, Z. H. (2013). The effect of acupuncture on sleep quality of patients with insomnia: A systematic review and meta-analysis. *Alternative Therapies in Health and Medicine*, 19(3), 45-49.

14. Kavoussi, B., & Ross, B. E. (2007). The neuroimmune basis of anti-inflammatory acupuncture. *Integrative Cancer Therapies*, 6(3), 251-257.

15. Wang, F., Eun-Kyoung, L., Warren, A., & Rosenthal, D. S. (2007). Acupuncture for cancer pain and related symptoms: An updated systematic review. *Journal of Pain and Symptom Management*, 33(5), 499-509.

MacPherson, H., Altman, D. G., Hammerschlag, R., Li, Y., Wu, T., White, A., ... & Moher, D. (2010). Revised STandards for Reporting Interventions in Clinical Trials of Acupuncture (STRICTA): Extending the CONSORT statement. *PLoS Medicine*, 7(6), e1000261.

Lao, L., Bergman, S., Hamilton, G. R., Langenberg, P., & Berman, B. M. (1999). Evaluation of acupuncture for pain control after oral surgery: a placebo-controlled trial. *Archives of Otolaryngology–Head & Neck Surgery*, 125(5), 567-572.

Melchart, D., Linde, K., Fischer, P., Berman, B., White, A., Vickers, A., & Allais, G. (2005). Acupuncture for recurrent headaches: a systematic review of randomized controlled trials. *Cephalalgia*, 25(12), 1039-1047.

Witt, C. M., Jena, S., Selim, D., Brinkhaus, B., Reinhold, T., Wruck, K., ... & Willich, S. N. (2006). Pragmatic randomized trial evaluating the clinical and economic effectiveness of acupuncture for chronic low back pain. *American Journal of Epidemiology*, 164(5), 487-496.

White, A. (2009). A review of controlled trials of acupuncture for women's reproductive health care. *Journal of Family Planning and Reproductive Health Care*, 35(3), 167-172.

気功の効果

——エネルギーヒーリング 2 (p.240)

1. Jahnke, R., Larkey, L., Rogers, C., Etnier, J., & Lin, F. (2010). A comprehensive review of health benefits of Qigong and Tai Chi. *American Journal of Health Promotion*, 24(6), e1-e25.

2. Tsang, H. W., Fung, K. M., Chan, A. S., Lee, G., & Chan, F. (2006). Effect of a qigong exercise programme on elderly with depression. *International Journal of Geriatric Psychiatry: A journal of the psychiatry of late life and allied sciences*, 21(9), 890-897.

3. Guo, X., Zhou, B., Nishimura, T., Teramukai, S., & Fukushima, M. (2008). Clinical effect of qigong practice on essential hypertension: a meta-analysis of randomized controlled trials. *Journal of

10. Haaz, S., & Bartlett, S. J. (2011). Yoga for arthritis: A scoping review. *Rheumatic Disease Clinics of North America*, 37(1), 33-46.

11. Chu, P., Gotink, R. A., Yeh, G. Y., Goldie, S. J., & Hunink, M. G. M. (2016). The effectiveness of yoga in modifying risk factors for cardiovascular disease and metabolic syndrome: A systematic review and meta-analysis of randomized controlled trials. *European Journal of Preventive Cardiology*, 23(3), 291-307.

12. Patel, N. K., Newstead, A. H., & Ferrer, R. L. (2012). The effects of yoga on physical functioning and health related quality of life in older adults: A systematic review and meta-analysis. *Journal of Alternative and Complementary Medicine*, 18(10), 902-917.

13. Kiecolt-Glaser, J. K., Christian, L., Andridge, R., Hwang, B., Malarkey, W. B., Belury, M. A., & Glaser, R. (2010). Adiposity, inflammation, and yoga practice. *Psychosomatic Medicine*, 72(3), 291-297.

14. Bower, J. E., Greendale, G., Crosswell, A. D., Garet, D., Sternlieb, B., Ganz, P. A., & Irwin, M. R. (2014). Yoga reduces inflammatory signaling in fatigued breast cancer survivors: A randomized controlled trial. *Psychoneuroendocrinology*, 43, 20-29.

15. van der Kolk, B. A., Stone, L., West, J., Rhodes, A., Emerson, D., Suvak, M., & Spinazzola, J. (2014). Yoga as an adjunctive treatment for posttraumatic stress disorder: A randomized controlled trial. *Journal of Clinical Psychiatry*, 75(6), e559-565.

16. Keng, S. L., Smoski, M. J., & Robins, C. J. (2011). Effects of mindfulness on psychological health: A review of empirical studies. *Clinical Psychology Review*, 31(6), 1041-1056.

17. Douglass, L. (2009). Yoga as an intervention in the treatment of eating disorders: Does it help? *Eating Disorders*, 17(2), 126-139.

18. Leiberg, S., Klimecki, O., & Singer, T. (2011). Short-term compassion training increases prosocial behavior in a newly developed prosocial game. *PLoS One*, 6(3), e17798.

19. Hartfiel, N., Havenhand, J., Khalsa, S. B. S., Clarke, G., & Krayer, A. (2011). The effectiveness of yoga for the improvement of well-being and resilience to stress in the workplace. *Scandinavian Journal of Work, Environment & Health*, 37(1), 70-76.

20. Smith, C., Hancock, H., Blake-Mortimer, J., & Eckert, K. (2007). A randomized comparative trial of yoga and relaxation to reduce stress and anxiety. *Complementary Therapies in Medicine*, 15(2), 77-83.

鍼灸の効果
——エネルギーヒーリング 1（p232）

1. Vickers, A. J., Cronin, A. M., Maschino, A. C., Lewith, G., MacPherson, H., Foster, N. E., ... & Linde, K. (2012). Acupuncture for chronic pain: Individual patient data meta-analysis. *Archives of Internal Medicine*, 172(19), 1444-1453.

2. Berman, B. M., Lao, L., Langenberg, P., Lee, W. L., Gilpin, A. M., & Hochberg, M. C. (2004). Effectiveness of acupuncture as adjunctive therapy in osteoarthritis of the knee: a randomized, controlled trial. *Annals of Internal Medicine*, 141(12), 901-910.

3. Linde, K., Allais, G., Brinkhaus, B., Manheimer, E., Vickers, A., & White, A. R. (2009). Acupuncture for migraine prophylaxis. *Cochrane Database of Systematic Reviews*, (1), CD001218.

4. Allais, G., De Lorenzo, C., Quirico, P. E., Lupi, G., Airola, G., Mana, O., ... & Benedetto, C. (2003). Acupuncture in the prophylactic treatment of migraine without aura: a comparison with flunarizine. *Headache: The Journal of Head and Face Pain*, 43(9), 973-980.

5. Cherkin, D. C., Sherman, K. J., Avins, A. L., Erro, J. H., Ichikawa, L., Barlow, W. E., ... & Deyo, R. A. (2009). A randomized trial comparing acupuncture, simulated acupuncture, and usual care for chronic low back pain. *Archives of Internal Medicine*, 169(9), 858-866.

6. Yuan, J., Purepong, N., Kerr, D. P., Park, J., Bradbury, I., & McDonough, S. (2008).

17. Leiberg, S., Klimecki, O., & Singer, T. (2011). Short-term compassion training increases prosocial behavior in a newly developed prosocial game. *PLoS One*, 6(3), e17798.

18. Weng, H. Y., Fox, A. S., Shackman, A. J., Stodola, D. E., Caldwell, J. Z. K., Olson, M. C., ... & Davidson, R. J. (2013). Compassion training alters altruism and neural responses to suffering. *Psychological Science*, 24(7), 1171-1180.

19. Farb, N. A., Anderson, A. K., Mayberg, H., Bean, J., McKeon, D., & Segal, Z. V. (2010). Minding one's emotions: Mindfulness training alters the neural expression of sadness. *Emotion*, 10(1), 25-33.

20. Grossman, P., Niemann, L., Schmidt, S., & Walach, H. (2004). Mindfulness-based stress reduction and health benefits: A meta-analysis. *Journal of Psychosomatic Research*, 57(1), 35-43.

21. Lyubomirsky, S., Sheldon, K. M., & Schkade, D. (2005). Pursuing happiness: The architecture of sustainable change. *Review of General Psychology*, 9(2), 111-131.

Rosenkranz, M. A., Davidson, R. J., MacCoon, D. G., Sheridan, J. F., Kalin, N. H., & Lutz, A. (2013). A comparison of mindfulness-based stress reduction and an active control in modulation of neurogenic inflammation. *Brain, Behavior, and Immunity*, 27(1), 174-184.

Bower, J. E., Greendale, G., Crosswell, A. D., Garet, D., Sternlieb, B., Ganz, P. A., ... & Irwin, M. R. (2014). Yoga reduces inflammatory signaling in fatigued breast cancer survivors: A randomized controlled trial. *Psychoneuroendocrinology*, 43, 20-29.

Kiecolt-Glaser, J. K., Christian, L. M., Andridge, R., Hwang, B. S., Malarkey, W. J., Belury, M. A., & Glaser, R. (2012). Adiposity, inflammation, and yoga practice. *Psychosomatic Medicine*, 74(3), 248-255.

ヨガの効果 (p.223)

1. Streeter, C. C., Gerbarg, P. L., Saper, R. B., Ciraulo, D. A., & Brown, R. P. (2012). Effects of yoga on the autonomic nervous system, gamma-aminobutyric acid, and allostasis in epilepsy, depression, and post-traumatic stress disorder. *Medical Hypotheses*, 78(5), 571-579.

2. Pilkington, K., Kirkwood, G., Rampes, H., & Richardson, J. (2005). Yoga for depression: The research evidence. *Journal of Affective Disorders*, 89(1-3), 13-24.

3. Dick, A. M., Niles, B. L., Street, A. E., DiMartino, D. M., & Mitchell, K. S. (2014). Examining mechanisms of change in a yoga-based intervention for PTSD: A randomized controlled trial. *Psychological Trauma: Theory, Research, Practice, and Policy*, 6(6), 559-567.

4. Granath, J., Ingvarsson, S., von Thiele, U., & Lundberg, U. (2006). Stress management: A randomized study of cognitive behavioural therapy and yoga. *Cognitive Behaviour Therapy*, 35(1), 3-10.

5. Gothe, N. P., Pontifex, M. B., Hillman, C. H., & McAuley, E. (2013). The acute effects of yoga on executive function. *Journal of Physical Activity and Health*, 10(4), 488-495.

6. Prakash, R. S., Snook, E. M., Motl, R. W., & Kramer, A. F. (2010). Aerobic fitness is associated with gray matter volume and white matter integrity in multiple sclerosis. *Brain Research*, 1341, 41-51.

7. Ross, A., & Thomas, S. (2010). The health benefits of yoga and exercise: A review of comparison studies. *Journal of Alternative and Complementary Medicine*, 16(1), 3-12.

8. Cowen, V. S., & Adams, T. B. (2005). Physical and perceptual benefits of yoga asana practice: Results of a pilot study. *Journal of Bodywork and Movement Therapies*, 9(3), 211-219.

9. Sherman, K. J., Cherkin, D. C., Wellman, R. D., Cook, A. J., Hawkes, R. J., Delaney, K., & Deyo, R. A. (2011). A randomized trial comparing yoga, stretching, and a self-care book for chronic low back pain. *Archives of Internal Medicine*, 171(22), 2019-2026.

Oh, D. (2010). The effect of mindfulness-based therapy on anxiety and depression: A meta-analytic review. *Journal of Consulting and Clinical Psychology*, 78(2), 169-183.

2. Zeidan, F., Johnson, S. K., Diamond, B. J., David, Z., & Goolkasian, P. (2010). Mindfulness meditation improves cognition: Evidence of brief mental training. *Consciousness and Cognition*, 19(2), 597-605.

3. Brown, K. W., & Ryan, R. M. (2003). The benefits of being present: Mindfulness and its role in psychological well-being. *Journal of Personality and Social Psychology*, 84(4), 822-848.

4. Hölzel, B. K., Carmody, J., Vangel, M., Congleton, C., Yerramsetti, S. M., Gard, T., & Lazar, S. W. (2011). Mindfulness practice leads to increases in regional brain gray matter density. *Psychiatry Research: Neuroimaging*, 191(1), 36-43.

5. Garland, E. L., Gaylord, S. A., & Fredrickson, B. L. (2011). Positive reappraisal mediates the stress-reductive effects of mindfulness: An upward spiral process. *Mindfulness*, 2(1), 59-67.

6. Jha, A. P., Krompinger, J., & Baime, M. J. (2007). Mindfulness training modifies subsystems of attention. *Cognitive, Affective, & Behavioral Neuroscience*, 7(2), 109-119.

7. Tang, Y. Y., Ma, Y., Wang, J., Fan, Y., Feng, S., Lu, Q., ... & Posner, M. I. (2007). Short-term meditation training improves attention and self-regulation. *Proceedings of the National Academy of Sciences*, 104(43), 17152-17156.

8. Fredrickson, B. L., Cohn, M. A., Coffey, K. A., Pek, J., & Finkel, S. M. (2008). Open hearts build lives: Positive emotions, induced through loving-kindness meditation, build consequential personal resources. *Journal of Personality and Social Psychology*, 95(5), 1045-1062.

9. Polusny, M. A., Erbes, C. R., Thuras, P., Moran, A., Lamberty, G. J., Collins, R. C., ... & Lim, K. O. (2015). Mindfulness-based stress reduction for posttraumatic stress disorder among veterans: A randomized clinical trial. *JAMA*, 314(5), 456-465.

10. Hughes, J. W., Fresco, D. M., Myerscough, R., van Dulmen, M. H., Carlson, L. E., & Josephson, R. (2013). Randomized controlled trial of mindfulness-based stress reduction for prehypertension. *Psychosomatic Medicine*, 75(8), 721-728.

11. Abbott, R. A., Whear, R., Rodgers, L. R., Bethel, A., Thompson Coon, J., Kuyken, W., ... & Dickens, C. (2014). Effectiveness of mindfulness-based stress reduction and mindfulness-based cognitive therapy in vascular disease: A systematic review and meta-analysis of randomised controlled trials. *Journal of Psychosomatic Research*, 76(5), 341-351.

12. Davidson, R. J., Kabat-Zinn, J., Schumacher, J., Rosenkranz, M., Muller, D., Santorelli, S. F., ... & Sheridan, J. F. (2003). Alterations in brain and immune function produced by mindfulness meditation. *Psychosomatic Medicine*, 65(4), 564-570.

13. Creswell, J. D., Myers, H. F., Cole, S. W., & Irwin, M. R. (2009). Mindfulness meditation training effects on CD4+ T lymphocytes in HIV-1 infected adults: A small randomized controlled trial. *Brain, Behavior, and Immunity*, 23(2), 184-188.

14. Cramer, H., Lauche, R., Langhorst, J., & Dobos, G. (2013). Yoga for depression: A systematic review and meta-analysis. *Depression and Anxiety*, 30(11), 1068-1083.

15. Schneider, R. H., Grim, C. E., Rainforth, M. V., Kotchen, T., Nidich, S. I., Gaylord-King, C., ... & Salerno, J. W. (2012). Stress reduction in the secondary prevention of cardiovascular disease: Randomized, controlled trial of transcendental meditation and health education in Blacks. *Circulation: Cardiovascular Quality and Outcomes*, 5(6), 750-758.

16. Cacioppo, J. T., Hughes, M. E., Waite, L. J., Hawkley, L. C., & Thisted, R. A. (2006). Loneliness as a specific risk factor for depressive symptoms: Cross-sectional and longitudinal analyses. *Psychology and Aging*, 21(1), 140-151.

Twin Research and Human Genetics, 2(2), 126-136.

11. Koenig, H. G., George, L. K., & Titus, P. (2004). Religion, spirituality, and health in medically ill hospitalized older patients. *Journal of the American Geriatrics Society*, 52(4), 554-562.

12. Powell, L. H., Shahabi, L., & Thoresen, C. E. (2003). Religion and spirituality: Linkages to physical health. *American Psychologist*, 58(1), 36-52.

13. Ironson, G., Solomon, G. F., Balbin, E. G., O'Cleirigh, C., George, A., Kumar, M., Larson, D., & Woods, T. E. (2002). The Ironson-Woods Spirituality/Religiousness Index is associated with long survival, health behaviors, less distress, and low cortisol in people with HIV/AIDS. *Annals of Behavioral Medicine*, 24(1), 34-48.

14. Fredrickson, B. L., & Joiner, T. (2002). Positive emotions trigger upward spirals toward emotional well-being. *Psychological Science*, 13(2), 172-175.

15. Anderson, J. W., Liu, C., & Kryscio, R. J. (2008). Blood pressure response to transcendental meditation: a meta-analysis. *American Journal of Hypertension*, 21(3), 310-316.

16. Koenig, H. G., & Vaillant, G. E. (2009). A prospective study of church attendance and health over the lifespan. *Health Psychology*, 28(2), 117-124.

17. McCullough, M. E., & Willoughby, B. L. (2009). Religion, self-regulation, and self-control: Associations, explanations, and implications. *Psychological Bulletin*, 135(1), 69-93.

18. Krause, N. (2009). Religious involvement, gratitude, and change in depressive symptoms over time. *The International Journal for the Psychology of Religion*, 19(3), 155-172.

19. Pargament, K. I., Smith, B. W., Koenig, H. G., & Perez, L. (1998). Patterns of positive and negative religious coping with major life stressors. *Journal for the Scientific Study of Religion*, 37(4), 710-724.

20. Koenig, H. G. (2012). Religion, spirituality, and health: The research and clinical implications. *ISRN Psychiatry*, 2012, 278730.

21. Lyubomirsky, S., Sheldon, K. M., & Schkade, D. (2005). Pursuing happiness: The architecture of sustainable change. *Review of General Psychology*, 9(2), 111-131.

Rosenkranz, M. A., Davidson, R. J., MacCoon, D. G., Sheridan, J. F., Kalin, N. H., & Lutz, A. (2013). A comparison of mindfulness-based stress reduction and an active control in modulation of neurogenic inflammation. *Brain, Behavior, and Immunity*, 27(1), 174-184.

Kiecolt-Glaser, J. K., Christian, L. M., Andridge, R., Hwang, B. S., Malarkey, W. J., Belury, M. A., & Glaser, R. (2012). Adiposity, inflammation, and yoga practice. *Psychosomatic Medicine*, 74(3), 248-255.

Bower, J. E., Greendale, G., Crosswell, A. D., Garet, D., Sternlieb, B., Ganz, P. A., ... & Irwin, M. R. (2014). Yoga reduces inflammatory signaling in fatigued breast cancer survivors: A randomized controlled trial. *Psychoneuroendocrinology*, 43, 20-29.

Schneider, R. H., Grim, C. E., Rainforth, M. V., Kotchen, T., Nidich, S. I., Gaylord-King, C., ... & Salerno, J. W. (2012). Stress reduction in the secondary prevention of cardiovascular disease: Randomized, controlled trial of transcendental meditation and health education in Blacks. *Circulation: Cardiovascular Quality and Outcomes*, 5(6), 750-758.

Hutcherson, C. A., Seppala, E. M., & Gross, J. J. (2008). Loving-kindness meditation increases social connectedness. *Emotion*, 8(5), 720-724.

Weng, H. Y., Fox, A. S., Shackman, A. J., Stodola, D. E., Caldwell, J. Z. K., Olson, M. C., ... & Davidson, R. J. (2013). Compassion training alters altruism and neural responses to suffering. *Psychological Science*, 24(7), 1171-1180.

マインドフルネスの効果 (p.213)

1. Hofmann, S. G., Sawyer, A. T., Witt, A. A., &

15. Creswell, J. D., Myers, H. F., Cole, S. W., & Irwin, M. R. (2009). Mindfulness meditation training effects on CD4+ T lymphocytes in HIV-1 infected adults: A small randomized controlled trial. *Brain, Behavior, and Immunity*, 23(2), 184-188.

16. Rosenkranz, M. A., Davidson, R. J., MacCoon, D. G., Sheridan, J. F., Kalin, N. H., & Lutz, A. (2013). A comparison of mindfulness-based stress reduction and an active control in modulation of neurogenic inflammation. *Brain, Behavior, and Immunity*, 27(1), 174-184.

17. Kiecolt-Glaser, J. K., Christian, L. M., Andridge, R., Hwang, B. S., Malarkey, W. J., Belury, M. A., & Glaser, R. (2012). Adiposity, inflammation, and yoga practice. *Psychosomatic Medicine*, 74(3), 248-255.

18. Bower, J. E., Greendale, G., Crosswell, A. D., Garet, D., Sternlieb, B., Ganz, P. A., ... & Irwin, M. R. (2014). Yoga reduces inflammatory signaling in fatigued breast cancer survivors: A randomized controlled trial. *Psychoneuroendocrinology*, 43, 20-29.

19. Anderson, J. W., Liu, C., & Kryscio, R. J. (2008). Blood pressure response to transcendental meditation: a meta-analysis. *American Journal of Hypertension*, 21(3), 310-316.

20. Schneider, R. H., Grim, C. E., Rainforth, M. V., Kotchen, T., Nidich, S. I., Gaylord-King, C., ... & Salerno, J. W. (2012). Stress reduction in the secondary prevention of cardiovascular disease: Randomized, controlled trial of transcendental meditation and health education in Blacks. *Circulation: Cardiovascular Quality and Outcomes*, 5(6), 750-758.

21. Krause, N. (2006). Church-based social support and mortality. *Journal of Gerontology: Social Sciences*, 61B(3), S140-S146.

22. Hutcherson, C. A., Seppala, E. M., & Gross, J. J. (2008). Loving-kindness meditation increases social connectedness. *Emotion*, 8(5), 720-724.

23. Weng, H. Y., Fox, A. S., Shackman, A. J., Stodola, D. E., Caldwell, J. Z. K., Olson, M. C., ... & Davidson, R. J. (2013). Compassion training alters altruism and neural responses to suffering. *Psychological Science*, 24(7), 1171-1180.

祈りの効果 (p.202)

1. Laird, S. P., Snyder, C. R., Rapoff, M. A., & Green, S. (2004). Measuring private prayer: Development, validation, and clinical application. *The International Journal for the Psychology of Religion*, 14(4), 251-272.

2. Pargament, K. I. (1997). The psychology of religion and coping: Theory, research, practice. *The Guilford Press*.

3. Koenig, H. G., McCullough, M. E., & Larson, D. B. (2001). Handbook of Religion and Health. *Oxford University Press*.

4. Masters, K. S., & Spielmans, G. I. (2007). Prayer and health: Review, meta-analysis, and research agenda. *Journal of Behavioral Medicine*, 30(4), 329-338.

5. Krause, N. (2006). Church-based social support and mortality. *Journal of Gerontology: Social Sciences*, 61B(3), S140-S146.

6. Baetz, M., & Bowen, R. (2008). Chronic pain and fatigue: Associations with religion and spirituality. *Pain Research & Management*, 13(5), 383-388.

7. Steger, M. F., Frazier, P., Oishi, S., & Kaler, M. (2006). The Meaning in Life Questionnaire: Assessing the presence of and search for meaning in life. *Journal of Counseling Psychology*, 53(1), 80-93.

8. Ano, G. G., & Vasconcelles, E. B. (2005). Religious coping and psychological adjustment to stress: A meta-analysis. *Journal of Clinical Psychology*, 61(4), 461-480.

9. Wortmann, J. H., & Park, C. L. (2008). Religion and spirituality in adjustment following bereavement: An integrative review. *Death Studies*, 32(8), 703-736.

10. McCullough, M. E., & Larson, D. B. (1999). Religion and depression: A review of the literature.

第3章　科学が明かすスピリチュアル習慣の力

瞑想の効果（p.193）

1. Goyal, M., Singh, S., Sibinga, E. M., Gould, N. F., Rowland-Seymour, A., Sharma, R., ... & Haythornthwaite, J. A. (2014). Meditation programs for psychological stress and well-being: A systematic review and meta-analysis. *JAMA Internal Medicine*, 174(3), 357-368.

2. Sedlmeier, P., Eberth, J., Schwarz, M., Zimmermann, D., Haarig, F., Jaeger, S., & Kunze, S. (2012). The psychological effects of meditation: A meta-analysis. *Psychological Bulletin*, 138(6), 1139-1171.

3. Hofmann, S. G., Sawyer, A. T., Witt, A. A., & Oh, D. (2010). The effect of mindfulness-based therapy on anxiety and depression: A meta-analytic review. *Journal of Consulting and Clinical Psychology*, 78(2), 169-183.

4. Zeidan, F., Johnson, S. K., Diamond, B. J., David, Z., & Goolkasian, P. (2010). Mindfulness meditation improves cognition: Evidence of brief mental training. *Consciousness and Cognition*, 19(2), 597-605.

5. Brown, K. W., & Ryan, R. M. (2003). The benefits of being present: Mindfulness and its role in psychological well-being. *Journal of Personality and Social Psychology*, 84(4), 822-848.

6. Lutz, A., Greischar, L. L., Rawlings, N. B., Ricard, M., & Davidson, R. J. (2004). Long-term meditators self-induce high-amplitude gamma synchrony during mental practice. *Proceedings of the National Academy of Sciences*, 101(46), 16369-16373.

7. Davidson, R. J., Kabat-Zinn, J., Schumacher, J., Rosenkranz, M., Muller, D., Santorelli, S. F., ... & Sheridan, J. F. (2003). Alterations in brain and immune function produced by mindfulness meditation. *Psychosomatic Medicine*, 65(4), 564-570.

8. Fredrickson, B. L., Cohn, M. A., Coffey, K. A., Pek, J., & Finkel, S. M. (2008). Open hearts build lives: Positive emotions, induced through loving-kindness meditation, build consequential personal resources. *Journal of Personality and Social Psychology*, 95(5), 1045-1062.

9. Shapiro, S. L., Astin, J. A., Bishop, S. R., & Cordova, M. (2005). Mindfulness-based stress reduction for health care professionals: Results from a randomized trial. *International Journal of Stress Management*, 12(2), 164-176.

10. Black, D. S., O'Reilly, G. A., Olmstead, R., Breen, E. C., & Irwin, M. R. (2013). Mindfulness meditation and improvement in sleep quality and daytime impairment among older adults with sleep disturbances: A randomized clinical trial. *JAMA Internal Medicine*, 173(7), 588-594.

11. Benson, H., Beary, J. F., & Carol, M. P. (1974). The relaxation response. *Psychiatry*, 37(1), 37-46.

12. Carlson, L. E., Speca, M., Faris, P., & Patel, K. D. (2007). One year pre–post intervention follow-up of psychological, immune, endocrine and blood pressure outcomes of mindfulness-based stress reduction (MBSR) in breast and prostate cancer outpatients. *Brain, Behavior, and Immunity*, 21(8), 1038-1049.

13. Davidson, R. J., & McEwen, B. S. (2012). Social influences on neuroplasticity: Stress and interventions to promote well-being. *Nature Neuroscience*, 15(5), 689-695.

14. Ironson, G., Solomon, G. F., Balbin, E. G., O'Cleirigh, C., George, A., Kumar, M., Larson, D., & Woods, T. E. (2002). The Ironson-Woods Spirituality/Religiousness Index is associated with long survival, health behaviors, less distress, and low cortisol in people with HIV/AIDS. *Annals of Behavioral Medicine*, 24(1), 34-48.

Dr.アントワン・シュバリエ（Dr.Antoine Chevalier ND PhD）

米ホワイトハウス大統領行政府顧問機能性医学プラクティショナー。

フランス生まれ。ソルボンヌ大学を卒業し、アフリカで持続可能な開発と生物多様性保全に関するプロジェクトを行う。その後、モザンビーク、セネガル、ブラジル等で研究を続けていた時期に、人の内面を癒すことの大切さに気づき、代替療法を学んだ後にアメリカに拠点を移す。代替医療や補完医療の分野における専門的知識は、注目を集め、2001年からはホワイトハウスのセラピストとして活躍。

通常医学では治せない、うつ病、PTSD、自殺企図、自閉症などの患者を独自の方法で解決に導き、いくつもの国際的な機関から高く評価され、表彰されている。

2023年に「世界トップ100人の医師」に選出され、同年にコンスタンティヌス大帝勲章からナイト爵位を授与された。

日本での著作に『Dr.アントワン・シュバリエの超先鋭的治療メソッド』（越山雅代との共著/ヒカルランド）がある。

著者紹介

サアラ（Saarahat）

スピリチュアルは科学であるという理念に基づき、幸福な生き方を提案するSuper Life Galleryを主宰。

宇宙人としての魂をもって生まれる。そのため、宇宙社会の仕組みやエネルギーの法則など、生まれてくる以前のスピリチュアルな記憶を持っている。

幼少時は地球での生活が理解できずに混乱を引き起こすも、経験を積み重ね、また観音菩薩や市杵島比売命（弁財天）などのマスターたちの指導や励ましもあって、地球社会における概念を学習してゆく。

イエスをチャネルして行うJSP School（Aitree主催）、FottoTV、Torus StarなどのYouTube番組多数。ワークショップ、講演などの活動を通して、地球人類の可能性と、新しい宇宙の方向性について発信し続けている。

著書に『宇宙と神様の真実』『地球人が知らないお金の話』『「この世」の歩き方』（大和出版）、『覚醒への道』『光と闇、二元の統合』（徳間書店）、『宇宙感覚で生きる』（廣済堂）など、池川明氏との共著に『「あの世」の本当のしくみ』『「魂」の本当の目的』『宇宙人の流儀』（大和出版）などがある。

霊的統合《れいてきとうごう》へのスピリチュアル大全《たいぜん》

進化はスピリットとの一体化に始まる！

2024年12月15日　　初版発行

著　者……サアラ

アントワン・シュバリエ

翻　訳……大友《おおとも》ニコラ

発行者……塚田太郎

発行所……株式会社大和出版

東京都文京区音羽1-26-11　〒112-0013
電話　営業部03-5978-8121／編集部03-5978-8131
https://daiwashuppan.com

印刷所／製本所……日経印刷株式会社

装幀者……斉藤よしのぶ

ISBN978-4-8047-6447-4

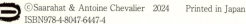